中央高校基本科研业务费专项资金资助

社区矫正前沿问题研究

（一）

SHEQU JIAOZHENG QIANYAN WENTI YANJIU

中央司法警官学院社区矫正研究中心 编

张凯 等/著

法律出版社
LAW PRESS·CHINA

北京

图书在版编目(CIP)数据

社区矫正前沿问题研究. 一 / 中央司法警官学院社区矫正研究中心编 ; 张凯等著. -- 北京 : 法律出版社, 2022
ISBN 978 - 7 - 5197 - 6635 - 1

Ⅰ. ①社… Ⅱ. ①中… ②张… Ⅲ. ①社区－监督改造－研究－中国 Ⅳ. ①D926.74

中国版本图书馆 CIP 数据核字(2022)第 058811 号

社区矫正前沿问题研究(一)
SHEQU JIAOZHENG QIANYAN WENTI YANJIU(YI)

中央司法警官学院社区矫正研究中心 编
张 凯 等 著

责任编辑 冯高琼
装帧设计 李 瞻

出版发行 法律出版社
编辑统筹 法规出版分社
责任校对 张红蕊
责任印制 耿润瑜
经　　销 新华书店

开本 710 毫米×1000 毫米 1/16
印张 15.25 **字数** 252 千
版本 2022 年 5 月第 1 版
印次 2022 年 5 月第 1 次印刷
印刷 唐山玺诚印务有限公司

地址:北京市丰台区莲花池西里 7 号(100073)
网址:www.lawpress.com.cn
投稿邮箱:info@lawpress.com.cn
举报盗版邮箱:jbwq@lawpress.com.cn
销售电话:010 - 83938349
客服电话:010 - 83938350
咨询电话:010 - 63939796

书号:ISBN 978 - 7 - 5197 - 6635 - 1
定价:58.00 元

凡购买本社图书,如有印装错误,我社负责退换。电话:010 - 83938349

作者简介

（按撰写专题排列）

翟中东

男，法学博士，中央司法警官学院教授、罪犯危险评估与项目矫正研究中心主任、研究生导师。主要学术经历：中国人民大学社会学理论与方法研究中心博士后研究人员；爱尔兰科克大学访问学者；澳大利亚布鲁斯·法尔姆矫正学院访问学者；美国山姆·休士顿大学、得克萨斯州矫正学院访学学者。出版个人专著12部，担任主编、副主编18部；在《中国法学》《法学家》等杂志发表学术论文180余篇。撰写专题一。

张　凯

男，法学博士，中央司法警官学院社区矫正研究中心主任、矫正教育系副主任、副教授、硕士生导师；兼任河北省法学会社区矫正研究会副会长。主要从事社区矫正、禁毒学等方面的研究和教学工作，主编《社区矫正概论》《社区矫正对象学习读本》，参编《社区矫正导论》《社区矫正实务》《社区矫正工作手册》等教材、工具书10余部；在《东岳论丛》《河北法学》等刊物发表50余篇学术论文。主持、参与《社区矫正规范化实证研究》等多项省部级课题，多次参与犯罪和刑罚执行领域方面的调查。撰写专题二、三。

曹海青

男，法学博士，中央司法警官学院副教授、社区矫正研究中心研究员、硕士研究生导师，兼任中国人民大学中国行政法研究所副研究员，中国商业文化研究会商业法治文化分会理事,河北省法学会行政法学研究会理事,河北省法学会电子商务法研究会理事,河北法治智库专家。作为主要研究人员参与《南京市城市治理条例》(已颁布施行)、《外国人在中国工作管理条例》等法规的起草工作。主要研究方向:行政法学。近年来,主持中国法学会部级法学研究课题、司法部全国司法行政系统理论研究课题、国家外国专家局软科学项目各1项,市厅局级课题5项,参加国家级、省部级课题多项,在《南开学报(哲学社会科学版)》《人民论坛》《中国监狱学刊》等期刊发表论文40余篇,合著著作《政府购买社区矫正社会工作服务法律问题研究》《柔性行政方式法治化研究》《行政执法新思维》等7部,多项成果获省市级优秀科研成果奖。合作撰写专题四。

苗　泳

男,法学博士,中央司法警官学院副教授、硕士生导师,法治政府建设研究中心主任,兼任河北省法学会行政法学会常务理事。主要从事宪法学、行政法学、法治政府等方面的研究和教学工作,出版专著《中央地方关系中的民主集中制》《政府购买社区矫正社会工作服务法律问题研究》(合著)等;主编、参编教材2部、发表文章10余篇。主持、参与民政部、中国法学会等多项部级课题的研究,参与法治政府规划建设、证明事项告知承诺制度等方面多项调查。合作撰写专题四。

梅传强

男,法学博士,中国刑法学研究会副会长,西南政法大学教授、博士生导师、博士后合作导师,重庆市刑法学科带头人,重庆市人文社科重点研究基地"西南政法大学毒品犯罪与对策研究中心"主任,最高人民法院刑五庭、国家禁毒办与西南政法大学合作共建的高端智库型研究基地"国家毒品问题治理研究中心"主任。主要研究领域为刑法学、犯罪学、犯罪心理学,已出版《犯罪心理学》《刑法总论》《东盟国家刑法研究》《刑法实务教程》《毒品问题治理模式新探索》《社会转型期群体性事件的心理疏导与犯罪防范对策研究》等学术专著和教材28部;在《法学研究》《中国社会科学文摘》《现代法学》等学术刊物上发表论文90余篇。先后主持并完成国家社科基金重点项目、国家社科基金一般项目、国家高端智库理事会和中央决策部门交办重点课题、教育部人文社科基金一般项目、司法部国家法治与法学理论研究重点项目、中国法学会部级法学研究课题、重庆市社科基金项目等11项省(部)级及以上课题。合作撰写专题五。

周鹏程

男,西南政法大学法学院硕士研究生,西南政法大学国家毒品问题治理研究中心科研助理,重庆市高校哲学社会科学协同创新团队“国家毒品问题治理研究创新团队”成员。在《重庆社会科学》《河南警察学院学报》《河北科技师范学院学报(社会科学版)》发表专业论文,作为主要研究人员参与省部级课题1次,主持厅局级课题1次。合作撰写专题五。

敬雪华

女,法学博士,西南政法大学讲师,主要从事社区矫正、刑法学、犯罪学等领域的研究和教学工作。在《北京联合大学学报(人文社会科学版)》等核心刊物发表多篇学术论文,主持、参与4项国家级和部级课题的研究,参与刑罚执行领域的多项调查研究。撰写专题六。

连春亮

男,河南司法警官职业学院教授、司法行政管理系副主任,河南财经政法大学刑事司法学院客座教授,中央司法警官学院社区矫正中心兼职研究员,河南省教育厅学术技术带头人,河南省优秀教师。主要社会兼职:河南省心理学会法制心理研究会副会长、河南省犯罪学会副秘书长、河南省监狱法学会常务理事、河南省社会矛盾调解法治研究会常务理事。先后在《河南大学学报》《河南社会科学》《山东警察学院学报》《犯罪与改造研究》《中国监狱学刊》等学术刊物上发表专业论文130余篇,其中,被人大报刊复印资料《刑事法学》全文转载2篇;出版专著(含合著)18部,主编、副主编著作、教材19部,参编著作、教材5部;主持或参与省部级研究课题26个,获得厅级以上奖励20项。代表性著作有《罪犯矫正契约化论纲》《监狱学新视点》《罪犯矫正形态论》《罪犯矫正模式论》《人文关怀下的罪犯心理矫治》等。主要从事监狱学、法制心理学和社区矫正研究。撰写专题七。

吴艳华

女,河北司法警官职业学院二级教授、刑事执行系副主任,河北省法学会社区矫正研究会常务副会长，河北省戒毒工作协会副会长，中央司法警官学院社区矫正中心兼职研究员，河北司法警官职业学院社区矫正专业带头人，优秀教学团队带头人，河北省创新发展行动计划(2022—2025)职业教育社区矫正专业教学资源库项目负责人，省级精品课《社区矫正理论与实务》负责人，社区矫正专业国家级教学标准制定研制组组长，国家级资源库课程(国家级精品在线资源共享课)《社区矫正工作流程》负责人，曾获得河北省第六届、第十届优秀教学成果奖，河北省教师教学技能大赛奖，指导教学团队参加全国司法职业教育教学指导委员会组织的第一届刑事执行专业教学资源库教师教学技能大赛获得团体二等奖、个人二等奖。主要从事社区矫正、犯罪心理学等方面的研究和教学工作。主持、主研省部级课题10余项，主编和参编教材10余部，发表学术论文数十篇。撰写专题八。

曹兴华

男，法学博士，北京中医药大学法律系讲师，中央司法警官学院社区矫正研究中心兼职研究员，北京市东卫律师事务所兼职律师，主要从事刑罚学与金融犯罪研究。先后在《山东社会科学》《河南社会科学》《中国青年研究》《中韩研究学刊》(韩国)等中外学术刊物上发表专业论文50余篇，多篇被CSSCI收录；出版专著(含合著)4部，主编、副主编教材2部；主持教育人文社科基金、北京市社会科学基金、中国法学会部级项目、北京市市级法学课题等省部级研究课题7项，获得四川省第十九次社会科学优秀成果奖一等奖等省部级以上奖励3项。代表性专著有《罗尔斯正义理论流变及其论争研究》等。撰写专题九。

韦　佳

女，法学博士，扬州大学法学院讲师，中央司法警官学院社区矫正研究中心兼职研究员，德国马克斯·普朗克外国与国际刑法研究所访问学者，中国社会科学院美国研究所博士后，美国乔治·梅森大学恐怖主义、跨国犯罪和腐败研究中心博士后。曾为英国严重欺诈办公室提供法律咨询服务，并长期从事中美进出口贸易法律顾问与翻译工作。研究领域为外国刑事司法制度和美国政治，在核心期刊发表外国刑事执行法文章数篇，并负责、参与多项国内外课题项目。撰写专题十。

前言 foreword

社区矫正是我国刑罚执行制度改革的重要举措，是国家治理特殊社会群体的重要创新，是在党中央和国务院正确领导下，立足我国基本国情发展起来的、具有中国特色的非监禁刑事执行制度。自2003年开始试点以来，经过多年实践探索，社区矫正工作规模逐步扩大，工作机制与规章制度日渐完善，方法手段与理论研究不断创新，社区矫正对象再犯罪率始终保持较低水平，取得了良好的法律效果与社会效果。特别是2020年7月1日《社区矫正法》的实施，标志着社区矫正正式转进法治化发展轨道，对于健全我国刑罚执行制度、推动国家治理体系和治理能力现代化、贯彻落实全面依法治国战略具有重要意义。

为促进社区矫正工作的蓬勃发展，中央司法警官学院积极推进社区矫正专业建设，承载为司法行政事业培养法治人才的时代使命。中央司法警官学院2006年开设社会学专业（社会工作与社区矫正方向），是国内首个本科层次社区矫正专业方向。2018年9月申报增设社区矫正专业，2019年获得教育部批准建设，是国内首个社区矫正本科专业。为了进一步提高科研水平和学术竞争力，2018年12月，中央司法警官学院成立社区矫正研究中心。《社区矫正前沿问题研究（一）》是社区矫正研究中心集体智慧的结晶。

《社区矫正前沿问题研究（一）》共十个专题。

专题一：重点讨论了社区矫正模式与立法问题。作者梳理了社区矫正执法模式、监控模式、教育模式、社会工作模式等实践模式的内容与要点，强调我国社区矫正模式应当由认罪悔罪、危险管理与项目矫正三个模块构成。“三模块”

模式需要以我国社区矫正发展需要为前提,在我国社区矫正探索基础上,汲取国际经验而设计。但是,我们需要不断加以试错、打磨与细化,然后才能以法律形式逐步固定下来。作者在《社区矫正法》颁布前对我国社区矫正立法研精覃思,建议社区矫正的立法宜采用"先下后上"模式与"先粗后细"的模式。

专题二:重点讨论了《社区矫正法》的特色与实施理念问题。《社区矫正法》的颁布实施对社区矫正的发展具有"里程碑"式的意义,进一步丰富了中国特色社会主义法治体系,推进了中国特色社区矫正工作法治化、规范化的进程。《社区矫正法》的颁布充分肯定了社区矫正工作取得的成绩,具有创新机构设置、突出权利保障、强调以人为本、重视社会参与、重视信息技术等鲜明特色。《社区矫正法》的实施需要以一体化理念为指导,以社会化理念为依托,以人道化理念为支撑,才能发挥预期的法律效果及权威。

专题三:重点讨论了社区矫正区域化协同发展的问题。随着社会流动的加速,区域协同发展的加快,社区矫正工作不能画地为牢,必须树立大局意识、整体观念与开放思维,加强区域间的互动协作。作者以京津冀三地区社区矫正协同发展为样本,阐述了社区矫正协同发展的实践价值,并强调社区矫正区域协同发展仍不成熟,面临协作意识不到位,工作制度不统一,信息沟通不顺畅,平等对待不充分等难题,需要各地司法行政机关及相关部门提升协作意识,健全工作机制,加强信息交互,开展联合督察,努力向协作互动常态化、协助管理制度化、教育矫正协作化、协商合议平等化方向发展,探索社区矫正区域协同发展的新样态。

专题四:重点讨论了政府购买社区矫正社会服务的法律问题。社会力量参与是社区矫正的重要特征。政府购买社会服务契合了社区矫正的趋势,体现了社区矫正的特色,也发挥了社会工作的优势。但实践中,政府购买社区矫正社会服务存在购买主体法治理念不统一等诸多问题。为促进政府购买社区矫正社会服务健康有序发展,应当明确政府购买社区矫正社会服务中的职责分工,理顺政府购买社区矫正社会服务中的政社关系,着力扶持和培育相关社会组织,为社工队伍建设创造良好的体制环境,并强化政府购买社区矫正社会服务的法律规制。

专题五:重点讨论了区块链在智慧社区矫正建设中的应用。智慧矫正强调将新技术应用到社区矫正中,以提高工作效率,节约司法资源。智慧矫正是未来发展趋势。社区矫正面临调查评估静态单一、数据孤岛问题突出、行政主导力量单一等困境。在打造"数据收集广泛真实、数据共享精准快捷、数据运用节制合理"的智慧化社区矫正模式的过程中,区块链技术具有分布式记账、透明性较强、去中心化管理、难以篡改等特征,在社区矫正中有着广泛的应用前景和潜力,有助于推动社区矫正工作朝着调查评估动态中立、数据信息协调共享、三位一体协商共治方向发展。

专题六:重点讨论了电子定位在社区矫正的适用问题。电子定位是利用科技手段监管社区矫正对象的一种手段。《社区矫正法》的颁布为电子定位规范化适用提供了法律依据。但实践中,电子定位仍存在各地区定位技术发展不均衡,过度依赖技术手段而容易忽视矫正质量,适用缺乏保障性制度,定位设备的技术更新滞后,适用边界模糊,证据收集缺乏规范的程序等诸多问题。基于此,作者提出了规制电子监控技术运用的框架性思路。

专题七:重点讨论《社区矫正法》颁布实施对社区矫正工作产生的新变化。作者以剖析《社区矫正法》的新目标、新理念、新特征、新要求等作为出发点,提出社区矫正工作进入法治化时代,社区矫正对象人权保障法定化,监管形式由"强制性"规范转变为"选择性"规范,"服务"成为社区矫正工作的核心内容等新判断;剖析了社区矫正工作面临重刑监管与教育帮扶,社会力量依赖与社会发育不良,矫正需求广泛性与矫正项目匮乏性,智慧矫正与人文教育,制度"内卷化效应"与社区矫正创新之间的矛盾;提出了上述问题的具体破解路径。

专题八:重点讨论社区矫正专业建设改革的问题。随着《社区矫正法》的颁布实施,我国的社区矫正工作已经进入到了法治化的新时代,其专业化、职业化、规范化的程度必将逐步提高,对社区矫正工作人员的素质及能力要求势必也会提升。专业建设是高质量专业化人才培养的基础。作者全面分析了高校开设社区矫正专业建设情况,具体包括学生就业、人才培养目标、课程体系、师资队伍、校行合作、教学实施及人才培养质量保障等,并提出一系列提高人才培养质量的举措,以供给专业化社区矫正法治人才,满足社区矫正实践的迫切需要。

专题九:重点讨论了美国社区矫正中药物成瘾矫治的模式与措施。美国社区矫正中罪犯药物滥用成瘾治疗早期发展并不顺利,近几十年来才逐渐引起重视。美国社区矫正中提供药物成瘾治疗转向矫治的基础主要是 RNR 理论模式,其典型实践服务供给模式主要包括精神卫生法庭、药物法庭和 TASC 计划等。作者重点介绍了认知行为疗法、正念疗法、社会技能培训、药物介入治疗和戒烟治疗等治疗措施。

专题十:重点讨论了美国大规模缓刑的效果与改革问题。作者通过对1990—2018年监禁、缓刑数据在美国和各州层面进行实证检验,运用已有模型评价缓刑制度在扩大刑事司法网络中的作用,得出缓刑在美国全国层面与监禁以固定比率同步增长,扩大了矫正控制网络,并通过繁重的社区监督限制,以缓刑撤销的方式从系统的末端增加了监禁人口的结论。换言之,缓刑既能够作为监禁的替代刑,也可以作为一种刑罚网络的扩张工具。基于此,作者提出了缩小缓刑规模、构建更公正和可持续的缓刑系统的改革路径。

上述专题研究既有宏观的理论问题探讨,又有微观的技术问题分析;既关注国内实践难点,又借鉴国外实践热点,希冀能够拓展我国社区矫正理论研究视域,启示社区矫正工作实务应用。同时,上述专题研究的内容只是我国社区矫正理论制度与实务问题中的"冰山一角",仅起到"抛转引玉"的作用,希望社区矫正制度得到更多学者、实务工作者及社会公众的关注、关心、关爱,促进我国社区矫正事业的健康发展。

《社区矫正前沿问题研究(一)》的出版及社区矫正研究中心的建设发展离不开学校、科研处领导的大力支持;离不开专家、学者及实务部门工作人员的指导帮助;离不开专业教师、兼职研究人员的积极参与,在此一并致谢。

中央司法警官学院社区矫正研究中心将持续关注社区矫正前沿性问题,力争产出高质量学术成果,为社区矫正专业建设与社区矫正事业发展贡献绵薄之力。

中央司法警官学院社区矫正研究中心
2022年3月18日

目录 contents

社区矫正在中国的探索、建构与立法*

翟中东

摘　要:社区矫正在我国推进过程中,各地探索了很多模式,包括执法模式、监控模式、教育矫正模式、心理矫治模式、社会工作模式、帮扶模式、劳动模式、危险管理模式、激励管理模式等,以上模式是我国进一步发展社区矫正的基础。但是,我们看到,由于缺乏宏观理论的指导,每一种模式都有一些问题。我国的社区矫正需要进行顶层设计,并通过实践检验与修正,不断加以完善。我国的社区矫正模式应当由三个模块构成:认罪悔罪模块、危险管理模块与项目矫正模块。虽然这一模式以我国社区矫正发展需要为前提,在我国社区矫正探索基础上,汲取国际经验而设计,但是我们需要不断实践与试错、打磨与细化,然后才能以法律形式逐步固定下来。我国社区矫正的立法宜采用"先下后上"与"先粗后细"的模式。社区矫正立法通过"先下后上"与"先粗后细"的模式,将社区矫正的地方探索与社区矫正的顶层设计有机结合起来,使社区矫正探索既保持活力,又遵循立法秩序,渐进而坚定地走向未来。

关键词:社区矫正　顶层设计　认罪悔罪模块　危险管理模块　项目矫正模块

* 本文作于《社区矫正法》公布之前,用以探讨立法的理论与实践依据。《社区矫正法》于 2020 年 7 月 1 日正式施行,希冀本文亦为该法的完善提供参考。

推进社区矫正是我国进入21世纪后刑事司法领域最重要的动态之一。如何推进社区矫正？大胆探索是社区矫正推进的应有内涵。但是,推进社区矫正,仅有“大胆探索”还不够,更需要理性的顶层设计。特别是在当前,随着社区矫正在全国的全面推开,社区矫正的微观性的制度、具体的措施亟须探索。社区矫正的顶层设计可以降低社区矫正探索的盲目性。

一、我国社区矫正的探索

自2009年,随着社区矫正在全国范围内开展试点,我国社区矫正迅速发展,各省(区、市)开始了各自的探索,形成很多内容或者形式不同的模式。我国社区矫正探索的模式可以被归纳为以下几种:执法模式、监控模式、教育矫正模式、心理矫治模式、社会工作模式、帮扶模式、劳动模式、危险管理模式、激励管理模式。

(一)执法模式及其评析

1. 执法模式的要点

(1)执法模式的基本立场。执法模式的主张者认为,社区矫正是非监禁刑的刑罚执行活动,社区矫正是与监禁刑执行并行的一种执法活动。

(2)执法模式的基本内容。执法模式中的执法基本内容主要有:第一,接收社区矫正对象。第二,核对法律文书、核实身份、办理接收登记,并在一定范围内宣告。第三,监督社区矫正对象履行报告义务,社区矫正对象应当按照有关规定和社区矫正机构的要求,定期报告遵纪守法、接受监督管理、参加教育学习、社区服务和社会活动的情况,发生居所变化、工作变动、家庭重大变故的,应当及时报告。第四,监督社区矫正对象会见特定人情况,社区矫正对象接触其犯罪案件中的被害人、控告人、举报人,接触同案犯等可能诱发其再次犯罪的人,应当经社区矫正机构批准。第五,监督社区矫正对象外出,社区矫正对象因就医、学习、培训、家庭重要事务等需要离开所居住市、县的,应当经社区矫正机构批准。第六,监督社区矫正对象变更居住地,社区矫正对象变更居住地的,应当提出书面申请,经社区矫正机构批准。第七,监督社区矫正对象遵守禁止令,社区矫正对象被宣告禁止令的,应当严格遵守被依法禁止的事项,进入需经批准才能进入的特定区域或者场所的,应当经社区矫正机构批准。第八,对社区矫正对象警告,社区矫正对象有未在规定期限内报到、未按规定参加教育学习及社区服务等活动的,社区矫正机构应当给予警告。第九,对社区矫正对象予以治安处罚,社区矫正对象违反监督管理规定或者人民法院禁止令,依法应予治安管理处罚的,社区矫正机构应当建议公安机关作出处理。第十,撤销缓刑、假释,被宣告缓刑、假释的社区矫正对象有严重的违反禁止令行为、未在规定期限内报到或者在社区矫正期间脱离监管等,社区矫正机构应当提请法院撤销社区矫正对象的缓刑、假释,收监执行。第十一,对暂予监外执行收监,如果暂予监外执行的社区矫正对象出现需要暂予监外执行的情形消失而刑期未满,或者保外就医期限届满未被批准延期等不符合法定条件等,提请有关部门批准后决定收监。第十二,解除矫正,社区矫正对象社区矫正期限届满的,社区矫正机构应当公开宣告解除社区矫正。

(3)执法模式下的主要主张。执法模式的主张者认为,社区矫正就是执法过程,为此提出下列主张:第一,制定社区矫正法,从而使社区矫正工作有法可依,使社区矫正成为名副其实的执法活动。第二,通过立法,将社区矫正经费纳入中央与地方两级预算,并建立动态增长机制,使社区矫正活动得到有力的保障。第三,明确执法工作者的警察身份,彰显法律的威慑力。[①] 建立社区矫正执法总队(省级)、社区矫正执法大队(市级)、社区矫正执法中队(县级)、社区矫正执法分队(乡、镇)。[②] 第四,明确社区矫正工作者的强制执法权,[③]在撤销缓刑环节、撤销假释环节、暂予监外执行拒绝服从禁止令环节,具有强制执行权,明确社区矫正机构具有收监执行、罪犯押送、脱漏管罪犯追查追逃的权力。[④]

2. 对执法模式的评析

无疑,社区矫正工作执法规范化在我国社区矫正发展中非常重要,有助于社区矫正执法统一、公平与管理,但是,社区矫正的执法模式不能成为社区矫正模式的终极版本。

理由如下:

第一,社区矫正的执法不同于市场管理执法,不同于海关出入境执法,社区

---

① 参见湖北司法厅社区矫正立法研究课题组:《社区矫正立法问题研究》,载刘强、姜爱东主编:《社区矫正评论》(第3卷),中国人民公安大学出版社2013年版,第35~39页。

② 参见李满胜:《在全国社区矫正工作培训班上的交流材料》,载司法部社区矫正局编:《全国社区矫正工作培训班上的交流材料》,2014年,第58~60页。

③ 参见王业胜:《社区矫正工作交流材料》,载司法部社区矫正局编:《全国社区矫正工作培训班上的交流材料》,2014年,第210~212页。

④ 参见盛志强:《立足规范,健全制度,全面深入推进社区矫正工作》,载司法部社区矫正局编:《全国社区矫正工作培训班上的交流材料》,2014年,第163~164页。

矫正执法是"表",危险控制与对罪犯的矫正是"里"。合理的社区矫正模式应当能够直接服务社区矫正工作的目的,即保障社区安全,矫正罪犯,促进社区矫正对象融入社会,成为社会的守法公民。社区矫正的制度设计目标与价值在于在保障社区安全的前提下矫正罪犯,帮助他们重返社会。

第二,社区矫正离不开国家的强制力,但是,又不能依靠强制力矫正罪犯。强制力只能作用于人的行为,不能作用于人的内心。服刑人员接受矫正并完成矫正的内在机理在于服刑人员的自愿选择。事实上,即使通过监控约束社区矫正对象的行为,强制不是最有效的手段,强制也不是最终手段。

(二)监控模式及其评析

1. 监控模式的要点

(1)监控模式的基本立场。由于社区矫正是允许被判有罪的罪犯在社区中服刑,所以,监控模式的第一个立场就是维护社区安全,保障公众安全。如何维护社区安全?监控模式的第二个立场是主张对社区矫正对象进行全时空监控。

(2)监控的环节。实践中,有的省通过抓住社区矫正对象在判、交、送、接、管、帮、罚等环节实现对社区矫正对象的监控。

(3)监控的手段。对社区矫正对象监控的手段主要有"人防"与"技防"两种。

2. 对监控模式的评析

监管安全保障是社区矫正立足与发展的基础与前提,保证对社区矫正对象的有力、有效监控,事关社区矫正立足与发展。近年来,由于各地的积极探索,社区矫正的监控方法不断丰富,监管安全不断得到保障,特别是电子监控的引入,使社区矫正中对社区矫正对象的监控水平显著提高。

然而,由于社区矫正中的监控,无论使用"人防"手段,还是"技防"手段,都需要投入大量的人力、物力,毕竟社区中的罪犯不同于监管设施中的罪犯,社区矫正对象具有较大的活动范围。如果对所有社区矫正对象(无论其在哪个服刑阶段)都予以同等力度的监控,社区矫正的经济性显然要打折。从经济性而言,将监控力量放在危险性较大的罪犯身上,是否更合理?

由于社区矫正的出发点是帮助罪犯适应社会,所以,合理的社区矫正监控制度应当是逐步放松对适用社区矫正的罪犯的监控,给他们越来越多的自由,以逐步提高罪犯的自控性与自律性,同时提高他们对生活的自信心与被信任感。而监控模式由于追求全时空对罪犯的监控，缺乏对罪犯渐进融入社会的安排与考虑。

（三）教育矫正模式及其评析

1. 教育矫正模式的要点

（1）教育矫正模式的立场。何为教育矫正？“社区矫正对象教育矫正是指社区矫正机构转变社区矫正对象的不良心理和行为恶习，促进其再社会化的系统性影响活动。”[①]这一定义的人性基础是：罪犯是具有不良心理与行为恶习的人，是再社会化失败的人，是教育失败的人。也正因为罪犯是具有不良心理与行为恶习的人，所以需要对其进行教育矫正。

（2）教育矫正的内容。教育矫正是社区矫正的重要内容。根据有关规定，社区矫正对象应当参加公共道德、法律常识、时事政策等教育学习活动，增强法制观念、道德素质和悔罪自新意识。有劳动能力的社区矫正对象应当参加社区服务，修复社会关系，培养社会责任感、集体观念和纪律意识。根据社区矫正对象的心理状态、行为特点等具体情况，应当采取有针对性的措施进行个别教育和心理辅导，矫正其违法犯罪心理，提高其适应社会能力。司法行政机关应当根据社区矫正对象的需要，协调有关部门和单位开展职业培训和就业指导，帮助落实社会保障措施。根据张凯对内蒙古、江西、河北、河南、安徽和广东六地区 355 个司法所的调查，六地区 355 个司法所考证教育矫正内容的频次依次是：法制教育、权利义务教育、安置帮教教育、认罪悔罪教育、思想道德教育、心理健康教育、文化教育、职业培训、适应生活教育、形势政策教育。[②]

2. 对教育矫正模式的评析

在教育矫正模式下，教育的地位非常高，然而，如同监狱的教育改造一样，教育矫正也存在与服刑人员犯罪原因错位的问题。虽然社区矫正对象犯罪与“不良心理和行为恶习”有关，不懂法、文化水平低、劳动技能水平低也是他们犯罪的重要原因，但是，他们除了上述犯罪的原因，还有其他原因，诸如“婚姻家庭”“人际交往”“生活方式与社会联系”。“教育”本来只是与“无知”“错误认知”相关度更高的概念，与诸如“婚姻家庭”“人际交往”关联度很低，而社区矫正对象犯罪与重新犯罪恰与“婚姻家庭”“人际交往”“生活方式与社会联系”关联

---

① 参见吴宗宪主编：《社区矫正导论》，中国人民大学出版社 2011 年版，第 298 页。

② 参见张凯：《社区矫正人员教育矫正问题研究》，载《犯罪与改造研究》2015 年第 9 期。

度很高,于是,教育矫正难免“力不从心”。以理服人[①]很重要,但是,并非在社区矫正中所遇到的问题都是以理服人的问题,如服刑人员缺乏解决问题的能力,那么社区矫正的任务则是帮助他们提高解决问题的能力,而不是“以理服人”。虽然大家不断扩大“教育矫正”的外延,但是,毕竟“教育”的概念有自己的语义限定范围,所以,需要矫正的部分“客体”,如“婚姻家庭”“人际交往”“生活方式与社会联系”,仍然与教育矫正有一定距离。

不仅如此,将“教育”置于社区矫正领域,存在定位错误问题。社区矫正机构不是学校,社区矫正机构是刑事执行机构,将社区矫正工作视同“教育”,将服刑人员视同学生,实际是怠慢刑罚,轻视罪犯所承担的刑事责任,没有贯彻刑事公正原则。

(四)心理矫治模式及其评析

心理矫治是社区矫正的重要内容。根据有关规定:社区矫正机构要根据社区矫正对象的心理状态、行为特点等具体情况,应当采取有针对性的措施进行个别教育和心理辅导,矫正其违法犯罪心理,提高其适应社会能力。

经过十余年的发展,我国社区矫正中的心理矫治工作从无到有,各地积累了一定经验。有的地方通过聘任心理学工作者,建立心理矫治设施,开展心理矫治工作。有的地方通过购买心理学服务,开展心理矫治工作。然而,由于服刑人员犯罪与重新犯罪的原因除了心理性原因外,更有千差万别的社会性原因,甚至生理性原因,所以心理矫治只能是社区矫正中的一种矫正方法。心理矫治模式只能是社区矫正中一个补充性模式。

(五)社会工作模式及其评析

1. 社会工作模式的要点

社区矫正中的社会工作是以社区矫正对象为核心而开展的解决罪犯有关问题——帮助其融入社会的专业工作。

(1)社区矫正中的社会工作任务

根据席小华的主张,社区矫正中的社会工作主要任务是:第一,制订矫正计划、方案,具体实施措施。第二,协调有关部门与单位为社区矫正对象提供职业培训和就业指导;为符合条件的社区矫正对象提供最低生活保障;为社区矫正对象遇到的其他问题提供指导与帮助。第三,对社区矫正对象进行形势政策教

---

① 参见王平主编:《社区矫正制度》,中国政法大学出版社2014年版,第341页。

育、法制教育、公民道德教育，培训与指导其他工作人员。第四，与其他人员协调与合作。①

（2）社会工作的价值观与模式②

社区矫正社会工作开展中应当坚持下列价值观：第一，对社区矫正对象应当尊重。只有尊重社区矫正对象，才能建立互相信任的关系。第二，接纳与非批判的态度。“接纳”主要是指包容。“非批判”指理解。接纳与非批判的价值在于与社区矫正对象建立良好的信任关系。第三，助人自助。通过帮助社区矫正对象，使社区矫正对象增强独立性，而非增强其依赖性，使其在日后遇到类似的生活挫折和困难时，可以独立解决问题。第四，优势视角与增权的观念。优势视角是以关注优点与潜力的角度看待人。增权是帮助社区矫正对象发挥优点或者潜力的过程。

社会工作的通用模式是：

第一，接案。明确需要解决的社区矫正对象的问题。

第二，初步评估。与案主互动，收集有关信息，包括家庭情况、本人生理情况、本人心理情况、社会适应能力、社会支持资源、本人需求、环境等。

第三，制定目标与计划。这里的目标与计划应当是与案主一起协商的结果。

第四，计划的实施。

第五，结案与结案评估。结案评估包括投入评估、过程评估、目标评估、反思与跟进评估。

（3）社会工作的方法③

第一，个案咨询。解决社区矫正对象心理层面与行为的偏差。其方法包括行为治疗方法、人本治疗方法、理性情绪治疗法等。第二，家庭工作。家庭工作包括：了解社区矫正对象的家庭结构；促进社区矫正对象家庭成员之间的沟通；建立家庭支持系统。第三，小组工作方法。小组工作是指借助小组工作者的协助，引导组员在小组活动中互动，促进组员建立关系，并以个人能力与需求为基础，达到个人、小组与社会目标。社区矫正中的小组有教化小组、治疗小组、社

---

① 范燕宁、席小华主编：《矫正社会工作研究》，中国人民公安大学出版社 2009 年版，第 214～231 页。

② 参见吴宗宪主编：《社区矫正导论》，中国人民大学出版社 2011 年版，第 355～360 页。

③ 参见吴宗宪主编：《社区矫正导论》，中国人民大学出版社 2011 年版，第 360～362 页。

会化小组、学习小组、成长小组。

2. 社会工作模式评析

社会工作是社区矫正传统的矫正模式,是我国近年很受重视的社区矫正模式。但是,社会工作模式与项目矫正相比,其矫正服刑人员的方法仍然有限,而且矫正机构不能够客观判断使用社会工作方法后的矫正效果。此外,由社会工作的价值观决定,社会工作模式不具有控制中高度危险服刑人员的结构,或者说,在社会工作模式下,社会工作者不具有监控社区矫正对象,特别是中高度危险的对象的义务。

(六)帮扶模式及其评析

根据在社区矫正推行地区的调查,如上海,社区矫正对象存在比较严重的就业问题、住房问题、劳动技能培训等问题,[①]从而导致他们回归社会较困难,同时不利于他们接受矫正,不利于社区安全。有鉴于此,早在我国社区矫正试点时,国家就提出对社区矫正对象开展帮扶工作:社区矫正机构要帮助社区矫正对象解决就业、生活、法律、心理上所遇到的问题。十余年来,我国的社区矫正帮扶工作有了显著的发展。

1. 帮扶模式的要点

对社区矫正对象的帮扶,就是借助国家的社会救助政策、社会保障政策、就业帮助政策,帮助或者扶助社区矫正对象融入社会的行为。

2. 帮扶模式评析

帮扶模式的价值:帮助服刑人员在社区安身立命;有助于社区矫正对象进入正常的社区矫正生活;有助于帮助他们适应社会。

帮扶模式的局限:由于帮扶模式不以悔罪要件作为前置条件,使帮扶成为单纯的慈善,使社区矫正等同于国家的贫苦救助,使一些服刑人员失去体会犯罪所带来痛苦的机会,感受公正的机会,失去认罪悔罪的机会。在个别地方由于帮扶工作缺乏配套的教育宣传工作,可能影响公众对犯罪惩罚性的认识,不利于刑罚公正观念传播。

(七)劳动模式及其评析

有关社区矫正对象参加劳动的规定早在2004年7月1日生效的《司法行政

① 参见王平主编:《社区矫正制度》,中国政法大学出版社2014年版,第349页。

机关社区矫正工作暂行办法》(2020 年已失效)就已明确。《社区矫正实施办法》[①]则将社区矫正对象参加劳动的内容正式纳入社区矫正工作中。为何将社区矫正对象参加劳动纳入社区矫正工作中?笔者认为,我国的社区矫正除了受到国外的社区服务概念的影响,也受了我国监狱模式的影响。监狱中改造罪犯的方法除了教育改造手段,还有劳动改造手段。

1. 劳动模式[②]的要点

(1)强制性

《社区矫正实施办法》第 16 条规定:"有劳动能力的社区矫正人员应当参加社区服务,修复社会关系,培养社会责任感、集体观念和纪律意识。社区矫正人员每月参加社区服务时间不少于八小时。"该条不仅规定了服刑人员参加劳动的最低时间,而且使用"应当"的表述。这表明规定中的"劳动"并非志愿劳动。

(2)无偿性

《社区矫正实施办法》规定的服刑人员劳动在相当意义上是要求服刑人员补偿给社会带来的损害,让服刑人员"支付"因其犯罪而"欠"社会的"账",以实现社会的公正、法律的正义,让服刑人员接受他应当承担的法律责任,同时让服刑人员感受刑罚惩罚带给犯罪者的痛苦,学习"必须学习的课程"。

2. 劳动模式评析

组织服刑人员在社区劳动的意义非常重大,这种活动不仅可以增加社会与公众的利益,而且可以实现刑罚的正义,有效地矫正服刑人员。但是,由于组织社区矫正对象在社区劳动这种活动具有强制性、具有经济的无偿性,其与志愿劳动不一样,与国外开展的社区劳动也不一样,国外的社区劳动是一种刑罚,涉及"强制"与"无偿"等措施,关涉基本人权问题。然而,关涉基本人权问题非《社区矫正实施办法》这种部门规范性文件能够规定的。所以,组织服刑人员在社区劳动需要解决合法性问题。问题的解决涉及缓刑制度、假释制度进一步完善与社区服务刑立法等具体措施。

(八)危险管理模式及其评析

1. 危险管理模式的要点

在我国社区矫正领域,上海政法学院刘强教授是较早提出我国应当引入风

---

① 已被 2020 年 6 月 18 日发布的《中华人民共和国社区矫正法实施办法》废止。——编者注

② 2019 年出台的《社区矫正法》修改了《社区矫正实施办法》关于罪犯参加劳动的规定。

险管理(即危险管理)知识的学者之一。[①] 危险管理是国外20世纪90年代前后创新的概念。危险管理的含义就是根据危险不同的服刑人员予以不同的管控。其包括两部分内容:一是危险评估,二是危险管控。

(1)危险评估。危险评估就是根据社区矫正对象重新违法犯罪的可能,将社区矫正对象分为高度危险、中度危险与低度危险三类。

(2)危险管控。危险管控就是关注高度危险的社区矫正对象,对高度危险的社区矫正对象严格管控,以确保社会安全、公众安全,而低度危险的社区矫正对象由于对公众与社会安全威胁程度低,所以可予以宽松管理。

2. 危险管理模式评析

使用危险管理模式可以有效控制可能危害社区与公众的罪犯,而且最大限度地降低安保成本。但是,由于我国对危险管理知识与技术的学习与研究刚刚开始,无论理论界还是实务界关于社区矫正发展的模式尚未达成共识,危险管控模式的地位尚待提高。更重要的是,危险管理不能成为社区矫正工作的全部,危险管理对危险的控制是暂时的,危险的控制最终还是需要通过对服刑人员的矫正降低服刑人员带给社会与公众的危险。

(九)激励管理模式及其评析

所谓"激励管理"就是通过"奖优罚劣"实现管理活动目标的管理模式。激励管理模式被广泛运用于各类机构的管理,如企业、行政机关、事业单位。

1. 激励管理模式的要点

激励管理包括管理目标、奖励与惩罚三方面内容。

(1)管理目标。激励管理的基本特点就是具有明确的管理绩效目标,如利润、成本,并以此为核心开展活动。激励管理被引入社区矫正工作中,社区矫正工作便需要设定管理目标。社区矫正激励管理的最终目标是矫正服刑人员与维护社区安全,直接目标是使服刑人员服从社区矫正工作者的管理。

(2)奖励。激励管理的奖励是对管理对象的正向激励,表现形式为对实现目标的人员予以经济上、政治上、荣誉上的奖励,从而既激励被奖励的个人,又激励整个团队。激励管理被引入社区矫正工作中,社区矫正工作便需要设定奖励手段。对于认罪悔罪、遵纪守法、学习劳动等方面表现良好的罪犯,应予以表

---

① 主要是"风险评估"概念,参见刘强主编:《社区矫正制度研究》,法律出版社2007年版,第141页。

扬奖励，符合条件的予以减刑。

（3）惩罚。激励管理的惩罚是对管理对象的负向激励，对没有完成目标，甚至破坏管理秩序的人员予以惩戒，以警戒他人。激励管理被引入社区矫正工作中，惩罚被纳入其中。社区矫正对象违反规定，可以予以下列惩罚：警告；治安处罚；撤销缓刑；撤销假释。如果接受暂予监外执行的罪犯违反规定也可以考虑予以收监执行。

2. 激励管理模式评析

激励管理经常被比喻为“胡萝卜＋大棒”管理。其含义是这种管理不仅给被管理者引力，而且给被管理者压力；不仅向被管理者施加外在的力量，而且调动被管理者内在的力量。由于激励管理向被管理者施以双重的力量，所以，激励管理对人行为的影响力非常大，使激励管理达到管理水平的一个新高度。因此，激励管理被广泛地应用于各方面的管理领域，也被应用于社区矫正领域。但是，激励管理运用于社区矫正中有一个问题：就是激励管理可以直接影响的是人的行为，直接作用于人的行为，而不是直接影响人的内心，与人的心理矫正有较大的距离，所以，当激励管理运用于社区矫正领域后，服刑人员管理存在最终目标与实现目标的手段不吻合问题。

此外，由于在社区矫正中社区矫正机构能够予以罪犯的奖励力度有限，激励效果也非常有限。减刑是社区矫正中能够予以罪犯最大的奖励，但是，很多罪犯对减刑不以为然。

（十）对我国社区矫正探索的基本评价

在各地的探索中，虽然有的探索内容体现现代社区矫正的精神，但是，有的探索则在重复国外20世纪60年代的实践，甚至有的在重复国外“二战”前的实践。我国现在探索的执法模式、监控模式从逻辑上看与国际上20世纪70年代流行的公正监控模式、20世纪初盛行的监督型模式的目标、实现目标的手段基本一致；我国现在探索的帮扶模式与20世纪初出现的帮助型模式发展方向趋近；我国的教育矫正模式、心理矫治模式、社会工作模式与“二战”后推广的个案模式、经纪人模式在内容上基本相同。而我国探索的危险管理模式与国际上的危险管理制度取向一致。事实上，我国目前探索的危险管理模式直接受益于当代国际社会的危险管理思潮。而劳动模式虽然受劳动改造思想的影响，但也受社区服务刑及执行的影响。当代中国的社区矫正从观念到建议，从制度到探索，不仅有国际社区矫正领域最新的思想与主张的声音，也有国际社会百年前思想与制度的影子，一时现代与历史交汇，当下与过去共存，形成了不同模式。

虽然上述模式的探索为我国社区矫正的进一步发展作了铺垫，但是，每一种模式都有其难以掩饰的重大缺憾，缺乏历史的高度，且存在碎片化问题。

如果分析我国正在探索的社区矫正模式的逻辑来源，我们可以发现这些模式的共性，那就是这些模式“设计”时的知识资源偏薄。执法模式、监控模式、教育矫正模式、心理矫治模式、劳动模式、激励管理模式等设计知识多源于监狱的知识。① 而社会工作模式、帮扶模式的设计知识源于社会工作的知识，危险管理模式的设计知识源于当代国外社区矫正模式的知识。

我国是在 21 世纪发展社区矫正制度。在 21 世纪的中国推进社区矫正制度应当具有历史的高度，没有必要重复社区矫正先行国家的旧辙；同时，在 21 世纪的中国推进社区矫正，应当汲取其他国家发展社区矫正工作的经验教训，站在理论与实践的高度上。虽然中国的社区矫正工作推进得晚，但是，应当以先进国家的制度为参照，应当走“弯道超车”的发展之路。推进中国的社区矫正应当充分重视社区矫正的理论建构。

二、我国社区矫正推进的应然逻辑

关于我国社区矫正推进的基本路径，各界基本没有异议，那就是进行“探索”。如何探索？有的主张“摸着石头过河”，先探索，后抽象理论；有的主张，先进行理论建构，后实践。

社区矫正在国外有 100 多年的发展历史，不仅有经验与教训，而且有学说、理论。所以，发展我国的社区矫正制度，没有必要从零开始，宜选择后者。

第一，我国的社区矫正工作应当在借鉴国外社区矫正工作经验、制度的基础上创造性的发展，而不宜闭门造车，无视国外的经验与制度，封闭性地探索我国的社区矫正道路。

第二，借鉴国外的社区矫正经验、制度的前提是研究国外的社区矫正经验、制度与理论。研究国外社区矫正经验、理论与实践的目的是结合我国社区矫正工作需要、障碍、问题，对我国的社区矫正提供解决问题的思路，并进行我国的社区矫正理论建构。对我国的社区矫正进行指导的根据，是我国的社区矫正理

① 北京工业大学的张荆教授就曾经直言不讳地说，北京的社区矫正模式学习的是监狱矫正的知识。参见张荆：《北京社区矫正模式特色与问题点分析》，载《中国人民公安大学学报（社会科学版）》2013 年第 3 期。

论。由于我国社区矫正发展是从无到有的建设过程，对社区矫正的研究应当反映社区矫正发展的这种需要，因而，社区矫正的理论的主体是围绕我国社区矫正实践进行的"顶端设计"。

第三，关于我国社区矫正的理论建构是我国社区矫正发展制度层面的宏观设计。这个设计的功能是对我国社区矫正的未来进行一个框架性的描述，以指导社区矫正的推进。其不仅体现了人们的愿望，更体现了人的理性，是社区矫正知识的演绎，反映着社区矫正发展的规律。其与微观设计功能不同，价值不同。微观设计解决具体问题。一般来说，微观设计需要在宏观设计的结构下发挥作用。在社区矫正发展中宏观设计具有优先性。

第四，因为我国的社区矫正发展是从无到有的建设过程，对社区矫正发展进行宏观设计，进行理论上的制度建构，在社区矫正中是不可或缺的，而且在社区矫正推进中居于优先地位。在社区矫正发展的三大组成部分中，即社区矫正制度建构、社区矫正实践与社区矫正立法。社区矫正制度建构在前，其次是社区矫正实践，最后是社区矫正立法。

第五，围绕我国社区矫正开展的建构体现的是人的建构理性。建构的基础是我国社区矫正发展的国情，建构的方向是我国社区矫正发展的目标与价值需要，建构的材料是社区矫正中外共性的理论、中外共性的制度、中外社区矫正发展中共同性问题、国外社区矫正发展中的经验与教训。

第六，发挥人的建构理性，并非否定实践理性。对我国社区矫正进行制度建构，并非纸上谈兵。相反，建构理性的发挥必须与实践理性结合，在实践理性基础上进行设计。对我国社区矫正进行顶端设计，需要紧密结合我国的社区矫正的探索实践，并随着社区矫正实践不断作修正与进行新的建构。

虽然社区矫正的理论建构非常重要，但是理论建构不能替代实践摸索，理论建构不能替代制度的社会契合，理论建构所有部分，无论宏观架构，还是微观要素，都需要在实践中观察，在实践中判断，在实践中修正。理论建构不仅需要在实践中检验，而且需要在实践中反复检验与修正。笔者反对将社区矫正的理论建构直接法制化，将社区矫正的理论建构规定为法律，以社区矫正的法律规定替代社区矫正的理论建构。一方面，任何理论建构都有局限性，所建构的内容，无论框架，还是具体构建要件，难免存在这样或那样的问题；另一方面，任何理论建构必须依赖实践，必须融入社会，理论建构不融入社会，不能转变为制度的实践形态，不能为大众感受，同时不能实现对理论建构的检验。社区矫正的实践不仅需要广度,而且需要深度。这里需要特别说明的是,我国目前的社区矫正实践,在深度和广度上均有待完善。虽然,社区矫正在我国已推行了10年有余,但是,社区矫正的社会支持度仍然较低。刘用全等在福州永泰县调查,发现仍有72.3%的被调查者不接受社区矫正,有65.8%的被调查者不支持社区矫正。调查甚至发现,仍然有很多人不知道社区矫正。① 郑永君等在湖北的调查也发现,仅有15.6%的被调查者知道社区矫正,②而高达84.4%的被调查者不知道社区矫正。福建、湖北在我国还是两个社区矫正推行比较好的省,社区矫正推行差的省、区的公众支持情况恐怕更不乐观。

如果将建构的社区矫正理论称为理论形态的社区矫正制度,那么,探索的社区矫正就是实践形态的社区矫正制度。理论形态的社区矫正制度与实践形态的社区矫正制度是一种互构关系:社区矫正的实践源于社区矫正理论的指导,随着社区矫正制度理论形态的发展,社区矫正制度的实践形态不断深入。理论形态的社区矫正制度经过实践检验,会不断修正,从而使理论形态的社区矫正制度适应国情,建立在国情基础上,促进实践形态的社区矫正制度的发展。所以,实践形态的社区矫正制度的形成是一个与国情融合的过程,是一个社区矫正中国化的过程。

不仅如此,随着实践形态的社区矫正制度不断沉淀,理论形态的社区矫正制度便不断稳定、成型;随着实践形态的社区矫正制度不断沉淀,规章、法规、法律不断将业已成熟的制度固定下来,实践形态的社区矫正制度便逐步法制化。进入社区矫正的法律形态:先由低位次的法律规范规定,然后随着社区矫正制度的稳定与成熟由高位阶的法律规范规定,最终由最高立法机关制定的法律予以规定,从而完成社区矫正的基本探索与中国化事业。

由于社区矫正的实践形态与社区矫正的理论形态相互交织、相互构造,社区矫正制度实践形态的法制化,也是社区矫正制度理论形态的法制化。

如果说社区矫正制度的理论形态是社区矫正制度发展的一个逻辑起点,社区矫正制度的实践形态就是社区矫正制度发展的逻辑通道,而社区矫正制度的法律形态是社区矫正制度发展的一个逻辑终点。笔者使用下面图形描述社区

① 参见刘用全、谢平海:《社区矫正的制度困境及解决路径探析——以福州市为考察视角》,载《福建警察学院学报》2014年第4期。

② 参见郑永君、张大维:《刑罚观与社区矫正的公众认同——基于湖北省调查数据的分析》,载《青少年犯罪问题》2016年第1期。

矫正制度的建构逻辑,见图1－1。

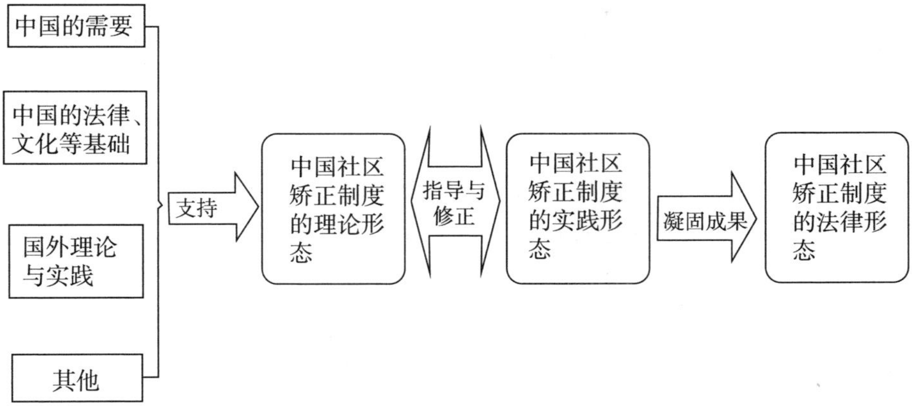

图1－1　中国社区矫正制度的建构逻辑

三、中国社区矫正的应然模式及理论建构

我国社区矫正的现代模式应当是:第一,以我国的当代社区矫正实践为基础;第二,建立在我国的国情基础上,并与我国的刑事法律制度一致;第三,借鉴当代国际社区矫正模式,汲取当代国际社会社区矫正的基本理论、基本知识,学习当代国际社会社区矫正的基本经验。

据此,我国理想的社区矫正模式应当由三个模块构成:"认罪悔罪＋危险管理＋项目矫正",并在此框架下进行理论上的制度建构。

(一)模块一:认罪悔罪

1. 认罪悔罪模块的目标

促进服刑人员认罪与悔罪,接受公正道德价值观,恢复羞耻之心。

2. 认罪悔罪的地位

认罪悔罪模块在我国未来的社区矫正模式中处于基础地位。

3. 认罪悔罪的现实意义

模块一设计的现实基础是我国社区矫正对象认罪悔罪态度消极。罪犯认罪悔罪态度消极不仅不利于罪犯重新融入社会,不利于重新犯罪防治,而且不利于社区安全,不利于罪犯管理。所以,我国社区矫正需要将社区矫正对象的认罪悔罪作为基础工作来抓。

这里不打算使用关于已决犯认罪调查来反映"我国社区矫正对象认罪悔罪

态度消极”问题,而拟使用未决犯认罪调查来支持笔者的论点“我国社区矫正对象认罪悔罪态度消极”。其主要原因在于关于已决犯认罪态度调查容易失真。在我国,由于对罪犯的行政奖励与刑事奖励往往与罪犯的认罪服法相关,服刑人员为获得奖励往往假称“认罪”,所以对已决犯关于认罪的调查容易失真。① 根据刘启刚2013年9月在若干看守所进行的调查,被调查者多数将犯罪原因归结为:受金钱驱使、冲动、被他人利用与牵连、重视亲友哥们义气、法律意识淡薄、被他人利用等,很少从自己内心找犯罪原因,缺乏自责感与羞耻心。具体情况如下:受金钱驱使(28.8%);亲友哥们义气(17.1%);被他人利用与牵连(8.5%);认为自己一时冲动(7%);被害人有过错(6.1%);法律意识淡薄(4.7%);自己无知幼稚(2.5%);维护自己利益(2%);自己寻找刺激(2%)。②

为何我国的罪犯认罪态度消极,而需要社区矫正领域专门推进促进社区矫正对象认罪悔罪工作?其一,考虑我国的文化资源特点。我国的传统文化是“礼”文化,是上下尊卑关系的文化,而非“罪”文化。在“罪”文化发达的国家中,由于认为人人有罪,所以人人需要反思自己的“罪行”。在这种文化中,犯罪分子更容易认罪、反思自己的罪行。其二,考虑社区矫正中罪犯的罪轻的特点。一般来说,社区矫正对象犯罪严重程度低于被判监禁刑的罪犯。也正因为罪轻,一些在社区接受矫正的人员缺乏羞耻感,对自己所犯的罪行不以为然。

4. 认罪悔罪模块的内容

(1)认罪部分。认罪部分的内容包括:尊重法律;尊重判决;遵守有关规定;尊重社区矫正工作人员、尊重社会工作者及志愿者。

(2)悔罪部分。悔罪部分包括向被害人道歉;赔偿被害人;参加志愿劳动。

(3)违反法律、违反有关规定的责任承担。

(二)模块二:危险管理

危险管理就是通过危险评估标定危险分子等级并实施相应控制的措施,危险管理包括危险评估与危险控制。

---

① 如果服刑人员没有减刑、假释希望,很多服刑人员的认罪态度是消极的。根据河南一所监狱近来所进行的一项调查,该监狱关押的因犯严重罪行被限制减刑罪犯中的32.5%对罪行没有认罪悔改之意。参见崔玉兴、苗时葵:《对限制减刑罪犯管理教育的调研与思考》,载《中国监狱学刊》2015年第5期。

② 参见刘启刚:《犯罪嫌疑人犯罪归因状况的调查与分析》,载《犯罪与改造研究》2015年第12期。

1. 危险管理的目标

危险管理模块的目标在于通过监控资源的有机整合，对高度危险服刑人员实施严格监控，有效维护社区、公众安全，而对低度危险服刑人员实施宽松监控，帮助他们重新融入社会。

2. 危险管理的地位

社区矫正是一种将服刑人员置于社区管控的制度，具有一定社会风险性。如何降低社区矫正制度带给社会的风险？囿于监管力量的有限性，国家很难实现对所有的社区矫正对象全时空监控。何况对所有的社区矫正对象无条件地实施全时空监控不利于服刑人员重新社会化。危险管理因为通过危险评估标定了重新犯罪危险大的服刑人员，不仅能够充分利用人力、物力，而且具有控制危险的有效性，所以，能够更好地保障社会与公众的安全。同时支持服刑人员的重新社会化。危险管理的功能在于保障社区安全、公众安全，是社区矫正的基本制度。

3. 危险管理的内容

危险管理包含危险评估与危险控制两部分。危险评估是使用危险评估工具将罪犯分为高度危险、中度危险与低度危险等类别，然后加以分别监控。危险控制是根据罪犯的危险程度分别分类监控，对危险大的人员严格监控，对危险小的人员，予以宽松管理。根据监控的内容，可以将监控分为：电子监控、空间监控、交往监控、夜生活控制等。

危险评估的基本方法是统计的方法。根据这种方法，危险评估需要根据结构的、量化的预测项目对罪犯危险有无及程度进行判断。在这种预测体系下，危险大的罪犯重新犯罪的危险可能大；而危险小的罪犯重新犯罪的危险可能小。这种方法建立在罪犯重新犯罪危险与相关变量基础上。所谓相关变量，是指年龄、犯罪记录、不法行为数量等。每个变量都具有预测社区矫正对象危险的价值。由于每个变量被赋予不同分值，因此根据这种方法对罪犯危险的评价就有了定量的性质。

（三）模块三：项目矫正

所谓“项目矫正”，就是针对罪犯的矫正需要使用具有一定矫正内容、矫正量与矫正程式的矫正模块对社区矫正对象进行矫正的活动。

1. 项目矫正的目标

项目矫正的目标是通过使用矫正项目有效地矫正社区矫正对象。项目矫正与传统的矫正方式重要区别之一在于:矫正项目的实施需要对社区矫正对象进行矫正需要评估。矫正需要评估内容包括服刑人员是否需要矫正?矫正内容是什么?矫正量多大?如果将社区矫正对象比作病人,矫正项目就是药。如果将矫正项目比作药,矫正需要评估就是诊断。与传统矫正方式相比较,项目矫正的针对性更突出。项目矫正与传统的矫正方式重要区别之二在于:项目矫正所采用的工具是矫正项目。矫正项目是一种矫正模块,其对社区矫正对象的矫正作用更有针对性、更具有改变性。

2. 项目矫正的地位

项目矫正的功能在于降低社区矫正对象对社区及公众所形成的现实危险。就此而言,项目矫正是危险管理的“搭档”,危险管理负责对社区矫正对象的危险进行控制,而项目矫正负责降低他们的危险。但是,项目矫正的功能不仅能够降低罪犯对社区及公众所形成的现实危险,而且可以降低社区矫正对象对社区及公众所形成的未来的危险,可以降低他们刑满后的重新犯罪可能性。综上所述,项目矫正是社区矫正的核心制度。

3. 项目矫正的内容

项目矫正的内容包括两部分:一是矫正需要评估,矫正需要评估就是用于判断社区矫正对象需要在哪些方面进行矫正,犹如医生用药前的诊断。二是矫正项目,矫正项目是根据社区矫正对象矫正需要而建构的不同矫正方法的集成,每个矫正项目就是不同方法建构的矫正模块。

4. 矫正项目的种类

对社区矫正对象可以使用的矫正项目包括:

(1)劳动培训类矫正项目。这类矫正项目适用于好吃懒做、没有符合社会需要的劳动技能的社区矫正对象。

(2)家庭矫正类项目。家庭不仅关系每个人的吃、喝、睡觉、起床等生理需要满足,而且关系每个人的精神归宿。家庭不仅关系家庭成员当下的生活,而且关系家庭成员未来的生活。对服刑人员而言,家庭不仅具有帮助他们解决眼下吃、住的价值,而且具有帮助他们融入社会的功能。家庭不仅可以帮助社区矫正对象培养自我约束的能力,而且可以培养他们的责任感。所以,发展家庭矫正类项目意义非常大。家庭矫正类项目有很多,主要有:家庭维护项目;家庭成员交流项目;家庭危机干预项目;子女养育项目。家庭维护项目主要帮助社区矫正对象学习家庭关系建设、子女培养、财务管理、问题解决方法、与家人恢复亲密关系；学习愤怒过激行为预防，沟通人际关系；学习如何控制解决家庭暴力；学习如何抚养子女，包括子女教育策略、父母的自我意识、对子女的管教技能、问题解决方法、沟通技巧等。家庭成员交流项目的目标主要是帮助服刑人员家庭成员相互理解对方。家庭成员交流项目既可以由项目矫正师根据对服刑人员家庭成员沟通的结果直接安排对话，也可以由社区矫正工作者通过课堂教育为服刑人员家庭成员交流“预热”，然后对话交流。家庭危机干预项目就是在服刑人员家庭出现危机的情况下，为维护服刑人员完整的家庭生活而采用的项目。家庭危机干预主要内容是家庭沟通、行为管理、问题解决技术。家庭危机干预项目需要矫正项目师就家庭成员之间的交往、家庭与社区之间的交往方面予以帮助。子女养育项目的目标是帮助项目参加者获得知识，提高技能，与孩子保持融洽关系。这个项目也帮助参加者学习管理自己在监禁期与释放后的紧张、压抑。这一项目关注下列因素：家庭中父母的角色；为人父母的责任；父母作为或者不作为的结果；儿童发展问题与儿童发展的道路；帮助参与者提高解决父母与子女之间问题的技能；与社区中提供家庭服务的工作人员接触。

(3)社会交往技能类矫正项目。由于部分社区矫正对象社会交往存在不能较好地判断别人的表情、言语等信息，存在与他人交往不畅、有暴力倾向等问题，社会交往技能项目意图提高服刑人员与他人交往的能力。社会交往技能类矫正项目有社会交往中的认知项目、社会交往中的情绪控制类项目、与异性交往项目等。社会交往中的认知项目主要帮助社区矫正对象认识到如何与他人有效与友好地交流，与何人交往有益、与何人交往有害，避免不当的错误归因等。社会交往中的情绪控制类项目帮助社区矫正对象在与他人交往中发展积极、健康情绪，控制有害情绪。与异性交往项目帮助社区矫正对象确立道德的异性观，帮助社区矫正对象学习尊重异性，帮助他们学习与异性建立健康关系的能力。

(4)戒毒类矫正项目。戒毒矫正的难度非常大，因此，国际上为此设计了很多矫正项目，而公认比较有效的项目是“矫治社区项目”。“矫治社区项目”的核心是通过培养社区矫正对象对自己的责任心，然后培养他们对家庭、对社会的责任心，使他们形成一定内控力，从而在生理脱毒的基础上，完成心理戒毒。

(5)生活能力类矫正项目。生活能力类矫正项目的目标是帮助社区矫正对象逐步融入社会。该项目涉及下列事宜：寻找工作并安定下来；学习理财；寻找生活住所;与家人在一起;在商店购物;安排与完成厨房中的工作;健康与营养;健康的性关系;解决生活中遇到的问题。生活能力类矫正项目有很多,最主要的矫正项目是培养社区矫正对象解决问题的能力的项目。这个项目包括情绪控制、寻找方法等内容。

(6)情绪控制类矫正项目。很多服刑人员是因为情绪失控而犯罪的。在社区矫正中,有的服刑人员仍不能很好地控制自己的情绪,还有的服刑人员被消极情绪所控。如果社区矫正对象不能管理好自己的情绪、不会管理自己的情绪,不仅影响其服刑,而且可能导致其重新犯罪。情绪控制类矫正项目就是帮助社区矫正对象学习管理自己的情绪。情绪控制类项目主要有愤怒治疗项目、愤怒与情感管理项目等。

(7)认知行为类矫正项目。由于部分社区矫正对象存在社会态度消极问题,这里的态度包括对判决、社区矫正机构执法行为的态度,甚至反社会的态度,而这种态度的存在不利于社区矫正对象重返社会。所以,矫正社区矫正对象的这种态度,对于其不再重新犯罪具有重大意义。认知行为类矫正项目具有矫正社区矫正对象消极社会态度的功能。认知行为类矫正项目有理性化矫正项目、道德化认知矫正项目、思维优先项目等。

(四)三模块之间的关系

社区矫正模式由三个模块构成:“认罪悔罪+危险管理+项目矫正”。这三个模块构成完整的社区矫正模式。

在这个模式中,“认罪悔罪”的功能在于促进社区矫正对象认识到自己行为的罪恶性、应受惩罚性,促进社区矫正对象尊重法律。同时,促进与帮助社区矫正对象悔罪,特别是向被害人忏悔。“认罪悔罪”是“项目矫正”的基础,同时支持“危险管理”,降低危险管理压力。

“危险管理”这一模块的功能在于维护社会与公众安全。“危险管理”为社区矫正立足于社会,并获得人们的支持创造条件。不仅如此,由于“危险管理”的存在,支撑了“认罪悔罪”模块的持续性运行,推动了“项目矫正”的安全推进。

“项目矫正”这一模块的功能可以降低社区矫正对象的危险,有助于降低危险管理工作的压力。不仅如此,“项目矫正”通过对社区矫正对象的有效矫正,最终促进社区矫正对象刑满后融入社会,不再重新犯罪,实现社区矫正设计的最终目标。

总之,三个模块功能各异,但是,三者相互支持,有机结合,形成合力。

(五)社区矫正“三模块”模式的评估

社区矫正“认罪悔罪 + 危险管理 + 项目矫正”三模块模式是当代中国社区矫正应当推行的模式。

1.“三模块”模式立足于当代中国的社区矫正模式的探索,实现了当代中国社区矫正模式的升华

虽然“认罪悔罪 + 危险管理 + 项目矫正”在结构上不同于我国各地社区矫正机构的探索,如北京社区矫正的实践、上海社区矫正的实践,与我们前面提到的执法模式、监控模式、教育矫正模式、心理矫治模式、社会工作模式、帮扶模式、劳动模式、危险管理模式、激励管理模式的结构也不同,但是,“三模块”模式实际上汲取了上述模式的全部合理内核,而扬弃了其中的不合理内容。

在“认罪悔罪”模块中,服刑人员需要尊重法律、遵守法律及有关规定,如果违反法律及有关规定,社区矫正对象需要为此承担相应的责任。在这个模块中,执法模式被融入其中。由于执法不仅是为了执法而执法,执法是为了确保服刑人员认识到自己的行为后果,并承担相应的法律责任。所以,在“认罪悔罪”模块中,执法模式有了应有的灵魂。促进社区矫正对象悔罪,是“认罪悔罪”模块的重要任务,只有服刑人员悔罪,他才可能从被动的矫正者成为主动的矫正者。悔罪的表现不仅包括向被害人道歉、赔偿,而且包括参加公益劳动。对于无被害人的服刑人员能否参加公益劳动,是检验他们是否悔罪的试金石。劳动模式可以转化为“认罪悔罪”模块的重要元素。

在“三模块”模式中“危险管理”居于基础地位。“危险管理”可以提高社区矫正机构对服刑人员的监控水平,从而更好地保障社区与公众的安全。由于认识到危险管理的强大功能,所以,国内有的社区矫正机构引入危险管理模式。这正说明了危险管理的价值。在“三模块”模式中“危险管理”不仅具有理论,而且具有技术。“三模块”模式的推行将使我国现在推行危险管理模式的社区矫正机构的危险管理工作由“非正规军”转成“正规军”。由于危险管理的重要内容是对中、高度危险的社区矫正对象的监控,监控模式融入危险管理模块,乃监控模式发展的归宿。由于危险管理是根据服刑人员的危险程度予以不同等级监控,激励社区矫正对象积极接受矫正,降低危险,以获得宽松的处遇,乃是激励管理的使命。于是激励管理模式实现了新生。我国现在很多社区矫正机构推行的激励管理模式存在较大的负功能,在激励管理模式框架下,一些服刑人员改“面”不改“里”,有的社区矫正对象为获取他期待的利益弄虚作假,而且由

于奖励力度有限,激励力度有限,很多社区矫正对象对奖励无动于衷。

"项目矫正"是"三模块"模式的核心,旨在矫正社区矫正对象。虽然教育矫正模式的目标也是矫正社区矫正对象,但是,如上所述,教育矫正与社区矫正对象犯罪原因存在一定错位,普法教育对不懂法的人进行,深谙法律规定的社区矫正对象也需要上课,这种教育的有效性需要分析。与教育矫正不同,项目矫正须进行矫正需要评估,由于个人情况不同,矫正的需求就有所不同。例如,有的社区矫正对象不懂法,有的社区矫正对象缺乏劳动技能,项目矫正官便根据社区矫正对象矫正需要的不同,有的安排法制教育,有的安排劳动技能教育。矫正项目融入教育矫正,并升华了教育矫正,使教育矫正的针对性体现在社区矫正对象个人身上,体现在不同矫正阶段的社区矫正对象个人身上,提高了教育矫正的有效性。项目矫正,应使用心理矫治的方法、个案工作的方法、帮扶的方法,这样,心理矫治模式、社会工作模式、帮扶模式都融入项目矫正中,并根据项目矫正需要适用于不同的社区矫正对象。

总之,在我国社区矫正领域中推行"三模块"模式将会提升我国社区矫正探索的各种模式,使各种模式得到升华。不仅如此,由于"三模块"模式具有强大的包容性,"三模块"模式的推行将使我国的社区矫正探索从杂乱走向秩序,从差异走向一致,进而为我国的社区矫正立法创造实践的条件,创造规范的准备。

2."三模块"模式立足于中国社会的国情

在西方国家,恢复性司法是社区矫正的重要部分。澳大利亚学者布雷斯怀特(J. Braithwaite)认为:丧失廉耻,是一个人越轨、犯罪的重要原因。恢复性司法能够帮助服刑人员恢复羞耻感,恢复性司法具有恢复社区矫正对象羞耻感的功能,恢复性司法能够帮助服刑人员重返社会,成为合格的公民。[①]无疑,帮助社区矫正对象恢复廉耻心非常重要。但是,帮助社区矫正对象认罪更有意义。对特定服刑人员而言,只有认罪,才可能恢复廉耻心,如果连自己的罪行都不以为然,甚至不以为耻、反以为荣,很难恢复廉耻心。这一点在中国特别有意义。如前所述,由于中华文化非"罪"文化,很多犯罪分子缺乏犯因的自我承担,存在认罪状况不到位,甚至不认罪问题。"认罪悔罪"模块一方面吸收恢复性司法中帮助社区矫正对象悔罪的构造,另一方面根据我国社区矫正的现实,设置了"认罪"环节,以促进服刑人员从认罪走向悔罪,为矫正项目实施创造条件,同时,促

---

① Hanser, B. D. *Community Corrections*, Los Angeles: SAGE Publishing, 2010, p. 242.

进社区矫正对象危险的降低。

3."三模块"模式吸收与借鉴了国际社会社区矫正最新理论与实践的成果

社区矫正自19世纪中期出现以来,至今已经走了150多年的路,经历了重视"改造"阶段、关注"矫治"阶段、强调重返社会阶段、重视"惩罚"阶段、关注"社区安全需要"阶段,形成了传统模式(包括监督型模式与帮扶型模式)、个案模式、经纪人模式、惩罚公正模式、现代模式等不同模式。由于中国引入社区矫正的时间晚,所以学习与研究国际社会社区矫正发展道路与模式的重要性更突出。

虽然国际社会社区矫正的模式比较多,但是这些模式并非并行关系,而是发展关系。传统模式(包括监督型模式与帮扶型模式)是重视改造阶段形成的模式;个案模式是在关注"矫治"阶段发展而来的;经纪人模式是强调重返社会阶段的产物;而监督公正模式产生于重视"惩罚"阶段;现代模式是20世纪后期及21世纪在关注"社区安全需要"的呼声中新兴的模式。总体来说,现代模式汲取了历史上不同模式的优点,而扬弃了历史上不同模式。现代模式中的危险管理不仅因为突出对高度危险的服刑人员监控从而提高社区与公众的安全,而且因为实施因人而异的监控,有助于控制社区矫正的成本。其合理性远超监督模式。项目矫正的实施,使矫正从关注"投入"转向关注"产出",从关注"矫正行为"转向关注"矫正后果",从而提高了矫正的经济性。不仅如此,"项目"具有很强的包容性与扩展性,因此,矫正项目将帮扶型模式、个案模式、经纪人模式的精华都纳入其中,而且不断吸收整合新的矫正方法。现代模式中的恢复性司法超越了监督公正模式,使对服刑人员的公正观念从社区矫正对象的"心外"向社区矫正对象的"心内"发展,强调社区矫正对象的悔罪。

四、关于社区矫正制度的理论设计的试错与社区矫正的立法

(一)不断试错

无论多么高明的理论设计,只有置身实践,才会发现不足,只有试错,才能完善。毕竟理论的设计者是人,而不是神。我国的社区矫正先后经历了部分省市试点、全国省市试点,而后进入全国开展阶段。从试点到正式推行,遵循的逻辑正是试错逻辑。试错逻辑认为,理论先于观察。理论是大胆的猜测,只有大胆的猜测才有科学的发现。理论不可能被经验证实,因为归纳是有限的,人们不可能将一个命题所有的内容归纳完毕,因而理论只能被证伪。据此,科学发

现的逻辑应当是“大胆猜测,不断实验,不断证伪,剔除错误”。具体到社区矫正,社区矫正的发展逻辑应当不断试错,渐进发展。

社区矫正从地方到全国的试点,解决了社区矫正的启动问题,基本解决了社区矫正概念的社会接受问题,越来越多的人在认可社区矫正的价值,但是,由于社区矫正的具体制度需要“现身”“登台亮相”,所以,社区矫正的各项制度也需要“大胆设计,不断试验,不断证伪,剔除错误”。

据此,我国应当对危险管控、项目矫正在内的“三模块”模式制度试验并评估,从而推进我国的社区矫正制度进入一条可持续生长发展的道路。

试错,不仅指向宏观制度,也指向微观制度,如宵禁制度。宵禁是禁止特定社区矫正对象晚上外出的制度。宵禁制度具有控制危险的功能——对于一些容易受到外界影响而实施吸毒、扰乱社会秩序等行为的服刑人员,宵禁的适用可以避免社区矫正对象走向违法或者重新犯罪。

试错,是社区矫正制度理性设计的检验环节,也是完善理性设计的必经之路,是理论形态的社区矫正制度与实践形态的社区矫正制度的交汇点。只有通过试错道路的理性设计,才可能进入立法的平台,将经过检验的制度以法律的名义固定下来。

(二)渐进立法

社区矫正法律规范不同于刑事法律规范、刑事诉讼法律规范。刑事法律规范、刑事诉讼法律规范的功能突出刑事案件裁判,而社区矫正法律规范的功能突出表现在以法律名义固定社区矫正制度,维护业已建立的社区矫正法律关系,并推进社区矫正工作的开展。

由社区矫正法律规范的功能决定,社区矫正法的立法应当紧密相伴社区矫正探索。具体来说:第一,为社区矫正保驾护航,对社区矫正探索予以法律上的支持。需要通过法律排除障碍的,法律予以规定并解决障碍问题。需要探索的领域,法律不牵绊、不设卡。在国家基本法律(刑法、刑法诉讼法)规定了社区矫正有关条文,基本解决了社区矫正的合法性后,社区矫正工作在国家基本法律确定的基本原则范围内的探索没有疆界,确保社区矫正的设计理性畅行无障碍,为社区矫正制度的创新构建良好的法律环境。第二,将经过实践检验的社区矫正探索以法律的名义固定下来,为社区矫正下一步的探索奠定了基础。社区矫正立法不宜且不能一蹴而就。

笔者反对将社区矫正法作为社区矫正发展推进的规划或者方案,以法律推进社区矫正发展。社区矫正的发展方向、进度本质取决于社会经济、政治、法律、文化等方面的发展,而不取决于法律的规定,或者说法律制定者的设计。如果将社区矫正法作为社区矫正发展推进的规划或者方案,社区矫正法的稳定性、规范性与权威性势必很难保障。不仅如此,如果将社区矫正法作为社区矫正发展推进的规划或者方案,社区矫正的推进必然因规范的硬约束而影响其发展的合理性。

由社区矫正发展的过程性决定,中国的社区矫正立法不可能一步到位,我们不可能制定一部预测中国社区矫正未来发展走向的法律,所以,社区矫正的立法需要渐进推进。

关于社区矫正法的立法可以考虑采取两种模式:

模式一:“先下后上”模式

所谓“先下后上”模式,是指先制定下位法,然后抽象下位法的立法经验,制定上位法的立法模式。下位法相对上位法而言。部门规章相对于行政法规,是下位法;行政法规相对于法律,是下位法;反之,是上位法。

按照“先下后上”模式进行社区矫正立法,其最大价值在于使社区矫正立法立足于社区矫正的实践与实际,最大限度维护社区矫正法的权威,使法律确实实现对社区矫正探索成果的固定,并有效支撑社区矫正的探索,而不是遏制、钳制社区矫正的发展与探索。

在社区矫正探索中,虽然法律可能指引社区矫正实践,但是也可能遏制、钳制社区矫正的探索。毕竟法律具有刚性。有关社区矫正的探索一旦立法,社区矫正的探索不再“自由”,而只能在法律的框架内“探索”。由于这种探索是在法律框架下进行,所谓“探索”实际是依法办事,“探索”已经没有价值了。

因此,社区矫正超前立法需要警惕其弊端。社区矫正超前立法本质上是以法律代替理论的设想与制度架构。由于法律具有刚性,一旦立法错误,不符合社区矫正发展现实,改正成本势必较高。

模式二:“先粗后细”模式

所谓“先粗后细”模式,是指社区矫正法立法先规定框架,随着实践深入与理论完善,实践形态的社区矫正制度日益稳定,然后规定具体内容,填充“血肉”,将社区矫正法“坐实”。

“先粗后细”模式与“先下后上”模式的共同之处在于,两者都给法律完善留下时间与空间,都给社区矫正探索留下时间与空间,都能支持社区矫正的探索。

两者的不同之处在于,“先粗后细”模式是立法者先确定社区矫正框架,然后逐步探索,通过确定社区矫正实践形态的制度,最终制定出粗细适宜的社区矫正法。社区矫正的“先下后上”立法模式是通过积累地方实践与地方立法,最终完成社区矫正的全国立法。就社区矫正立法而言,社区矫正“先粗后细”的立法模式需要至少两次的全国立法,而“先下后上”模式只需要一次全国的立法。

社区矫正的“先下后上”立法模式是否与立法法有冲突?《中华人民共和国立法法》①(2015 年 3 月 15 日修正)第 8 条第 5 项规定“对公民政治权利的剥夺、限制人身自由的强制措施和处罚”只能通过法律规定;第 9 条规定:“本法第八条规定的事项尚未制定法律的,全国人民代表大会及其常务委员会有权作出决定,授权国务院可以根据实际需要,对其中的部分事项先制定行政法规,但是有关犯罪和刑罚、对公民政治权利的剥夺和限制人身自由的强制措施和处罚、司法制度等事项除外。”如果将社区矫正工作理解为犯罪与刑罚的“事项”,法规、规章当然不能染指,不能规定,即非法律不能规定社区矫正“事项”。但是,《立法法》的原意应当是:非法律不能规定何种行为构成犯罪;非法律不能规定“刑罚”种类;非法律不能规定“对公民政治权利的剥夺和限制人身自由的强制措施和处罚”。《立法法》之所以将“犯罪”、“刑罚”与“对公民政治权利的剥夺、限制人身自由的强制措施和处罚”的制定权纳入法律层面,本质上是为了保护公民的基本权利,因此,社区矫正规范在不规定“犯罪”、“刑罚”与“对公民政治权利的剥夺、限制人身自由的强制措施和处罚”的前提下,也可以在法规、规章层面制定。保护公民的基本权利与深入探索社区矫正工作并不矛盾。

当然,肯定社区矫正的“先下后上”立法模式并不是否定“先粗后细”模式。事实上,社区矫正的“先下后上”立法模式与“先粗后细”的立法模式并不是对立关系,正因如此,两者可以互相包容。不仅如此,社区矫正的“先粗后细”的立法模式在解决社区矫正发展框架问题上具有独特的优势。

本文认为,我国现在制定的社区矫正法宜为社区矫正框架法,将社区矫正的框架勾勒出来,具体的法律规范随实践探索,理论成熟,再予以规定。

社区矫正法可以考虑规定下列三块内容:

第一块,社区矫正对象认罪悔罪。

---

① 以下简称《立法法》。为方便阅读,本书引用法律名称均省略“中华人民共和国”字样。——编者注

第二块，社区矫正对象的危险管控，包括危险评估。

第三块，社区矫正对象的项目矫正。

在上述内容中，危险管控在很多社区矫正机构中探索积累了一定经验；项目矫正在一些地方也呼之欲出。中国的社区矫正探索正走向色彩绚丽的时代。为中国的社区矫正探索创造良好的法律环境，为社区矫正探索保驾护航，是社区矫正法的历史使命。这个历史使命要求社区矫正立法宜呈框架法，而不是绳索法，不应是束缚社区矫正走向生机盎然的探索时代。

作为框架法，社区矫正法也可以将应当授予社区矫正机构的权力明确规定出来，以支持社区矫正机构探索。例如，“住宿矫正（集中管理）”措施。由于社区矫正中控制高度危险的服刑人员应当使用“住宿矫正（集中管理）”，而“住宿矫正（集中管理）”要约束社区矫正对象，“住宿矫正（集中管理）”属于限制人身自由的措施，法律需要专门予以规定。

总之，社区矫正立法通过“先下后上”立法模式固定日益成熟的探索与“先粗后细”的立法模式框架设计，将社区矫正的地方探索与社区矫正的顶层设计有机结合起来，使社区矫正探索既保持活力，又遵循立法秩序，渐进而坚定地走向未来。

《社区矫正法》的重要价值、鲜明特色与实施理念

张　凯

摘　要:社区矫正是一项具有中国特色的非监禁刑事执行制度。《社区矫正法》是我国刑事法律体系的重要组成,其颁布丰富了中国特色社会主义法治体系,推进了中国特色社区矫正工作法治化、规范化的进程。《社区矫正法》的颁布充分肯定了社区矫正工作取得的成绩,具有创新机构设置、突出权利保障、强调以人为本、侧重社会参与、重视信息技术等鲜明特色。《社区矫正法》的适用、实施需要以一体化理念为指导,以社会化理念为依托,以人道化理念为支撑,才能发挥预期的法律效果及权威。

关键词:社区矫正　法治化　权利保障　实施理念

社区矫正是将矫正对象置于开放性的社区,借助社会资源,开展监督管理、教育帮扶工作的非监禁刑事执行制度,是我国宽严相济刑事政策的贯彻落实,是国家治理能力和治理体系现代化的重要举措。

自2003年开始,我国社区矫正工作历经试点、扩大试点、全面试行、全面推行、法治化的阶段性发展,在制度设计、机构设置、队伍建设、方法创新、宣传引导、理论研究等方面取得了长足发展,已成为刑事司法改革与国家治理创新的重要着力点。但也应看到,长期以来,由于专门立法缺失,在一定程度上制约了社区矫正工作的开展,出现了工作制度差异化、执法活动低能化、社会参与低效

化、矫正措施粗放化、特殊主体简单化等系列性、缠绕式实践难题，甚至产生了社区矫正“合法性危机”的质疑。2019 年 12 月 28 日，十三届全国人大十五次会议审议通过了《社区矫正法》，彻底解决了社区矫正工作法律依据不足的问题，总结吸收了社区矫正工作改革发展的优秀成果和有益经验，贡献了社区矫正理论研究与实践创新的中国智慧。《社区矫正法》是中国特色社会主义法治体系的重要组成，体现了现代司法理念与国家司法文明的进步，对于促进中国特色社区矫正工作法治化、规范化具有里程碑式的重要意义。

一、《社区矫正法》的重要价值

（一）丰富中国特色社会主义法治体系

《社区矫正法》的颁布，丰富了中国特色社会主义法治体系。法律是治国之重器，法治是国家治理体系和治理能力的重要依托。习近平总书记强调，全面推进依法治国总目标是建设中国特色社会主义法治体系、建设社会主义法治国家。《社区矫正法》是中国特色社会主义法治体系的重要组成。《社区矫正法》的颁布填补了我国刑事执行法律体系的空白，解决了长期以来社区矫正工作的“合法化”危机，形成了以《刑法》《刑事诉讼法》《监狱法》《社区矫正法》为主体的刑事法律体系。需要注意的是，适用《社区矫正法》时，要处理好与《刑法》《刑事诉讼法》《监狱法》等法律之间的关系。《刑法》《刑事诉讼法》是刑事基本法律，明确了社区矫正的适用范围、社区矫正对象的遵守义务、减刑等内容，《社区矫正法》要根据刑事基本法律，做好衔接性规定。基于刑事执行一体化的趋势，《社区矫正法》与《监狱法》的协调必不可少。总之，《社区矫正法》的颁布是以宪法为核心的中国特色社会主义法律体系的重要完善。

良法是善治的前提。建设中国特色社会主义法治体系是实现全面依法治国，推进国家治理现代化的基础。从社会治理角度来讲，社区矫正的适用对象是特殊社会群体。社区矫正工作的效果直接影响社区安全稳定及社会秩序和谐。《社区矫正法》的颁布，为社会治理特殊群体提供了指引与保障。《社区矫正法》制定过程中遵循党委领导、人大主导、政府依托、各方参与的原则，坚持科学立法、民主立法、依法立法，全面贯彻落实了中国特色社会主义法治理念，其颁布实施是我国刑事法治建设的重要成就，进一步丰富完善了中国特色社会主义法治体系,为推进国家治理体系和治理能力现代化提供了坚实的制度保障。① 可以说,《社区矫正法》的颁布是依法治国战略的落实,是国家治理体系现代化的创新。

(二)推进中国特色社区矫正工作法治化

《社区矫正法》的颁布,推进了中国特色社区矫正工作的法治化。政策引导是《社区矫正法》颁布前我国社区矫正工作的特色。从 2003 年开始试点,社区矫正工作主要依靠部门规章②及规范性文件③为指导,直到 2011 年通过的《刑法修正案(八)》、2012 年修订的《刑事诉讼法》才明确社区矫正的适用范围及执行主体,但刑事实体法与刑事程序法仅原则性确认社区矫正的法律地位,难以对其性质、原则、措施、操作程序等内容进行明确,因此,实践中仍缺乏法律依据。各地结合自身实际情况,根据社区矫正相关部门规章及规范性文件,制定了地方性法规或规章,但其效力及适用范围十分有限,也与我国法治统一原则相冲突。依法治国,建设社会主义法治国家是我国的宪法要求。换言之,国家机关的工作必须依法进行。基于此,社区矫正专门立法的出台势在必行。

《社区矫正法》的颁布,结束了过去以规范性文件为指导的尴尬局面,终结了长期无专门立法规范的窘境。《社区矫正法》规定了社区矫正工作的目的与原则,明确了社区矫正工作机制和机制设置,细化了社区矫正的决定、接收、解除和终止的程序,规范了社区矫正对象的监督管理和教育帮扶,增设了未成年人社区矫正工作的特别规定,提及了社区矫正机构工作人员和社区矫正对象的法律责任。《社区矫正法》的内容全面,涉及实体规定与程序运行,提及机构设置、工作队伍与法律责任,顾及特殊群体保护。同时,相关条款回应了实践中的难题,提炼了实践中的经验,为社区矫正工作提供了坚实的法律依据,必将开启

---

① 王爱立、姜爱东主编:《中华人民共和国社区矫正法释义》,中国民主法制出版社 2020 年版,第 382 页。

② 2004 年 5 月 9 日司法部印发的《司法行政机关社区矫正工作暂行办法》。

③ 2003 年《最高人民法院、最高人民检察院、公安部、司法部关于开展社区矫正试点工作的通知》、2005 年《最高人民法院、最高人民检察院、公安部、司法部关于扩大社区矫正试点范围的通知》、2009 年《最高人民法院、最高人民检察院、公安部、司法部关于在全国试行社区矫正工作的意见》、2011 年《最高人民法院、最高人民检察院、公安部、司法部印发〈关于对判处管制、宣告缓刑的犯罪分子适用禁止令有关问题的规定(试行)〉的通知》、2012 年《社区矫正实施办法》、2014 年《司法部、中央综治办、教育部、民政政、财政部、人力资源社会保障部关于组织社会力量参与社区矫正工作的意见》、2016 年《最高人民法院、最高人民检察院、公安部、司法部关于进一步加强社区矫正工作衔接配合管理的意见》,等等。

社区矫正工作法治的新时代。

（三）促进中国特色社区矫正工作规范化

《社区矫正法》的颁布，促进了中国特色社区矫正工作的规范化。公正性，是刑法的首要价值。① 公正价值观应当贯彻于刑事立法、刑事司法与刑事执法的全部过程。社区矫正是开放性的刑事执行活动，无疑也要坚守公正观念。因过去专门立法的缺失，社区矫正工作阶段性推进等因素影响，各地区因地制宜地“创新”立制，形成了“百花齐放”的工作模式及做法。但是，具有地方特色、差异化的规章制度容易影响刑事执行的公平性及统一性，难以平等地维护社区矫正对象的权利。

《社区矫正法》的颁布，在一定程度上解决了地方制度差异化导致的刑事执行偏差化，实现了从差异到统一。例如，以往各地使用电子定位装置的条件、期限、程序等不尽一致，《社区矫正法》第 29 条明确了电子定位装置的五种使用情形，既纠正了过去某些地方普遍甚至全部使用电子定位的极端做法，又解决了“使用多久”“怎么使用”“对谁使用”等实践难题。又如，以往各地的奖惩种类及条件迥然不同，表扬、记功、评为积极分子、物质奖励等行政奖励措施的具体应用及条件都有所差异。例如，广东省规定“社区矫正对象在一个考核周期内（三个月为一个周期）表现良好，未被扣分的，应当给予表扬”；云南省规定“矫正对象在规定时间内到司法所报到登记的，给予基础分 5 分，矫正对象考核积分达到 90 分的（1 年），给予表扬 1 次”；另外，山西、安徽、江西等地的表扬条件都各不相同。奖励条件的差异必将造成社区矫正对象相同的良好行为却因不同地区而产生不同的效果，即社区矫正对象的良好表现在某些地区可以获得奖励，在有些地区却达不到标准，得不到认可。毋庸置疑，这些差异与刑法所坚守的平等、公正观念相冲突，与我国统一的法治原则相违背。《社区矫正法》第 28 条明确了奖惩的种类及适用条件，无疑保障了刑事执行的公正性、准确性与严肃性。但是，对社区矫正对象考核的方法及内容仍未明确，急需相关实施细则加以细化。此外，《社区矫正法》第 18 条规定了社会调查的工作主体、调查内容等，解决了以往社会调查主体不统一，调查内容不一致等不规范问题。总之，《社区矫正法》的颁布促进中国特色社区矫正工作走上规范化道路。

---

① 陈兴良：《刑法的价值构造》（第二版），中国人民大学出版社 2006 年版，第 226 页。

二、《社区矫正法》的鲜明特色

“为国也,观俗立法则治,察国事本则宜。”中国特色社会主义法治建设必须从我国实际出发,既不能超越国情,也不能墨守成规。《社区矫正法》是立足中国国情及社区矫正工作具体实践的法律,突出了中国特色与实践特色。

(一)创新机构设置

《社区矫正法》把握了党领导社区矫正工作的方向。社区矫正是一个系统、复杂工程,需要在各级党委政府的统一领导下开展工作,需要人民法院、公安机关、人民检察院和司法行政机关通力合作,需要财政、教育、医疗、民政、卫生、人力资源和社会保障、共产主义青年团、妇女联合会等相关部门大力支持,需要社会组织、社会工作者、志愿者以及社区群众的广泛参与。只有坚持党的领导,才能将上述各方面力量统一起来,为实现社区矫正的工作目标提供组织保障。

《社区矫正法》把握党领导社区矫正工作的方向,集中体现在机构设置方面:其一,创新性地提出设立社区矫正委员会。《社区矫正法》第 8 条第 3 款规定:“地方人民政府根据需要设立社区矫正委员会,负责统筹协调和指导本行政区域内的社区矫正工作。”社区矫正委员会是由地方人民政府设立的社区矫正工作议事协调机构,负责统筹协调和指导本行政区域内的社区矫正工作。实践中,社区矫正委员会由以下部门和人员组成:本级党委或人民政府有关负责人,人民法院、人民检察院、公安机关、司法行政机关、财政、教育等部门。其设置的关键在于加强党委对社区矫正工作的领导、协调,以及解决社区矫正工作中的实际困难与问题。其二,政府根据需要设置社区矫正委员会和社区矫正机构。《社区矫正法》第 8 条规定,地方人民政府根据需要设立社区矫正委员会;第 9 条规定,县级以上地方人民政府根据需要设置社区矫正机构。由此可见,社区矫正委员会、社区矫正机构的设置都由人民政府决定,这也体现了党对社区矫正工作的绝对领导。

(二)突出权利保障

《社区矫正法》坚持了“尊重和保障人权”的宪法精神。我国《宪法》第 33 条第 3 款明确规定“国家尊重和保障人权”。《宪法》的此项规定对立法工作具有重要指导意义,要求法律在规范社会关系时,应当平衡好权利与义务、权力与权利之间的关系。我国《刑事诉讼法》《治安管理处罚法》等法律都开宗明义地规定“尊重和保障人权”,贯彻《宪法》的相关精神。社区矫正是国家的刑事执行活动,必须保障刑事判决、刑事裁定和暂予监外执行决定的正确执行,以维护司法权威。据此,社区矫正工作及其措施应当依法进行,平衡好依法执法与权利保障的关系,处理好权利保障与义务遵守的关系。《社区矫正法》重点强调了权利保障,涵盖了社区矫正对象、社区矫正机构工作人员及其他参与社区矫正工作的人员的权利保障。

一方面,《社区矫正法》明确了社区矫正对象的权利保障。例如,《社区矫正法》第 4 条第 2 款规定:"社区矫正工作应当依法进行,尊重和保障人权。社区矫正对象依法享有的人身权利、财产权利和其他权利不受侵犯,在就业、就学和享受社会保障等方面不受歧视。"第 26 条第 2 款规定:"社区矫正机构开展实地查访等工作时,应当保护社区矫正对象的身份信息和个人隐私。"第 54 条第 1 款规定:"社区矫正机构工作人员和其他依法参与社区矫正工作的人员对履行职责过程中获得的未成年人身份信息应当予以保密。"这些规定都是对社区矫正对象权利保障的具体体现。同时,《社区矫正法》第 34 条第 1 款规定:"开展社区矫正工作,应当保障社区矫正对象的合法权益。社区矫正的措施和方法应当避免对社区矫正对象的正常工作和生活造成不必要的影响;非依法律规定,不得限制或者变相限制社区矫正对象的人身自由。"此款规定是为平衡依法执法与权利保障的关系,其目的也是保障社区矫正对象的合法权利。另外,《社区矫正法》第 34 条第 2 款还规定了社区矫正对象的权利救济。但是,"每一项权利在另一面都有其相关联的义务"。[①] 社区矫正对象权利保障的前提是义务的遵守。据此,《社区矫正法》第 23 条明确规定社区矫正对象的特殊义务。这也是权利保障与义务遵守的直接体现。

另一方面,《社区矫正法》也明确了社区矫正机构工作人员及其他参与社区矫正工作人员的权利保障。《社区矫正法》第 15 条规定:"社区矫正机构工作人员和其他参与社区矫正工作的人员依法开展社区矫正工作,受法律保护。"结合《社区矫正法》相关内容,此条款具有以下含义:

其一,社区矫正机构工作人员履行监督管理、教育帮扶等职责是法律授权的。社会工作者、志愿者、村(居)委员会、社会组织等社会力量依法参加社区矫正工作,受法律保护。

其二,要依法为社区矫正工作人员开展社区矫正工作提供规范和指引。例如,《社区矫正法》明确了社区矫正工作的程序及措施。

---

① [澳]维拉曼特:《法律导引》,张智仁、周伟文译,上海人民出版社 2003 年版,第 291 页。

其三,要依法为社区矫正工作人员提供必要的保障,如工作条件、培训及福利待遇等。《社区矫正法》第16条中规定:"社区矫正机构应当加强对社区矫正工作人员的管理、监督、培训和职业保障。"

其四,要依法制裁侵害社区矫正工作人员合法权利的行为。《社区矫正法》第60条规定:"社区矫正对象殴打、威胁、侮辱、骚扰、报复社区矫正机构工作人员和其他依法参与社区矫正工作的人员及其近亲属,构成犯罪的,依法追究刑事责任;尚不构成犯罪的,由公安机关依法给予治安管理处罚。"总之,依法保障社区矫正工作人员的权利是开展社区矫正工作,维护社区矫正权威性的前提。但是,社区矫正工作人员也要严格遵守宪法和法律,严守纪律,不能超越权限,更不能滥用权力。《社区矫正法》第61条规定了社区矫正机构工作人员和其他国家工作人员收受贿赂,体罚、虐待社区矫正对象等行为的责任追究。这是社区矫正工作人员依法执法与社区矫正对象权利保障之间保持平衡的必然要求。

(三)强调以人为本

《社区矫正法》实践了"以人为本"的发展理念。以人为本是指以人为价值的核心和社会的本位,把人的生存与发展作为最高的价值目标。以人为本强调对人的生存境况的关怀,对人的价值的尊重,以及对人的作用的重视。与强调惩戒、威慑的监狱矫正相比,社区矫正侧重恢复、回归,其人性化、轻缓化、文明化程度更高。社区矫正对象不脱离原有的家庭环境,不断裂过去的社会关系,不负担沉重的标签效应,不承受痛苦的隔离关押,并得到个性化的教育、针对性的帮扶。这体现了国家司法态度的宽容,也是以人为本理念在刑事执行领域的重要体现。《社区矫正法》的颁布,继受了以人为本的理念,明确了社区矫正对象的帮困扶助,回应了社区矫正对象的现实关切,顾及了社区矫正对象的特殊保护。这是刑事执行理念进步的反映,有利于减少社会矛盾及预防重新犯罪。《社区矫正法》实践"以人为本"理念的具体表现有:

其一,明确社区矫正对象的教育帮扶。《社区矫正法》第5章专章规定了教育帮扶的保障、内容及组织形式等,特别是第40条规定了社区矫正机构通过政府购买、项目委托等方式组织教育帮扶。这是以往刑事执行理念与实践未曾触及的,实属创新、进步之举措。

其二,坚持有利于社区矫正对象接受矫正为原则,充分保护其切身利益。例如,《社区矫正法》第17条第2款中规定的"社区矫正执行地为社区矫正对象的居住地"。这种不以户籍地为执行地的做法,解决了流动型社区矫正对象执行难的问题,也不影响社区矫正对象的正常学习和生活。第 17 条第 3 款又进一步明确了确定执行地的原则,即"社区矫正决定机关应当根据有利于社区矫正对象接受矫正、更好地融入社会的原则,确定执行地"。第 27 条第 1 款规定:"……对于因正常工作和生活需要经常性跨市、县活动的,可以根据情况,简化批准程序和方式。"这种做法打破了对社区矫正对象活动区域的固化及限制,满足了社区矫正对象的现实需要。第 42 条中规定:"社区矫正机构可以根据社区矫正对象的个人特长,组织其参加公益活动。"从公益劳动到公益活动,虽仅一字之差,但反映其背后理念之别。公益活动减少了强制性的色彩,增强了社会性成分,同时也打破了以往每月 8 小时的僵化式约束,解决了公益劳动组织实施难的问题,更符合社区矫正对象的个性和人性,自然有利于其改造与进步。此类保护社区矫正对象切身利益的条款不再一一赘述。

其三,特殊类社区矫正对象的差别对待。《社区矫正法》第 25 条第 2 款规定:"……社区矫正对象为女性的,矫正小组中应有女性成员。"这是基于有利于女性社区矫正对象交流沟通以及具体矫正工作开展设计的条款。第 38 条规定了对有特殊困难的社区矫正对象进行必要的教育帮扶,体现了对此类特殊群体的照顾。第 7 章专门设置了未成年人社区矫正特别规定,体现了对未成年人的关怀与宽容。

(四)侧重社会参与

《社区矫正法》落实了"共建共治共享"的社会治理理念。习近平总书记在党的十九大报告中强调,要"打造新时代共建共治共享的社会治理格局"。党的十九届四中全会提出,要坚持和完善共建共治共享的社会治理制度。社区矫正是创新社会治理的重要方面,是共建稳定社会秩序,共治特殊社会群体,共享和谐社会关系的重要表现。社会力量参与是社区矫正创新社会管理的客观要求。社区矫正是一项系统性、专业化的执法活动,牵涉法院、检察院、公安机关、监狱等机关以及民政、教育、医疗等职能部门,面对数量多、类型杂、风险不稳定的社区矫正对象,仅靠司法行政机关难以独立完成。因此,社区矫正工作要贯彻习近平总书记提出的"把'枫桥经验'坚持好、发展好"的重要指示,吸引好、利用好、发挥好社会力量的积极作用。同时,引导社会力量参与,共治特殊群体,也是社区矫正工作的内在要求。社区矫正是一种非监禁刑事执行方式,与监狱矫正相比,利用社会资源与力量是社区矫正的最大特点和明显优势。组织社会力量参与社区矫正工作,不仅可以减轻国家机关的压力,而且能推动共建共治共

享社会治理格局的建设。《社区矫正法》落实“共建共治共享”社会治理理念集中体现在重视社会参与,具体表现在以下方面:

其一,明确规定社会参与的原则。《社区矫正法》第 3 条明确规定,社区矫正工作坚持专门机关与社会力量相结合。第 13 条规定:“国家鼓励、支持企业事业单位、社会组织、志愿者等社会力量依法参与社区矫正工作。”

其二,明确规定社会组织、志愿者、企业事业单位等社会力量参与社区矫正工作。《社区矫正法》第 18 条规定了社会组织可以参与社会调查评估。第 25 条规定,社区矫正对象的监护人、家庭成员,所在单位或者就读学校的人员以及社会工作者、志愿者等社会力量可以参与矫正小组。第 35 条规定,有关人民团体应当依法协助社区矫正机构做好教育帮扶工作。第 41 条规定,国家鼓励企业事业单位、社会组织为社区矫正对象提供就业岗位和职业技能培训。招用符合条件的社区矫正对象的企业,按照规定享受国家优惠政策。第 56 条规定,共产主义青年团、妇女联合会、未成年人保护组织应当依法协助社区矫正机构做好未成年人社区矫正工作。

其三,明确规定为社会组织参与社区矫正提供财政保障。《社区矫正法》第 6 条规定,社会组织依法协助社区矫正机构开展工作所需的经费,应当按照规定列入社区矫正机构本级政府预算。

(五)重视信息技术

《社区矫正法》贯彻了网络强国的战略思想。党中央高度重视信息化工作和网络安全。习近平总书记强调,“没有网络安全就没有国家安全,没有信息化就没有现代化”。党的十八大以来,提出了网络强国战略、大数据战略、人工智能战略等系列性战略部署。党的十九大明确提出建设“网络强国、数字中国、智慧社会”战略部署。在学习贯彻落实习近平总书记网络强国战略思想中,司法部部署开展了“数字法治、智慧司法”的信息化体系建设,印发了相关指导意见及实施意见,提出了“智慧矫正”的发展思路。社区矫正信息化建设是“数字法治、智慧矫正”信息化体系建设的重要组成部分。自试点以来,各地司法行政机关积极探索将大数据、互联网、人工智能、区域链等技术引进社区矫正领域,产生了丰硕成果,如定位监管系统、智能预测报警系统、智能点验系统、智能电话报告系统等。这些“智慧矫正”的新技术极大地提高了社区矫正的工作效能,也提升了社区矫正工作执法的公信力,成为深化社区矫正改革发展的重要动力。早在 2014 年最高人民法院、最高人民检察院、公安部、司法部联合发布的《关于全面推进社区矫正工作的意见》中明确指出，要大力加强社区矫正信息化建设，健全完善全国社区服刑人员数据库，建立社区矫正信息平台，与有关部门互联互通、资源共享，推动对社区服刑人员进行网上监管、网上教育、网上服务帮扶。《社区矫正法》充分肯定了社区矫正信息化建设的经验与成就，并为社区矫正信息化建设提供了坚实的法律保障。

《社区矫正法》贯彻网络强国战略思想主要体现在以下方面：

其一，国家支持社区矫正机构提高信息化水平，运用现代信息技术开展监督管理和教育帮扶。例如，《社区矫正法》第26条规定，社区矫正机构可以通过通信联络、信息化核查、实地查访等方式核实社区矫正对象的活动情况和行为表现；第29条明确规定了对社区矫正对象使用电子监控装置加强监督管理的内容。

其二，社区矫正工作相关部门之间依法进行信息化共享。社区矫正是一项协作性强的执法工作，社区矫正对象的接收、矫正、解除会牵涉法院、监狱、公安机关、社会保障等有关部门。相关部门依法共享信息，既能够提高工作效率，又可以预防社区矫正对象脱管漏管。立法中强调依法共享是指社区矫正机构要做好信息保护工作，有些信息具有保密性质，需要处理好信息共享与信息保护之间的关系。

三、《社区矫正法》的实施理念

“天下之事，不难于立法，而难于法之必行。”法律的生命力在于实施。法律的有效实施是全面依法治国的重点和难点。先进理念的指导是法律有效实施的前提。《社区矫正法》的实施，不是严守法律条文，而需要坚持一体化、社会化及人道化理念，才能真正发挥法律的预期价值。

（一）坚持一体化的理念

一体化理念即刑事一体化理念。刑事一体化的概念是由著名刑法学家储槐植教授首倡。刑事一体化的内涵是刑法和刑法运行内外协调，即刑法内部结构合理（横向协调）与刑法运行前后制约（纵向协调）。[①] 从哲学层面上讲，刑事一体化是辩证唯物主义的联系观、发展观在刑事法研究领域的丰硕果实。正如有学者所言，“刑事一体化思想，按照笔者的理解，其哲学实质为辩证法，即以普

① 储槐植：《建立刑事一体化思想》，载《中外法学》1989年第1期。

遍联系和动态发展的基本观念来研究刑法学以及其他惩治犯罪的学科,从而科学、全面、合理地把握刑法学以及其他惩治犯罪学科发展的内在规律。”①进言之,研究犯罪学、刑法学、刑罚学、刑事政策学、刑事诉讼法学等刑事法律科学需要坚持普遍联系与动态发展的观点,摒弃“只有树木,不见森林”及静态、孤立地看待事物的做法。作为刑事执行制度创新表现的社区矫正也需要在一体化的理念指导下展开实践。缺乏一体化理念会导致监狱矫正与社区矫正的割裂,社区矫正运行外部协调受阻等危害。

《社区矫正法》的有效实施需要刑事一体化理念为指导。刑事一体化理念蕴含着系统论的内涵,要求社区矫正既要“瞻前”也要“顾后”。“瞻前”是指加强与监狱矫正互动,形成优势互补、资源互用、信息互享的一体化工作模式。刑事制裁体系是一个系统,监狱矫正与社区矫正是其主要构成要素。监狱矫正侧重惩罚,保安及一般预防功能突出,而社区矫正则强调重返社会,特殊预防色彩浓厚。隔离关押,将罪犯放置于正常社会之外是监狱矫正的基本属性,而促进罪犯复归社会,实现再社会化是监狱矫正的价值目标。这就使监狱行刑的目标与手段、过程与效果之间产生了深刻的矛盾,进而导致监狱服刑人员回归社会难,重新犯罪率高的恶果。社区矫正强调减少罪犯与正常社会之疏离,积极缔造罪犯与正常社会之联系,具有克服监狱行刑局限及悖论的天然优势。社区矫正的适用无疑也会激发监狱服刑人员,特别是无期徒刑以及监禁期较长服刑人员改恶从善的信心和动力,对他们产生强大的吸引力。但是,社区矫正并非完美无缺,其警戒、惩罚、威慑功能较弱。虽然监狱矫正缺陷明显,但其对社区矫正又保持着“压力性”的作用,发挥着“后盾性”的威慑。由此可见,监狱矫正与社区矫正只有互补优势,才能最大化地发挥各自的刑事政策价值。《社区矫正法》的具体适用需要与《监狱法》及其他相关监狱法律法规的衔接,特别是收监执行的相关程序。反言之,《监狱法》修订也应提上日程,特别是以危险评估为基础的假释制度的扩大,为服刑人员在“监区”与“社区”之间的流动提供法律保障。“顾后”是指加强与安置帮教的衔接。部分社区矫正对象解除矫正后,仍需要及时、有效的安置帮教措施,以巩固社区矫正工作的成效,预防重新犯罪的发生。在解矫教育阶段,社区矫正机构要引入安置帮教以及社会福利、保险、保障政策等相关内容。在解除矫正后,社区矫正机构工作人员也可以继续推进“后

---

① 高维俭:《刑事学科系统论》,载《法学研究》2006 年第 1 期。

续照管”,以了解社区矫正对象回归社会后的生活状况及现实表现,为安置帮教工作提供参考。总之,社区矫正工作的具体开展,《社区矫正法》的适用执行,都不应当是孤立地、静态地,需要与监狱矫正、安置帮教协作、配合。

刑事一体化还强调建构顺畅的机制,实现协调运行,追求最佳效果。刑事制裁体系的内部协调主要是监狱矫正与社区矫正的互动协作。同时,在刑事执行过程中,社区矫正机构还要与法院、公安机关、监狱等机关以及教育、民政、医疗、社会保障等职能部门加强协作,以保障刑事执行活动的高效率、高质量。社区矫正机构与公安机关的协作主要涉及协查、追捕社区矫正对象,逮捕、处罚社区矫正对象,处理社区矫正对象违法犯罪行为,收监执行等;与法院的协作主要涉及开展社会调查,提请逮捕、减刑,撤销缓刑、假释以及收监执行等;与监狱的协作主要涉及收监执行,办理刑满释放手续等;与民政部门的协作主要涉及申请最低生活保障、临时救助等;与医疗部门协作主要涉及保外就医类、怀孕类矫正对象的管理,涉毒、患病类社区矫正对象的治疗与管理等;与教育部门的协作主要涉及未成年社区矫正对象的入学、就业,开展职业技术培训、就业指导、创业训练等教育帮扶工作。总之,《社区矫正法》的有效落实离不开与相关司法机关及职能部门的协作,社区矫正机构需要加强与有关部门的密切联系,以顺利完成系统化、复杂性的社区矫正工作。

(二)坚持社会化理念

社会化理念即行刑社会化理念。行刑社会化思想发端于刑事实证学派。何谓行刑社会化,学术界观点不尽一致,有出狱人保护说、社会力量利用说、监狱改革说、监狱弊端克服说、自由刑改革说、社会紧密联系说等观点。但笔者认为,行刑社会化这种理念,以复归自由社会为目标。复归自由社会,实现再社会化是行刑社会化的逻辑起点。从刑事一体化角度讲,行刑社会化不仅强调刑罚执行过程的社会化,即监狱开放,加强罪犯与社会融合等,其还应延展到刑事立法与刑事司法阶段。例如,在刑事立法方面,刑罚转向轻刑化,慎用监禁刑,限制自由,特别是短期自由是迫不得已的手段,等等。在刑事司法方面,扩大缓刑、假释等。同时,行刑社会化是一类制度,以加强社会融合为路径。没有制度支撑的理念便是空想。行刑社会化理念的推广,催化了监狱制度的革新。例如,设置开放监狱、广泛适用累进处遇制度等。社区矫正制度是行刑社会化的最直接体现。与监狱矫正相比,社区矫正在弱化监禁,减少社会隔离,增加社会联结,利用社会资源,动员社会力量等方面具有优势。缺乏行刑社会化理念会导致监禁替代措施不多,“热衷”适用监禁刑;社会力量参与社区矫正工作不足等危害。

《社区矫正法》的有效实施需要行刑社会化理念为依托。在一定意义上讲,社区矫正的工作质量与效率取决于社会力量参与的程度。换言之,行刑社会化思想渗透的越广泛、越深入,社会力量的积极性越高,社区矫正工作可利用的资源越丰富。然而,目前我国行刑社会化理念渗透不足,直接导致社会参与低效化,表现如下:其一,社区矫正志愿者的“虚位”,即人员数量与实际效能不匹配;成分单一,以村(居)委员会成员为主,行政色彩浓厚;保障体系缺失;年龄偏大、文化程度不高,整体素质堪忧;其二,社会工作者的“薄弱”,即分布不均,农村社区严重匮乏;待遇不高,队伍不稳定;技能不足,专业不到位;其三,社会团体、民办非企业单位、基金会等社会组织参与不多。据此,各级社区矫正主管机关借助《社区矫正法》实施之契机,加强宣传,引导公众摒弃重刑主义观念,知悉社区矫正制度的性质、功能、价值及优势,进而吸纳社会资源及力量介入其中。同时,各地社区矫正主管部门积极扶持社会工作服务机构、社会志愿者服务组织的建设与发展,设计稳定、激励社会工作者以及吸纳、鼓励社会志愿者的政策及制度,积极培育公众的志愿精神,以此推广行刑社会化理念,保障《社区矫正法》有效贯彻,促进社区矫正工作高效运行。

(三)坚持人道化理念

人道化理念即人道主义的理念。人道为人性的同义词,系指出于人类的良知而在其行为所表现的良善与博爱的态度与做法,其反义词,即是非人性、反人性或兽性。① 人道主义是以人为中心,强调人性、人的价值、尊严的人文思潮。人道主义的实质是“人如何对待人”,人道主义的中心在于“人”,以人为根本目的和最高价值,维护人的尊严,关注人的权利,促进人的幸福。② 作为监禁刑的替代措施,社区矫正能够克服监狱矫正的弊害,减轻监狱化的痛苦,体现对矫正对象人性的关爱。例如,美国学者 Regoli 与 Hewitt 曾提出五项社区处遇之优点:与监狱相比,社区处遇为犯罪人提供更多的个别化处遇的机会;社区处遇为犯罪人提供更多解决社会问题的机会。避免犯罪人受监狱负面效果之影响,如受刑人之被害、感染更严重之犯罪、丧失自尊、无法照顾家庭等;未比监禁处遇

---

① 林山田:《刑法通论》(上),北京大学出版社 2012 年版,第 54 页。

② 冯卫国:《行刑社会化研究——开放社会中的刑罚趋向》,北京大学出版社 2003 年版,第 49 页。

产生更多之再犯效果；费用还较监禁刑经济。[1] 社区矫正的产生、运行与发展离不开人道主义思想的指导与贯彻。反之，人道主义的缺失无疑会阻碍社区矫正制度的深化，产生刑罚趋重、非监禁刑罚执行制度适用受限、执法人员监管理念的刑本主义、社会公众报应观念的持续等弊害。

《社区矫正法》的有效实施需要人道化理念为支撑。人道化理念的形塑能够为社区矫正制度的深化、《社区矫正法》的执行提供保障。具体而言，其一，立法者需要树立人道化理念。轻缓的刑罚结构是社区矫正适用的前提。重刑主义观念影响下的重罪、重刑无疑会束缚社区矫正的发展。在重刑化刑罚结构背景下，受罪刑法定与罪刑均衡原则的制约，司法机关难以贯彻宽松的刑事政策，难以从宽处罚，难以落实轻缓化。因此，社区矫正的深化发展要以刑事立法人道化以及刑罚结构轻缓化为前提。坚持人道化理念，秉承"罪犯也是人，应当人性化对待"的观念，立法者需要控制刑罚继续趋重，以克服重刑贬值及效果不佳的弊害；同时，推进刑罚结构趋轻，在刑罚种类的设置、执行方式的设计以及重轻程度的适用等方面保持理性，为服刑人员重返社会提供机会，为其接触社会创造条件。其二，司法者需要树立人道化理念。社区矫正的发展规模在一定意义上取决于司法者的法律适用理念，强调重刑、崇尚监禁、侧重报应的理念无疑会压缩社区矫正的空间。司法者需要贯彻宽严相济的刑事政策，严格、准确地适用缓刑、假释等非监禁刑罚执行制度；坚守"监禁不得已"原则，充分利用社会调查制度，将人身危险性低、社会危害性小的犯罪人分流到社区之中。其三，执法者需要树立人道化理念。社区矫正机构工作人员需要充分尊重社区矫正对象的人格尊严，保障其法定权利，强化其矫正及治疗。其四，守法者要树立人道化理念。社区矫正是自由刑的社会化变革，其运行效果依赖于社会的共识与公众的支持。如美国学者施瓦茨教授所说："我们的公法，就其效力来说，依赖于广大人民对其基本先决条件的接受。人民的接受，而不是形式上的法律机构，是法律得以贯彻的决定性力量。"[2]目前，迷恋刑罚、依赖重刑、朴素报应等重刑主义观念在社会公众，甚至在个别执法者中仍然存在。这是导致社会公众不认可、不认同社区矫正制度的思想根源。因此，各级社区矫正主管机关要加强宣传，传播人道主义行刑社会化观念，纠偏社会公众的报复、报应心态，引导其理

---

① 陈逸飞：《刑事政策》，台北，高点文化事业有限公司2015年版，第6～12页。

② ［美］伯纳德·施瓦茨：《美国法律史》，王军等译，中国政法大学出版社1990年版，第60页。

性认识犯罪与对待罪犯,鼓励其接纳社区矫正对象,为社区矫正对象重新融入社会营造良好的社会环境。总之,《社区矫正法》的有效实施及生命力需要刑事立法者、司法者及执法者坚守人道化理念,更需要社会公众认同、接纳、实践人道化理念。

总之,《社区矫正法》的颁布及实施是我国刑事司法体制改革的亮点,是国家治理能力和治理体系现代化的重要举措,对推进社区矫正工作法治化、制度化、规范化发展具有重要意义,对促进我国刑事执行工作科学化、系统化进步也具有积极意义。同时,我们也要及时做好"改废释"工作,以增强法律的及时性、针对性、有效性,提高法律的执行力与权威性。

社区矫正区域协同发展的价值、实践与保障

张 凯

摘 要:社区矫正是宽严相济刑事政策背景下治理特殊社会群体,维护社会稳定的重要手段。社区矫正协同发展是贯彻总体国家安全观,创新社区矫正实践模式的现实需要。本研究以京津冀三地区社区矫正协同发展为例,分析社区矫正区域协同发展的价值、实践与保障。京津冀社区矫正协同发展面临协作意识不到位,工作制度不统一,信息沟通不顺畅,平等对待不充分难题,需要三地司法行政机关及相关部门提升协作意识,健全工作机制,加强信息交互,开展联合督查,向协作互动常态化、协助管理制度化、教育矫正协作化、协商合议平等化方向发展,推动京津冀社区矫正工作再上新台阶。

关键词:一体化 社区矫正 协作意识 信息交流

京津冀一体化协同发展已上升到国家战略层面,现已进入"滚石上山、爬坡过坎、攻坚克难的关键阶段"①。京津冀一体化的推进,要求三地社区矫正工作协同发展。一方面,京津冀一体化需要安全稳定的社会环境。众所周知,犯罪

① 参见《习近平主持召开京津冀协同发展座谈会》,载新华网社百家号 2018 年 1 月 18 日,https://baijiahao.baidu.com/s?id=1623000706988984598&wfr=spider&for=pc,2021 年 6 月 7 日访问。

人是社会不稳定的重要因素之一,但“一关了之”不是现代法治国家的理性选择。监狱学的研究表明,监狱对于在监狱中服刑的罪犯的负面影响或者有害影响主要包括以下几个方面:犯罪传染、名誉损害、标签效应、身心损害①。为克服监狱矫正的弊端,促进服刑人员再社会化,以缓刑、假释为代表的社区矫正制度兴起并迅速发展。社区矫正强调罪犯在不脱离正常社会环境,不断裂社会关系的条件下接受改造。这种非监禁刑事执行制度能够缓解犯罪人及其家属与国家、社会的紧张关系,避免监狱矫正带来的负面影响,加强罪犯与家庭、社区之间的联结,有利于控制、预防再次犯罪,有助于维护社会秩序与稳定。京津冀地区社区矫正工作协同发展,发挥整体效应,有利于创造京津冀一体化所需的安全稳定大局。另一方面,京津冀一体化是全方位、立体性、多层次的互动协作。社区矫正是国家治理体系现代化的手段,也是新时期司法行政工作的组成。京津冀一体化发展也蕴含打破地域、制度的壁垒,实现司法行政工作以及社区矫正的协同发展的重要内容。京津冀一体化呼唤三地区社区矫正协同发展。当前京津冀社区矫正工作各具特色,已经尝试开展区域执法合作,及时梳理协同发展中的痛点与难点,探寻协同发展的重点与要点,完善协同发展的保障与条件,是理论界及司法行政部门需要关注并回答的紧迫课题。

一、京津冀地区社区矫正协同发展的价值分析

(一)社区矫正协同发展有利于服务京津冀一体化战略

推进京津冀协同发展是新时期党中央的重大部署之一。2014 年,习近平总书记全面阐释了京津冀协同发展的意义、任务及思路。时至今日,京津冀协同发展成效显著,一体化交通网络、生态环境协同治理、产业转移对接协作等领域取得突破性进展。京津冀协同发展现已进入攻坚克难阶段,更需要稳定的社会秩序、安全的社会环境。社区矫正是治理特殊社会群体的创新方式,是维护社会稳定的重要手段。我国社区矫正工作起始于 2003 年,经历了试点、扩大试点、全面试行、全面推进的发展历程,现已进入法治化的发展轨道。近几年,每年新接收社区矫正对象 50 余万,截至 2019 年 12 月新接收 57 万,解除矫正 59 万,全年正在列管的有 126 万②。社区矫正的人均执行成本只有监狱的 1/10,社区矫

① 吴宗宪主编:《社区矫正导论》(第二版),中国人民大学出版社 2020 年版,第 14 页。

② 参见《司法部:全国累计接受社区矫正对象已达 478 万》,载新浪财经网 2019 年 12 月 28 日,https://baijiahao.baidu.com/s?id=1654137106068398601&wfr=spider&for=pc。

正对象的再犯罪率一直保持不到 0.2% 的较低水平，取得了良好的法律效果和社会效果[①]。京津冀地区现有社区矫正对象约 5 万人。京津冀社区矫正协同发展有利于共同治理社区矫正对象，共同维护社会稳定，共同服务京津冀一体化的国家战略。同时，京津冀地区地域相接，人员流动、经济联系紧密，流动型犯罪在所难免。拟适用社区矫正的社会调查、社区矫正对象的正常流动、委托管理、协助追查、异地撤销缓刑等工作也都迫切需要区域间开展协作。

（二）社区矫正协同发展有利于贯彻总体国家安全观

习近平总书记强调："既重视传统安全，又重视非传统安全，构建集政治安全、国土安全、军事安全、经济安全、文化安全、社会安全、科技安全、信息安全、生态安全、资源安全、核安全等于一体的国家安全体系。"[②]社会安全是国家安全的组成部分之一，尤其是首都北京的安全稳定。社区矫正承担惩罚、教育及帮扶等多重任务。在社区矫正过程中，社区矫正机构不仅要惩罚和管控社区矫正对象，也要消除他们重新犯罪的风险，解决他们的实际问题和困难。因此，与监狱矫正相比，将罪犯置于社区之中的矫正制度能够缓解犯罪人及其家属与国家、社会的紧张关系。进言之，社区矫正有利于化解社会矛盾，减少社会冲突，缓解社会对立，契合刑事司法工作的根本目标。同时，适用社区矫正有利于分流监狱内罪犯的数量，减轻监狱拥挤的现象，有利于维护监管场所安全稳定。京津冀社区矫正协同发展可以解决因地缘关系、制度差异产生的相关工作衔接协作问题，保障监督管理、教育帮扶高效执行，对京津冀地区监狱及社区的安全稳定都大有裨益，是落实总体国家安全观的有效进路。

（三）社区矫正协同发展有利于创新社区矫正实践模式

社区矫正是立足我国国情和长期刑事司法实践经验基础上，借鉴吸收其他国家有益做法，逐步发展起来的具有中国特色的非监禁的刑事执行制度[③]。与欧美国家相比，我国社区矫正制度起步较晚。但是，社区矫正实践模式应当走中国化的道路，需要契合中国社会环境、法治环境、司法体制、矫正实践以及公众心态，脱离实际地盲目引进、借鉴都是不可取的做法。社区矫正实践模式的

---

① 王爱立、姜爱东主编：《中华人民共和国社区矫正法释义》，中国民主法制出版社 2020 年版，第 21 页。

② 习近平：《坚持总体国家安全观　走中国特色国家安全道路》，载《人民日报》2014 年 4 月 16 日，第 1 版。

③ 王爱立、姜爱东主编：《中华人民共和国社区矫正法释义》，中国民主法制出版社 2020 年版，第 15 页。

探索主要靠文化自觉与制度自信,而非移植监狱经验或照搬国外实践。随着区域经济一体化的发展,社区矫正协同发展已成趋势,地方实践已有先例。譬如,2019年以来,长三角地区政法机关陆续签订了《沪苏浙皖社区服刑人员外出管理办法(试行)》《沪苏浙皖社区矫正工作合作协议》等文件,在打破行政隶属、行政边界的基础上,破解社区矫正对象请假规定限制影响企业经营发展需求、沪苏浙皖四省市请假标准不统一等现实难题,探索长三角社区矫正一体化新机制[①]。目前,我国已形成长江三角洲区域一体化、京津冀协同发展、长江经济带发展、粤港澳大湾区建设四大跨区域协调发展的区域发展总体格局。京津冀社区矫正协同发展能够为其他区域社区矫正工作起到示范性、引领性作用,也能够促进社区矫正实践模式的创新。

二、京津冀地区社区矫正协同发展的实践展开

(一)社区矫正协同发展的现实状况

自2003年试点以来,京津冀地区司法行政机关积极探索社区矫正工作的新体制新机制新问题,实现了预期的刑事政策目标。北京市2003年启动首批试点,截至2019年10月,累计接收社区矫正对象5.95万余名,解除矫正5.6万名[②]。天津市也是全国首批社区矫正试地区,截至2017年年底在册社区矫正对象7190人[③]。河北省2015年开展试点工作,截至2020年3月,河北省累计接收社区矫正对象257298人,在册39106人,再犯罪率始终低于全国平均水平[④]。从社区矫正对象数量上看,河北在册社区矫正对象数量最多,北京、天津相对较少。在工作队伍建设方面,借调监狱、戒毒所人民警察是北京社区矫正的特色,其用警配比率最高,专业社会工作者、社会志愿者的配比率也远高于天津、河北。自2003年至今,北京市司法局从市监狱局抽调400多名民警充实到区局和司法所,保障一个司法所至少有一名民警,任务较重的司法所配置两名民警。

---

① 袁年静:《长三角一体化背景下的社区矫正——兼论青嘉吴社区矫正一体化的探索与实践》,载《上海法学研究》集刊2020年第12卷。

② 参见《十六年打造社区矫正"北京模式"》,载北京市司法局网2019年10月13日,http://sfj.beijing.gov.cn/sfj/sfdt/ywdt82/jcgz20/518254/index.html。

③ 参见司法部社区矫正管理局编:《2012—2017年全国社区矫正工作统计分析报告》,法律出版社2018年版,第58页。

④ 参见《截至目前,全省累计接收社区矫正对象25万余人》,载长城网2021年3月26日,https://baijiahao.baidu.com/s?id=1695297130101633471&wfr=spider&for=pc。

同时，全市招聘 800 多名社区矫正协管员，吸纳了 1 万余名社会志愿者，作为补充力量，辅助司法所开展工作①。借助原有专职教师的力量是天津社区矫正的特点，即原天津市司法警官学校转型为天津市社区矫正中心，原有教师深入社区矫正机构或司法所，指导社区矫正业务工作的开展。在人均教育矫正方面，河北仅为北京、天津的一半；在人均社会适应性帮扶方面，三个地区水平接近②。河北社区矫正工作起步稍晚，在专业社会工作者、志愿者的引入以及教育矫正方面需要向北京、天津学习、借鉴。京津冀地区在因地制宜地培育特色的同时，认识到区域协同发展的必要性与重要性，并已经开始探索区域执法协作，具体表现在以下方面：

在政策层面，京津冀地区联合签署合作协议，为区域合作提供指导。2015 年 9 月 10 日，京津冀三省市司法厅局联合制定了《司法行政工作服务京津冀协同发展框架协议》，其中明确要加强社区矫正工作协调配合。2018 年 8 月 24 日，京津冀三地司法行政机关共同签订了《关于社区矫正区域执法协作工作的指导意见》，提出了京津冀社区矫正区域执法协作的工作原则。在实践层面，京津冀地区司法行政机关相互借力，努力探索深度合作。近年来，京津冀地区社区矫正工作者积极探索，特别是接边区域，主动创新三地社区矫正协同发展的举措。天津市滨海、武清、蓟州等区司法局分别与北京通州、平谷、怀柔、密云及河北秦皇岛、廊坊、沧州、滦平、兴隆、丰宁等地司法局就包括社区矫正工作在内的基层司法行政工作签署协同发展协议，并在审前调查评估、脱管追查、异地监管、移送原籍等社区矫正具体工作中深度合作，相互借力，取长补短，为做好三地社区服刑人员监管、教育、帮扶工作，维护社会和谐稳定发挥了重要作用，也积累了很多宝贵经验③。

---

① 参见《十六年打造社区矫正“北京模式”》，载北京市司法局网 2019 年 10 月 13 日，http://sfj.beijing.gov.cn/sfj/sfdt/ywdt82/jcgz20/518254/index.html。

② 据司法部社区矫正管理局统计，截至 2017 年年底，北京市、天津市、河北省的社区矫正对象人均教育矫正次数分别为 16.7、17.1、8.4；社区矫正对象人均社会适应性帮扶次数分别为 0.4、0.3、0.3。参见司法部社区矫正管理局编：《2012—2017 年全国社区矫正工作统计分析报告》，法律出版社 2018 年版，第 83～86 页。

③ 参见《首届京津冀新时代社区矫正工作研讨会在天津举行》，载司法部政府网，http://www.moj.gov.cn/organization/content/2017-12/01/sqjzjsjxw_10256.html，2021 年 6 月 7 日访问。

（二）社区矫正协同发展的难点审视

1. 协作意识不到位

社区矫正协作发展需要社区矫正主管机关及参与机构都具有协作意识。根据现行法律的相关规定，社区矫正主管机关、参与机构的主要职责如表 3 - 1 所示：

表 3 - 1　社区矫正主管机关及参与机构

部门	主要职责
人民法院、监狱管理机关、公安机关	决定适用
人民检察院	法律监督
社区矫正委员会	统筹协调、指导
司法行政机关	主管社区矫正工作
社区矫正机构	执行社区矫正工作
司法所	开展社区矫正机构委托的相关工作
公安机关、民政、教育、医疗等部门	协助参与社区矫正工作

社区矫正工作的复杂性决定了部门之间协同的必要性。社区矫正是一项复杂的系统工作，涉及社区矫正对象在不同机构之间流转，牵涉司法行政等多个机关及其他有关部门，需要形成工作合力，避免衔接不通畅，或产生“真空地带”。社区矫正对象跨区域流动，必然涉及不同区域相关部门之间的协作配合。目前，京津冀地区社区矫正协同发展主要停留在省级、县级层面司法行政机关之间的协作、互动，而社区矫正机构与异地人民法院等刑事司法机关之间的协作配合也未达成共识，不同地区的社区矫正委员会、社区矫正机构以及司法所之间的合作交流甚少。

2. 工作制度不统一

社区矫正协同发展需要京津冀地区的工作制度统一。阶段性推进与政策指导是我国社区矫正工作发展的特色。北京、天津早于河北开始社区矫正试点工作。在专门立法出台之前，各地区主要依据《社区矫正实施办法》等规范性文件，积极探索适用本区域的规章制度，可以说，社区矫正工作呈现“百花齐放”的格局。2012 年天津在全国率先颁布实施《社区矫正工作实施细则(试行)》，随后，北京、河北也制定实施细则；一些地市甚至区县也针对特定问题制定了相应的规章制度，如《石家庄市裕华区社区矫正人员监督管理规定》。但是，各地区实施细则、规章制度的相关规定并不统一，如北京市[①]、河北省[②]规定的居住地确认标准不同。在实践中，社区矫正机构以本地区的认定标准执行，“各自为政”可能会产生相互推诿，导致执行地难以确定的结果。

此外，上述省级层面联合出台的相关政策比较笼统，可操作性不强，难以真正推进地区间协同发展。目前，京津冀地区正抓紧对《社区矫正法》实施前的规章制度进行“废改立”，加紧制定新的实施细则以指导具体工作。在此过程中，京津冀地区司法行政机关需要树立协同发展意识，制定相应实施细则时有必要考量未来区域间协作的必要性，为协同发展留足空间。

3. 信息沟通不畅通

社区矫正协同发展需要京津冀地区各级、各类相关部门之间保持信息畅通。信息化建设是信息沟通顺畅的基础与保障。自 2003 年试点以来，各地区重视并加快开展信息化建设。截至 2015 年年底，京津冀地区已经实现省、市、县、乡四级联网，保障信息从司法所到司法厅“纵向”传递的顺畅。自 2020 年 7 月起实施的《社区矫正法》进一步强调，社区矫正工作相关部门之间依法进行信息共享。此条款要求信息在司法行政机关、人民法院、人民检察院、公安机关等相关机关“横向”传递的顺畅。2020 年 12 月，天津市司法局与市高级人民法院联合制定《关于进一步加强全市人民法院与司法行政机关社区矫正信息化联网工作的实施意见》，进一步加强信息化联网工作，全面推进信息共享、业务协同和网上办案，通过电子卷宗等系统综合应用，实现法律文书的自动交互和业务的自动流转，不断提高社区矫正工作信息化水平，有效防止社区矫正对象漏管现象发生[③]。京津冀地区正积极推进司法行政机关与其他刑事司法机关之间的信息化建设。跨地区之间的信息化对接工作尚处空白，现仍需要司法行政机关、社

① 北京市居住地确认标准是下列五种情形之一：（一）产权由社区矫正人员所有且未被租借、赠与、他用的住所地；（二）由社区矫正人员合法租赁且剩余租期在六个月以上的住所地；（三）产权由社区矫正人员亲友所有或与社区矫正人员共有，未被租借、赠与、他用，且亲友书面同意接纳其在此居住的住所地；（四）由社区矫正人员亲友合法租赁，剩余租期在六个月以上，并且其亲友书面同意接纳其在此居住的住所地；（五）被判刑前在原工作单位提供的住处居住，被判刑后或出监所后其原工作单位书面同意其在该住处继续居住的住所地。

② 河北省居住地确认标准是同时具备下列两个条件：一是应当有固定居所，由其本人或者与亲友共有、承租，或者其他人、单位愿意为社区服刑人员提供，社区服刑人员接受社区矫正后能够在此居所连续居住 6 个月以上。二是社区服刑人员在居住地有固定的生活来源，或者有亲友、其他人、有关单位为其提供生活保障。

③ 参见《我市深入推进社区矫正信息化联网工作》，载天津市司法局网，http://sf.tj.gov.cn/XWDT5156/SFXZYW1929/202012/t20201211_4857392.html，2021 年 6 月 7 日访问。

区矫正机构主动与其他地区相关部门协调,在一定程度上影响信息沟通的顺畅。

4. 平等对待不充分

社区矫正协同发展需要京津冀地区执法工作者秉持平等原则,保持包容的社会心态。区域经济一体化势必促进人力、物质、信息等资源的流动,并呈现向经济发达地区聚集的趋势。从人均 GDP 拥有量来看,北京 2016 年人均 GDP 为 118198 元,天津为 115053 元,可见两地的整体经济发展水平相差不大,但是河北 2016 年人均 GDP 为 43062 元,约为北京、天津地区的 1/3。在三地人均收入方面,北京 2016 年人均收入为 57275.3 元,天津为 37109.6 元,河北为 28249.4 元,这种状况在最近三年的统计中并没有发生明显变化[①]。由此可见,京津冀地区经济发展不平衡,人口主要是从河北流向北京、天津。2019 年,习近平总书记在京津冀协同发展座谈会上明确提出,要立足于推进人流、物流、信息流等要素市场一体化,破除制约协同发展的行政壁垒和体制机制障碍,构建促进协同发展、高质量发展的制度保障[②]。人力资源自由流动与合理配置是京津冀一体化发展的内在要求。

流动人口犯罪是困扰经济发达以及大中城市的难题。然而,基于遏制流动人口犯罪,维护安全角度的考量,经济发达及大中城市对待流动人口通常持排斥态度,甚至出现因身份不同而刑罚适用差异的"量刑歧视",严重违背刑法平等原则,最突出的表现是对流动人口适用缓刑等非监禁刑的比率低。在社区矫正的适用及执行过程中也存在类似不平等的待遇。例如,深圳市有关机构不同意对外省籍的罪犯适用非监禁刑罚及其措施,而深圳市的犯罪绝大多数是外省籍人员所为,据统计其比例达 90% 以上[③]。究其原因有:其一,流入地司法行政机关通常以居住地认定、稳定住所以及经济来源等缘由,仅接收本地且拥有本地户籍的矫正对象,而不愿接收异地的矫正对象。其二,司法行政机关考虑异地社区矫正对象难以获得基于户籍而享有的社会福利及社会保障政策,难以开展有效教育帮扶措施,进而排斥异地社区矫正对象。其三,异地社区矫正对象通常居住地不固定,重大节假日流动性强,自然增加社区矫正机构的监管难度。其四,一旦社区矫正对象重新犯罪,严格的责任追究也让社区矫正工作者倍感

---

① 魏玲玲、赵丽君:《京津冀劳动力市场一体化实现路径探析》,载《河北学刊》2020 年第 2 期。

② 参见《习近平主持召开京津冀协同发展座谈会》,载新华社百家号 2019 年 1 月 18 日,https://baijiahao.baidu.com/s?id=1623000706988984598&wfr=spider&for=pc,2021 年 6 月 7 日访问。

③ 刘志伟等:《中国社区矫正立法专题研究》,中国人民公安大学出版社 2017 年版,第 312 页。

压力，进而拒绝接收异地矫正对象。但是，无论何种理由将异地社区矫正对象排斥在外都有违背刑罚执行平等原则之嫌疑。反之，一律将社区矫正对象“移送”回户籍地，势必断裂部分社区矫正对象的社会关系与经济关系，甚至断绝其生活来源，不利于其再社会化，与社区矫正制度设计的初心相背离。在实践中，有些河北籍社区矫正对象在北京市、天津市工作、经商、生活，其人际关系、社会交往、经济来源都依赖现有的生存环境，但受外省户籍或无固定住所等外在因素影响，而被“移送”户籍地接受社区矫正。总之，在京津冀社区矫正协同发展过程中，社区矫正决定机关以及司法行政机关需要以社区矫正对象再社会化为目标，充分考虑其矫正环境及目标，平等对待每位社区矫正对象，摒弃因户籍、身份等因素的排斥。

（三）社区矫正协同发展的制度探索

1. 协查协作制度化

协查协作是指社区矫正机构委托、提请异地社区矫正机构、公安机关、人民法院等相关部门办理相关事项的活动。协查协作是要解决跨区域沟通困难、程序繁琐等问题。例如，在社会调查、电子监管、教育帮扶、变更居住地等工作中，执行地社区矫正机构可以通过电话、信函、网络等形式，向跨省（市）的社区矫正机构寻求协查，受托的社区矫正机构应当对委托的事项认真的协查、协助，并及时通报相关情况。又如，涉及社区矫正对象逃跑、脱管、漏管、被跨省（市）公安机关采取措施的案件，执行地社区矫正机构在了解其行踪可能在跨省（市）的较为具体的地点后，可以请求相关区域社区矫正机构、公安机关给予告知、联络、协查、处置等方面的协作。再如，涉及社区矫正对象跨省（市）就学、就医，执行地社区矫正机构可以寻求异地教育、医疗部门予以协作。根据《社区矫正法》《社区矫正法实施办法》的规定，协作互动的内容如表 3－2 所示：

表 3－2　协作互动主要部门及相关事项

委托部门	受托部门（异地）	协作互动事项
社区矫正机构	社区矫正机构	监督管理、教育帮扶、社会调查等
	公安机关	逮捕，脱管、漏管的追查，采取强制性措施
	教育部门	社区矫正对象就学情况
	医疗部门	社区矫正对象就医情况

为提高社区矫正工作效率，减少调查事项或案件因跨地区、跨部门而导致

的衔接不力、沟通不畅,协作互动制度化势在必行。制度化的协查协作需要京津冀地区刑事司法机关及教育、医疗等相关参与机关树立协同发展意识,以服务京津冀一体化大局为出发点,坚持互利合作的原则,共同防御社会风险。在此基础上,社区矫正机构能够与异地刑事司法机关及相关部门直接对接,减少异地社区矫正机构的"中介"性过渡环节,进一步提高工作效率。协查协作制度化需要京津冀地区社区矫正委员会协调所属刑事司法机关及相关参与机关,要求其配合异地社区矫正机构开展协助工作。

2. 协助管理制度化

协助管理制度化是指受托地社区矫正机构协助委托地社区矫正机构,对异地社区矫正对象进行临时或长期监管的制度。临时性监管主要是针对请假外出的异地社区矫正对象。根据《社区矫正法》第 27 条、《社区矫正法实施办法》第 26 条的规定,基于入学、就医等正当事由,经批准社区矫正对象可以外出。在社区矫正对象外出期间,社区矫正机构及司法所要加强监管,提高电话通信、实时视频等监督的频率;同时,若外出时间较长,外出地社区矫正机构可以代为监管,并定期将社区矫正对象的活动情况进行反馈。目前,委托外出目的地协助监管已有先例。例如,《沪苏浙皖社区服刑人员外出管理办法(试行)》对于异地报告、监管协助作出明确规定,社区矫正对象外出目的地为长三角地区且外出时间超过 7 日的,执行地司法行政机关可以联系外出目的地司法行政机关协助监督管理①。京津冀地区司法行政机关可以借鉴上述做法,协商建立外出请假的异地协助管理制度。

长期性监管也称异地委托监管,主要针对流动型社区矫正对象。异地委托管理制度是指对离开户籍地(居住地)较长时间的社区矫正对象,由户籍地(居住地)社区矫正机构委托临时居住地社区矫正机构开展矫正工作的制度。异地委托管理制度是打破户籍地、居住地等外在因素的限制,贯彻平等原则的具体体现。异地委托管理需要正当事由,如就学、就业,或其他有利于社区矫正对象融入社会的事由。目前,我国一些地方已经尝试开展异地委托管理工作。例如,2011 年成都市与大庆市签订社区服刑人员异地接收与委托管理的协议。京津冀一体化呼唤以劳动力要素为核心的市场一体化,势必加速社会成员流动,

---

① 袁年静:《长三角一体化背景下的社区矫正——兼论青嘉吴社区矫正一体化的探索与实践》,载《上海法学研究》集刊 2020 年第 12 卷。

特别是河北籍人口流向北京、天津。流动人口犯罪难以彻底消除，一律返回原籍接收矫正或是“偏爱”适用监禁刑都不是理性的选择。京津冀司法行政机关可以签订异地委托管理的协议，明确异地委托管理的事由、程序、委托地与受托地社区矫正机构的职责等，为司法机关平等适用非监禁刑提供后续保障，以利于社区矫正对象顺利融入社会。

3. 教育协作制度化

教育协作制度化是指打破地域限制，京津冀地区司法行政机关整合优质资源，协作开展教育矫正工作。监督管理与教育矫正是社区矫正工作的两大任务，其中监督管理是基础，教育矫正是关键。目前，京津冀社区矫正协同发展主要集中在监管层面的协助，特别是首都北京举办重大活动或召开重要会议时周边安全工作，教育矫正方面的协作不足。从上述京津冀社区矫正工作发展现状来看，北京、天津的人均社会工作者、志愿者比率，人均教育矫正比率远超河北。京津冀地区教育协作制度化的实现路径有：其一，充分发挥社会工作者、志愿者的力量。京津冀地区司法行政机关可以根据地域关系，建立“点对点”对接，形成“对口支援”，组织北京、天津的社会工作者、志愿者不定期到河北对接区域开展教育矫正工作，以解决河北人均教育矫正比率低的现状。其二，充分利用优势教育资源。北京、天津的教育场所及资源相对丰富，河北省内各司法行政机关可以不定期组织社区矫正对象到北京、天津的对接区域参与教育活动。其三，推动教育工作者之间的交流学习。从上述京津冀社区矫正发展的特色可知，北京市借调的监狱、戒毒所人民警察具有丰富的教育矫正经验，天津市由人民教师转型的矫正工作队伍也具有深厚的教学实践经验，北京市、天津市的工作人员可以向河北省工作人员传授经验和方法。京津冀司法行政机关可以定期组织论坛、研讨会、学习班等，为工作人员之间交流学习创造条件。其四，鼓励社会组织的流动。《社区矫正法》明确支持社会组织开展跨地区活动。京津冀地区司法行政机关可以整合现有社会组织资源，根据社会组织的优势及各区域的需要，合理规划社会组织的交流，以最大化地发挥其优势。

三、京津冀地区社区矫正协同发展的保障条件

（一）提升协作意识

协作意识是京津冀社区矫正协同发展的前提。社会学功能主义的基本特点是，社会是整体，是各部分相互联系的系统。各部分只有在同整体相联系，在

系统内发挥一定功能时才有意义。因此,社会是一个各种因素相互依赖的系统,所有这些因素都对这个系统整体的整合与适应发挥一份作用①。京津冀社区矫正协同发展可视为一个系统,承载着改造特殊社会群体,预防重新犯罪,维护区域安全的重要功能,北京市、天津市、河北省三地区是这一系统的构成要素。根据功能主义的主张,京津冀社区矫正工作的高效运行需依赖北京、天津、河北三地社区矫正工作的相互联系,互动协作。

目前,京津冀地区协作意识不强,究其根源在于:一方面,刑事司法机关及相关参与机关存在狭隘的“局部”利益观,固守“一亩三分地”的思维,片面地认为所属区域安全稳定即可,忽视、漠视、无视周围区域的正当化协助,没有形成服务京津冀一体化的大局观;另一方面,刑事司法机关及相关参与机关没有树立共享、互用的意识,导致所拥有的资源处于分割化的状态。这里的资源包括人力、设施、组织以及信息资源等。针对上述原因,京津冀刑事司法机关及相关参与机关需要解放思想,树立“整体”发展思路,破除“狭隘”发展思维,以《京津冀协同发展规划纲要》等政策为根据,打破地域、体制壁垒,以更高的政治站位,更远的发展眼光,积极推进社区矫正工作协同发展,为京津冀一体化发展创造安全稳定的社会环境。

(二)平等协商合议

平等协商合议是指在社区矫正协同发展过程中,京津冀司法行政机关需要坚持平等的原则,以协商合议的方式研究、推进相关工作。京津冀社区矫正协同发展的价值在于通过区域间的沟通、合作、互动,提高本地区社区矫正工作效率,联动提升京津冀地区社区矫正的整体水平。因此,京津冀地区司法行政机关需要坚持平等、自愿、互利的原则开展合作,不能仅顾及本地区社区矫正工作的便利或利益,而给其他地区社区矫正工作增加压力或制造困难。随着专门立法的出台,目前京津冀地区正在抓紧制定新的实施细则,以实现与现行法律法规的有效衔接。针对各地实施细则中规定的差异之处,京津冀司法行政机关需要贯彻法制统一原则,在遵循《社区矫正法》《社区矫正法实施办法》的前提下,协商合议,求同存异,平等地研究、推进协同发展制度及举措。

---

① 张凯:《论我国监狱矫正与社区矫正互动机制之形塑——以功能主义为分析视角》,载《东岳论丛》2016 年第 8 期。

(三)健全工作机制

健全的工作机制是京津冀社区矫正协调发展的基础。目前,京津冀地区已联合签署一些协同发展的纲要或协议,但设立正式的协调机构相对滞后。笔者建议,京津冀三地联合设立“京津冀社区矫正工作协同发展”领导小组(以下简称“领导小组”),其主要职责是:研究确定协同发展的指导思想、方针政策、工作原则等重大问题,布置协同发展的重要任务,指导、督促协同发展中具体措施及制度的落实。鉴于“领导小组”权威性与民主性,组长可由京津冀三地交替担任,每三年轮换一次。“领导小组”成立后,建议建立定期会商机制,每年至少召开一次联席会议,就京津冀社区矫正协同发展工作进行总结和部署,研讨、协商协同发展中的重大议题,不断推进协作向深层次发展。

为贯彻落实“领导小组”签发的协议,京津冀三地分别成立“京津冀社区矫正工作协同发展”联络小组(以下简称“联络小组”),负责指导、协调协同发展中各项具体工作,确保相关措施及制度有效推进;负责组织印发本区域各级社区矫正机构及工作人员联系方式,确保沟通顺畅;负责协调本区域刑事司法机关及其他参与机关,确保与异地社区矫正机构通力协作;负责本地区矫正工作者、社会工作者、社会组织等进行跨地区的交流、合作。鉴于“联络小组”协调本区域各级、各类机关及社会组织的重要性,建议将其设置在北京市、天津市、河北省社区矫正委员会,并由主管社区矫正工作的副局长(副队长)担任“联络小组”组长。“联络小组”可以每季度召开一次会议,邀请市(区)级社区矫正机构负责人参加,了解协查通报、学习交流、委托监管等协同发展制度及措施的执行情况及困难等,形成常态化研讨制度。

(四)加强信息交互

信息交互是京津冀社区矫正协同发展的条件。加快信息化建设,推进智慧矫正是实现信息交互的关键手段。《社区矫正法》明确支持信息化建设,要求依法共享信息。加强信息交互,建议从以下方面着手:其一,京津冀地区加快社区矫正平台一体化建设①和协同应用建设。协同应用建设强调采用电子卷宗的方式,实现社区矫正机构与人民法院等相关部门之间的信息自动交互。一体化与协同应用建设是实现本区域社区矫正工作信息顺畅交互的基础。其二,筹划研

① 一体化建设,即纵向贯通部、省、市、县、乡五级,横向联通法院、检察院、公安和相关部门,融合大数据分析、人工智能、移动互联和物联网等技术,集成社区矫正各项智慧化融合应用,具备社区矫正全业务、全流程和全时段智能化统一运作管理功能的业务应用集成。

发京津冀一体化 App。在各地一体化与智慧矫正建设的基础上，研发集远程社会调查、文书转送、监督管理、教育帮扶、跟踪定位、监督检查等应用于一体的 App，实现京津冀地区信息、数据以及资源的直接交互。同时，京津冀司法行政机关可以整合本地区教育矫正、心理辅导、法律咨询、技术指导、就业等方面资源共享到 App 平台，供异地社区矫正机构工作人员及社区矫正对象使用。其三，规范现有矫务通、协矫通、在矫通[①]等应用软件。目前，京津冀地区使用各自的矫务通、协矫通、在矫通，甚至同一省份不同地区的矫正平台或应用软件也不一样。这极不利于一体化平台的建设及未来跨地区矫正系统的对接。京津冀司法行政机关可以根据司法部出台的《智慧矫正 总体技术规范》(SF/T 0081－2020)等行业标准，统一矫务通等应用软件的功能、项目、数据库等内容，为京津冀一体化 App 研发应用奠定基础。总体上讲，京津冀社区矫正信息化建设需要从宏观进行统筹，实现各地、各级、各类平台的对接与融合，避免重复建设。

除信息化建设外，京津冀司法行政机关可以建立常态化的工作交流机制，实现信息及资源的交互。工作交流既可以通过论坛、研讨会等正规方式进行，也可以借助微信群、公众号等非正规方式开展。工作交流的重点是矫正工作的创新或经验总结、教育帮扶特色、执法监督报告、社区矫正对象重新犯罪或减刑等典型案件分析等。

(五)开展联合督查

开展联合督查是京津冀社区矫正协调发展的保障。一方面，京津冀地区省(市)级社区矫正机构适时共同组成联合检查组，重点检查区域间协同发展制度、措施的落实情况及存在问题，并总结推广先进经验；另一方面，京津冀检察机关要充分发挥检察监督职能，确保各地区社区矫正工作规范化发展，为京津冀一体化发展提供稳定的社会环境。京津冀各级检察机关可以不定期组成联合检察组，重点监督异地临时、委托管理，异地撤销缓刑，跨地区追查脱管、侦查重新犯罪等协作执法情况，并根据检察监督情况，形成报告，及时反馈相关社区矫正机构。

四、结语

面临地域、行政区划、制度壁垒等因素制约，京津冀社区矫正协同发展是一

---

① 矫务通是由社区矫正机构工作人员使用，用于社区矫正工作的移动应用；协矫通是由参与社区矫正工作的社会工作者使用，用于协助开展社区矫正工作的移动应用；在矫通是由社区矫正对象使用，用于接受社区矫正的移动应用。

项艰巨、复杂的系统工程,需要久久为功。因此,京津冀司法行政机关、社区矫正机构要以服务京津冀一体化发展为大局,结合本地区的实际及特色,共同推进,共同落实协助互动常态化、协助管理制度化、教育矫正协作化、协商合议平等化,推动京津冀社区矫正工作高质量发展。

政府购买社区矫正社会服务法律问题研究

曹海青　苗　泳

摘　要:政府购买社区矫正社会服务为社会公众有偿参与社区矫正工作提供了一个良好平台,有利于促进社会公众对社区矫正的参与,符合社区矫正的发展趋向。实践中,政府购买社区矫正社会服务存在购买主体法治理念不统一、法律缺位、政策不统一、承接主体缺乏、社工队伍发展缓慢且流失严重等问题。为促进政府购买社区矫正社会服务健康有序发展,应当坚持保障人权、改善民生、增进福祉的理念,要把政府购买社区矫正社会服务作为基层社会治理体系的重要内容,推进政府购买社区矫正社会服务与社会组织发展的双向互动。要明确政府购买社区矫正社会服务中的职责分工,理顺政府购买社区矫正社会服务中的政社关系,着力扶持和培育相关社会组织,为社工队伍建设创造良好体制环境,并强化政府购买社区矫正社会服务的法律规制。

关键词:政府购买服务　社区矫正　政社关系　社会组织　法律规制

作为非监禁刑表现形式的社区矫正,体现了轻刑化、人道化、社会化的刑罚理念。它缩短了社区矫正对象与正常生活的距离,便于恢复其社会功能,预防其重新犯罪,体现了恢复性司法的理念。坚持和完善社区矫正制度,是加强和创新我国社会管理的客观需要，是贯彻宽严相济刑事政策的必然要求，是改革完善刑罚执行制度的重要内容。《刑法修正案(八)》正式确认了社区矫正制度的法律地位，《社区矫正法》的颁布实施则进一步提升了社区矫正的法治化水平。在这样的宏观背景下，社区矫正在我国有非常良好的发展前景。

政府购买社区矫正社会服务符合社区矫正的发展趋向。社区矫正的本质特点之一就是在社区中对服刑人员开展教育和改造工作。这一特点蕴含着利用社区中的社会力量开展社区矫正的含义。可以说，提升社会公众参与社区矫正的广度和深度是社区矫正的发展趋向。在实践中，社会公众对社区矫正的参与既可以是无偿参与，也可以是有偿参与。实践证明，社会公众无偿参与具有一定的局限性。这种局限性主要表现在四个方面：可以无偿利用的社会力量是有限的；可以无偿利用的社会力量是不稳的；无偿利用社会力量从事的工作是有限的；无偿利用社会力量的情况深受社会经济发展水平的制约。① 政府购买社区矫正社会服务则为社会公众有偿参与社区矫正工作提供了一个良好平台，有利于促进社会公众对社区矫正的参与，符合社区矫正的发展趋向。

实践中，社区矫正工作面临矫正队伍力量不足及专业化程度不高等问题。社区矫正工作经过2003年试点、2005年扩大试点和2009年全面试行阶段后，2014年全面推进。截至2018年7月底，全国司法所累计接收社区矫正对象402万人，解除矫正332万人，矫正期间再犯罪率约0.2%。目前全国在册社区矫正对象70万。② 可以说，我国社区矫正工作取得了良好的法律效果和社会效果。尽管如此，我国社区矫正在制度化、规范化方面还存在较多问题，社区矫正队伍建设问题即是亟待加强和改善的问题之一。目前，社区矫正队伍建设存在工作力量不足、专业化程度不高等问题。这些问题已经在一定程度上制约了社区矫正工作的健康发展。

政府购买社区矫正社会服务能够较好地解决前述问题。为了解决前述问题，可以考虑通过增加社区矫正机构工作人员编制、鼓励社会公众参与等途径加以解决。不过由于行政编制的限制、志愿服务的激励不足等原因，这些途径往往难以从根本上解决前述问题。相对而言，政府购买社区矫正社会服务则具有以下优越性：第一，提高社区矫正资金使用效益。推行政府购买社区矫正社

---

① 参见吴宗宪：《社会力量参与社区矫正的若干理论问题探讨》，载《法学评论》2008年第3期。

② 胥辉：《司法部：社区服刑人员矫正期间再犯罪率约0.2%》，载澎湃新闻网2018年9月15日，https://www.thepaper.cn/newsDetail_forward_2443321。

会服务后,司法行政机关可以通过招标、竞争性谈判等方式确定某一社会组织承接非执法性社区矫正工作。竞争性的购买程序可以有效降低社区矫正成本,从而可以提高资金使用效益。此时,政府可以用同样数额的资金聘请更多的专业人员从事社区矫正工作,从而可以有效解决矫正力量不足问题。第二,提升社区矫正专业化水平。一般来说,承接社区矫正社会服务的社会组织具有一定规模,其工作人员具有较高的专业水平。由这样的组织承接社区矫正社会服务,有利于社区矫正专业化水平的提升。第三,促进相关社会组织的发展。通过参与政府购买社区矫正社会服务,相关社会组织能够从政府获得一定经费支持,其发展壮大就有了更充足的物质保障。

一、政府购买社区矫正社会服务概念界定

(一)政府购买公共服务的概念

政府购买公共服务的核心在于将政府不擅长的公共服务提供职能外包给非政府组织,其核心就是“外包”。外包原先出现在企业的经营过程中,从英文直接翻译过来就是指从外部寻求资源,即把不属于自己企业核心能力的或者自己不擅长的业务从外部购买,更通俗地说就是把自己不会做或者没有别人做得好的事情交给别人来做。① 外包的主要目的在于降低成本,提高效率。

政府购买公共服务在目的上与公共服务外包有相通之处,即借助外部优势资源为我所用,以降低公共服务成本,提高服务效率。国内外关于公共服务外包的讨论对于界定政府购买公共服务大有助益。沃尔什和经济合作与发展组织明确指出,公共服务外包代表了在公共服务的管理和供应过程中一种模仿市场的努力,它经常运用于直接民营化(如所有权的变更)不可能的时候,其基本原理是在服务供应商之间促进竞争。② 这种界定把握了公共服务外包的本质特征,不过较为抽象。我国学者毛寿龙等将公共服务外包界定为,“公共服务的承包制改革,就是把政府业务承包出去,具体的办法是通过一种竞争性的招标办法,把政府所承担的公共服务业务承包给非政府的组织去经营,实际上就是公共服务的民营化,它是民营化改革政策的继续”③。在这个定义中,学者强调公共服务外包应采用竞争性的招标办法。虽然竞争性招标是公共服务外包的主

---

① 参见余君、曾晓冬:《外包策略对我国公共部门的意义》,载《经济论坛》2005 年第 12 期。

② 世界银行:《2007 年世界发展报告》,清华大学出版社 2007 年版,第 121 页。

③ 毛寿龙、李梅、陈幽泓:《西方政府的治道变革》,中国人民大学出版社 1998 年版,第 25 页。

要方式之一，但其方式并不仅限于招标，因此这种界定不免有失褊狭。

结合现有研究成果，可将政府购买公共服务界定为：政府将某些公共服务承包给营利组织或非营利组织，并依据合同对供应商进行监督和管理的活动。与传统公共服务提供方式相比，政府购买公共服务具有以下特征：第一，其本质在于打破传统公共服务的单一供给模式，引入竞争机制，以提高公共服务供给效率。在传统公共服务提供方式中，政府通常垄断公共服务的供给。由于处于垄断地位，公共服务生产部门缺乏降低服务成本的内在动力，因此造成公共服务成本较高。政府购买公共服务方式则将竞争机制引入了公共服务提供过程。这种竞争主要体现在供应商的选择环节。潜在供应商为了赢得承接机会就必须使自身提供公共服务的成本低于原政府部门。在购买合同的具体履行过程中，供应商为了实现自身利益的最大化，对于降低成本也有着内在动力，而成本的降低则意味着公共服务供给效率的提升。第二，它使公共服务提供者与生产者分离。在公共服务单一供给模式下，政府集服务的提供者与生产者角色于一身。采取这种模式往往是出于公共服务不宜由市场提供的认识。然而，现代的公共物品理论以及新公共管理理论都已经提出了市场可以参与公共服务供给的主张。在政府购买公共服务模式下，作为公共服务提供者，政府的职责在于规划、决策和服务供应商选择与监督；供应商则成为公共服务的生产者，“直接组织生产，或者直接向消费者提供服务”[①]。这里的供应商包括营利组织和非营利组织。第三，它体现了公共服务治理模式由权威治理到合同治理的嬗变。[②]在权威治理模式下，公共服务具有较强的权力特征，政府与公众处于不对等的地位，公共服务常常演变成政府对公众的施舍，以致偏离了政府原本的职能定位。与之不同，在合同治理模式下，政府通过签订购买服务合同与供应商建立起平等、互利的合作关系。购买服务合同对双方均有约束力。政府主要依据合同而非传统的命令监督约束供应商。

（二）社区矫正的含义

社区矫正自引入我国以来就争议不断，关于社区矫正的性质更是引发了持久的辩论，形成了各种学说和观点。对于新事物，辩论有利于认清本质、明辨是

---

① ［美］E. S. 萨瓦斯：《民营化与公私部门的伙伴关系》，周志忍译，中国人民大学出版社 2002 年版，第 68 页。

② 参见詹国彬：《公共服务合同外包的理论逻辑与风险控制》，载《经济社会体制比较》2011 年第 5 期。

非,但长时间无法达成共识也会对决策产生消极影响,让执行者无所适从。综合各方观点、结合中外实践、达成基本共识是社区矫正事业顺利发展的必要条件,也是做好政府购买社区矫正社会服务事业的基础。

1. 有关社区矫正性质和概念的论争

关于社区矫正的性质,国内一度争论不休,对社区矫正概念的表述也不尽相同,大致形成以下几类观点:第一类观点认为社区矫正的本质属性是非监禁刑罚执行。权威表述和经典概念见于最高人民法院、最高人民检察院、公安部、司法部2009 年9 月2 日印发的《关于在全国试行社区矫正工作的意见》:社区矫正是非监禁刑罚执行方式,是指将符合法定条件的罪犯置于社区内,由专门的国家机关在相关社会团体、民间组织和社会志愿者的协助下,在判决、裁定或决定确定的期限内,矫正其犯罪心理和行为恶习,促进其顺利回归社会的非监禁刑罚执行活动。第二类观点认为社区矫正是一种非监禁处遇待遇,是指通过适用各种非监禁性刑罚或刑罚替代制度,使罪犯得以留在社区中接受教育改造,以避免监禁可能带来的副作用,并充分利用社区资源参与罪犯矫正事业的一种罪犯处遇制度。[①] 第三类观点认为社区矫正"不仅是一种落实犯罪人刑事义务的刑罚执行工作,更是一种对犯罪人犯罪心理及行为恶习进行矫正的社会工作,即社区矫正具有刑罚执行和社会工作的双重属性,只是前者为主属性而后者为从属性",[②]该观点主张:"社区矫正是兼有刑罚执行和社会工作属性,由专门机关与社会力量共同对符合条件的犯罪人在社区实行监管、教育与帮助,致力于追求促使犯罪人顺利再社会化并过上守法生活的个别预防目的且兼顾一般预防的刑罚执行制度"。[③] 第四类观点认为社区矫正既是一种刑罚执行措施,又是一种社会福利。"一方面,社区矫正作为一项刑罚执行措施,应该具有对罪犯惩戒、监督、考察等监管性功能,通过限制一定范围和程度上的自由让罪犯对自己的犯罪行为作出报偿;另一方面,社区矫正作为一项面向罪犯的社会福利措施,应该具有教育、矫正、服务的功能,让罪犯通过接受特殊的福利服务得以

---

① 冯卫国:《行刑社会化研究——开放社会中的刑罚趋向》,北京大学出版社 2003 年版,第 181 页。

② 但未丽:《社区矫正概念的反思与重构》,载《武汉理工大学学报(社会科学版)》2008 年第 1 期。

③ 但未丽:《社区矫正概念的反思与重构》,载《武汉理工大学学报(社会科学版)》2008 年第 1 期。

矫正自身的犯罪心理和行为恶习，并顺利回归社会”。[①] 第五类观点认为社区矫正既不是刑罚执行又不是福利措施，而是对犯罪人的保护管束和保护观察措施，具有限制人身自由的保安处分的性质，并将社区矫正界定为：“将罪犯放在社区里进行矫正教育，在社会团体和民间组织以及社会志愿者的协助下，有效地利用社会资源开展对罪犯矫正教育工作的新型矫正方式。”[②]

上述观点只是这场论争的一部分，代表了主要的几类观点。由此观之，各种学说或观点都是从社区矫正的某一方面或某一个角度展开论证，似有盲人摸象之感。社区矫正是一种目标多元化、手段多样化、参与主体多元化的制度，单一视角恐难全面揭示社区矫正的本质。“刑罚执行论”“特殊处遇论”“保安处分论”等观点虽各有道理，但均未免片面。“刑罚执行兼社会福利说”“刑罚执行兼社会工作说”等尽管不一定准确，但观察视角和解释方法值得肯定。本书认为，对社区矫正的科学认知和准确界定需要多角度、宽视野，才能透过社区矫正的纷杂现象，抓住其本质特征，准确揭示社区矫正的性质和真正内涵。

2. 社区矫正性质的揭示和概念的界定

美国是较早实行社区矫正且制度较为成熟的国家。根据学者的介绍，美国矫正协会组成的社区矫正委员会认为社区矫正的定义应该包括几种要素：社区矫正是司法制度的组成部分；社区矫正机构负责管理多种制裁和提供服务；社区矫正机构有责任促进公共安全；只有在与当地社区和其他对更安全的社区和司法感兴趣的机构合作时，才能有效率和效果。根据这些要素，该委员会给社区矫正的定义是：“社区矫正是通过提供制裁和服务来促进公共安全并使被害人和被告人处在社区中的司法制度的组成部分。”[③]在比较了美国几种关于社区矫正的定义之后，学者吴宗宪认为社区矫正实际包括两种基本类型：一是前端制裁，由法官判决，属于监禁替代措施；二是后端计划，该类计划的参加者由矫正官选择，目的是帮助犯人离开监狱后重新融入社区。综合大多数学者的观点后，学者吴宗宪给社区矫正下的定义是：社区矫正就是依法在社区中对犯罪人实施惩罚和提供帮助，以促进其过守法生活的刑罚执行活动。[④]

---

① 史柏年：《刑罚执行与社会福利：社区矫正性质定位思辨》，载《华东理工大学学报（社会科学版）》2009 年第 1 期。

② 程应需：《社区矫正的概念及其性质新论》，载《郑州大学学报（哲学社会科学版）》2006 年第 4 期。

③ 吴宗宪：《社区矫正比较研究》（上），中国人民大学出版社 2011 年版，第 2 页。

④ 吴宗宪：《社区矫正比较研究》（上），中国人民大学出版社 2011 年版，第 3 ~ 4 页。

社区矫正的本质属性可以从以下方面把握:

第一,社区矫正属于司法制度,是对犯罪人的一种制裁,是让犯罪人承担罪责。因此,认为社区矫正是一种刑罚执行制度当属无误。但是,社区矫正并非传统的监禁执行方式,而是“监禁替代措施”,所以社区矫正可以称为“非监禁刑罚执行措施”。从我国社区矫正的实际来看,将犯罪人置于社区之中,其最基本的目标就是替代监狱行刑,而不是免予行刑。社区矫正对象的人身自由、言论自由等仍然要受到执法机关的限制,这种限制就是因其犯罪而承受的罪责。尽管这种行刑社会化的方式体现了对罪犯人权的保障,从宽泛意义上说也是一种福利,但从揭示社区矫正的本质特征这个角度,不能把“社会福利”也吸纳进来。更重要的是,社区矫正机构有责任促进公共安全,而体现制裁、监督和限制的措施是公共安全的保障。当然,从社区矫正的社会服务属性看,的确由慈善和福利事业发展而来,而且社区矫正社会服务得以发展的内在动力之一就是慈善和福利的观念和传统,但是从我国社会发展的阶段和我国推行社区矫正制度的目的来看,社会福利尚难成为社区矫正的主要诉求和本质特征。

第二,社区矫正是通过社会参与和矫正修复措施,治疗犯罪人、帮助犯罪人重新过正常人生活的一种社会治理措施或制度。之所以放弃监狱行刑方式而尝试采用社区行刑方式,其前提是认识到监狱行刑在帮助犯罪人重新走向社会方面的局限性,同时从社会治理的视角,看到社区环境和社会力量在帮助犯罪人重新融入社会方面的积极作用,以及在有效监督之下能够确保社区和社会公共安全的可能性。因此,社区矫正不单纯是一种刑罚执行制度,而是能够将司法制度融入其中的社会治理制度。这种社会治理的措施就是动员社会力量参与对犯罪人的治理,通过社会志愿者和社会工作者的非官方矫正教育、帮扶支持活动,防止社区矫正对象重新犯罪进而重新过上正常人的生活。这种社会治理活动实际上是跳出司法制裁的思路,探寻预防犯罪和保障公共安全的新思想和新举措。

第三,增进公共安全是社区矫正的根本目的。制裁并不是刑罚执行的最终目的,如果越制裁犯罪率越高、重新犯罪人越多,那么制裁也就失去了价值。因此,社区矫正中的刑罚执行措施既是一种制裁手段也是一种保障手段,即防止犯罪人危害社区的安全。在此基础上,通过社区环境的熏陶和社会力量的协助,帮助犯罪人逐渐消除对社会的憎恨、增加对社会和家庭的友好情感、安排好正常生活,从而达到消除公共安全隐患的目的。由此可见,不管是刑罚制裁还是社区矫正教育帮扶,其最终目的都是增进全社会的公共安全。

结合上述各种观点,根据社区矫正的基本特征,本文将社区矫正定义为:依法在社区中对犯罪人实施司法制裁和提供矫治帮扶服务,促进犯罪人过守法生活,以增进全社会公共安全的社会治理制度。

(三)社区矫正社会服务的界定

社区矫正与社会服务,特别是与社会工作关系密切,在社区对服刑人员实施矫正监督和教育帮扶主要采用社会工作方法,包括个案工作方法、小组工作方法、社区工作方法等。这些工作方法和项目运作模式非常适合对犯罪人展开个别矫治和修复,有利于犯罪人与社区和社会建立良好关系、重新走上正常生活轨道。除社会工作外,其他社会服务包括教育、心理辅导、职业技能培训等。社会工作有很多种,服务的对象包括各类人员,包括儿童、青少年、老年、妇女、残疾人、犯罪人、学生等,针对犯罪人的社会工作只是其中一种,称为社区矫正社会工作。

1. 社会工作

社会工作是源自西方的一种职业,它是解决因工业革命和市场经济而带来的诸如城市贫困、失业、犯罪和人际关系疏离等一系列社会问题时的一种应对举措,是根据一定的价值观帮助有困难的人走出困境的专业和活动。通说认为:"社会工作是一种不以营利为目的助人自助的专业性社会服务工作,也是一门独立的学科和专门的职业。社会工作帮助人们满足那些仅凭个人努力无法满足的需求而采取各种有组织的做法;它视受助者为积极能动的主体,而不只是被动消极的客体;它提供必要的条件、运用专业的方法使受助者发挥潜能自己解决自己的问题;它是一门以现代科学所提供的知识为基础的应用性社会科学。"①社会工作主要是借助社会力量、运用专业方法帮助特殊群体克服自身缺陷带来的生存或生活困难,过上正常生活。社会工作有一个前提,就是相信帮助对象能够认识到,生活挫折是每一个人生命和生活的一部分,只是每个人遭遇挫折的方式不同而已,因此能够以平常心和包容心看待自己遭受的困苦,包括"牢狱之灾"。

2. 司法社会工作

在我国理论和实务领域,经常使用"司法社会工作"这一概念,很多人将它

---

① 陈良瑾主编:《中国社会工作百科全书》,中国社会出版社 1994 年版,第 2 页。

与"社区矫正社会工作"混淆甚至等同使用。实际上二者是有区别的。我国对司法社会工作的专业定义尚未形成。有学者将司法社会工作定义为:"司法社会工作是一个由特定价值理念与实践逻辑所决定的复合系统,社会工作机构及其从业人员与司法机构在其中相互依托,面向罪错者、受害人以及相关利益人中的受助者,通过充分发展其全部潜能而推动社会变革、改善人际关系和促进问题解决。"①由此可知,司法社会工作的服务对象包括了社区矫正对象、安置帮教对象及边缘青少年等弱势群体,跨越了青少年刑事司法服务、警察与社区警政的社会工作服务、缓刑与假释机构的社会工作服务、监狱与犯罪矫治社会工作、被害人社会工作方案与服务等众多领域。社区矫正社会工作与司法社会工作采用的工作方法基本相同,但工作环境和适用对象却不尽相同,社区矫正社会工作包含在司法社会工作范围之内,二者是种属关系。

3. 社区矫正社会服务

社区矫正社会服务以社区矫正社会工作为核心内容。社区矫正社会工作是社会工作实务的重要领域,是由专业人员或志愿者运用专业方法技术,为社区矫正对象提供思想教育、心理疏导、关系修复、困难救助等服务,修正其行为模式,使其适应社会生活的一种福利服务活动。社区矫正社会服务具有四个特征:一是社区工作环境,即社会工作者要利用社区环境的优势,针对社区的具体情况包括社区建设、安全状况、社区居民对服刑人员的态度、服务对象与家庭成员的关系等,制定具体工作方案、组合工作方法;二是针对社区矫正对象,包括接受缓刑、假释、监外执行等刑罚处遇的人员;三是运用专业的社会工作方法及心理学、教育学等专业知识,为服刑人员提供思想教育、心理辅导、行为纠正、就业培训、信息咨询、生活照顾等服务,协助社区矫正机构监督矫正对象遵守法律;四是社会力量的参与和社会工作活动的实施,其目的是帮助社区矫正对象完成自我救赎、过上正常人生活,进而增进社会公共安全。

(四)政府购买社区矫正社会服务

政府购买社区矫正社会服务属于政府购买公共服务的一种形式,其特殊之处在于服务对象,即专门针对社区矫正对象提供的矫正教育和助困帮扶服务。为社区矫正对象提供服务是一个复杂的系统工程,单靠司法行政部门的工作人员很难胜任。借鉴先进的公共服务理念、切实转变政府职能,通过签订政府购

① 何明升:《司法社会工作概念的缺位及其补足》,载《法学论坛》2012年第2期。

买公共服务合同或其他合法形式，将部分社区矫正社会服务职能委托社会组织，吸引社会力量广泛参与，才能很好地完成社区矫正的任务、达致社区矫正的目的。由于社区矫正服务对象的身份特殊性及其需求的个性化、多样化，传统工作方法无法有效应对，需要社会组织中的社会工作者运用专业的社会工作方法及其他相关方法，才能很好地解决社区矫正对象回归社会面临的诸多问题。

政府购买社区矫正社会服务具有以下基本特征：一是政府购买社区矫正社会服务的参与主体是多元主体，包括购买方——政府（具体购买主体一般是各级政府司法行政部门）、承接方——社会组织（专业提供社会服务的非政府组织）和社区矫正社会服务的对象——社区矫正对象（包括缓刑犯、假释犯、监外执行犯等）；二是政府与社会组织之间的关系是契约关系，双方的权利义务以合同确定，对双方均有拘束力；三是政府出资购买社区矫正社会服务后并非放弃对该项服务的责任，而是要监督承接方按照法律和合同规定履行义务；四是承接方社会组织参与提供公共服务并非单纯为了赢利，需要承担增进社会公共安全的责任。

根据上述特征，本文将“政府购买社区矫正社会服务”定义为：政府为更好地履行公共服务职能、预防犯罪和治疗罪犯、增进公共安全，与专门从事社区矫正社会服务的社会组织签订购买服务合同，约定双方在社区矫正社会服务提供过程中的权利和义务，政府社区矫正机构与社会组织合作并监督社会组织，依照法律和合同为社区矫正对象提供矫正教育和济困帮扶服务，帮助矫正对象回归社会的一种社会治理制度和活动。

二、我国政府购买社区矫正社会服务主要模式及内容

我国政府购买社区矫正社会服务主要有两种模式：岗位购买模式和项目购买模式。

（一）岗位购买模式

所谓岗位购买模式，是指政府根据社区矫正的实际需求，确定社会工作人员岗位数量，按照社会工作人员薪酬指导价标准，向社会组织购买社会工作人员岗位，为社区矫正对象提供专业服务。这种模式以深圳市为代表。具体来说，深圳市政府根据社区矫正对象的数量及实际需求，确定司法社工岗位数量，进而按照社会工作者薪酬指导价标准和服务运营成本，向相关社会组织购买社

区矫正社会服务。在探索购买社区矫正社会服务之初,深圳市采用的是岗位购买模式。深圳市政府每年用6万至7万元“购买”一位社工,为社区矫正对象提供专业的矫正服务,这既有效促进了社区矫正工作的深入开展,也在一定程度上解决了社区矫正工作人手严重不足的问题。① 这种模式的优点在于购买经费较易测定,其缺点也比较明显,主要是购买内容缺乏针对性和明确性。从2012年开始,深圳市在继续沿用岗位购买模式的同时,开始探索项目购买模式。根据2020年10月30日印发的《深圳市关于提升社会工作服务水平的若干措施》的规定,政府购买社会工作服务采取项目购买方式。仅从该规定来看,深圳似乎是摒弃了岗位购买模式。但该文件特别强调,要“科学设置项目的岗位数量、职级设置、服务标准和考核指标。社会工作服务项目中社会工作专业岗位的数量不低于项目总人数的80%”。该文件还明确规定了社会工作专业岗位的最低费用:“政府购买社会工作服务整体打包费标准不低于16.3万元/人/年;社会福利、精神卫生等专业性强、职业风险高的社会工作服务项目,整体打包标准不低于16.9万元/人/年;在不低于前述标准的前提下,各区可根据本区经济社会发展实际自行制定政府购买社会工作服务整体打包标准。”从这些规定来看,深圳市在推行一种融合了项目购买和岗位购买的新模式。

(二)项目购买模式

项目购买是指购买主体根据服务对象的情况、服务内容、服务要求、服务目标等进行综合预算并形成项目,主动向社会公开服务标准、购买预算、服务要求和验收方法等,按规定向符合条件的承接主体进行购买。这种模式以上海市为代表。上海市司法行政部门,作为社区矫正工作的主管部门具体负责政府购买社区矫正社会服务的统筹规划、组织协调,包括政策和标准的制定、购买服务的具体实施和对社会组织提供社区矫正社会服务的评估、监管。上海市社区矫正管理局与上海市新航社区服务总站协商确定服务项目及服务保障要求。② 购买经费则根据服务对象情况、服务内容、服务要求、服务目标等因素综合确定。相对于岗位购买模式,这种模式的优势在于购买内容明确、具体,服务效果易于评估。

我国政府购买社区矫正社会服务的模式各异,但购买服务的内容有趋同之

① 参见游春亮:《广东深圳购买社工服务介入社区矫正》,载中国长安网,http://www.chinapeace.gov.cn/chinapeace/c28505/2013-05/09/content_11679559.shtml。

② 服务保障要求是关于社会组织内部运作方面的要求。

势，都是在《社区矫正法》《社区矫正法实施办法》规定的社区矫正任务基础上，根据社区矫正社会工作的理论和实践，有所拓展，宗旨就是"协助监督管理、教育矫正和社会适应性帮扶"。以上海为例，政府购买的社区矫正社会服务主要为三类服务：一是协助司法行政部门开展社区矫正安置帮教工作，为其做好社区矫正对象、刑满释放人员日常管理、教育、帮扶提供服务。具体内容包括与服务对象保持接触、交流，了解掌握服务对象基本情况、言行动态及社区表现等信息，协助社区矫正民警、专职干部做好日常管理、教育矫正、帮困扶助工作；在矫正小组中发挥联络、沟通作用，开展对象走访、信息核查、工作通报、研判对象动态信息等工作，为司法行政工作人员开展社区矫正对象的监督管理、奖励惩处等执法行为提供可靠、及时的信息和评估意见；协助司法行政部门开展两类对象的协调入户安置，就业推介，就学指引等生活救助和社会保险等社会融入性措施的落实，等等。二是根据司法行政部门要求和服务对象需求，为社区矫正对象、刑释解教人员提供专业化帮教服务，积极开发社会工作项目。三是整合社会资源，为社区矫正对象、刑满释放人员提供帮困扶助服务。具体包括为困难服务对象及其子女提供生活、学业上的支持和帮助；解决对象及其家属就业、生活等方面困难等。承接服务的社会组织和社会工作者根据合同提供全程参与式的服务：前期介入阶段（审前调查评估）；矫正宣告阶段（掌握基本情况、参与矫正小组建立、参加宣告会、制定矫正方案）；矫正服务阶段（社区走访、信息收集与核实、问题研判和诊断、制定计划、介入服务、教育学习、个案服务介入、服务评估）；矫正结束阶段（服务结案意见，包括期满、重犯，材料归档）。①

根据深圳市购买社区矫正社会工作服务合同，②购买服务的内容是社会工作者运用个案工作、小组工作、社区工作等专业手法，为社区矫正对象提供具体的帮助，使他们摆脱精神上和物质上的障碍和困境，提高其社会活动能力，实现自我发展：(1)个案工作服务。运用社会工作专业理论方法、技术，为罪犯或具有犯罪危险性的人员及其家人提供思想政治教育、心理辅导、行为矫正，使其适应社会生活。(2)小组工作。通过不同的社交和治疗小组，帮助他们认识自我、

---

①　根据上海新航社区服务总站提供的政府购买合同和对上海市新航服务中心工作人员的访谈内容，笔者稍作编辑。

②　根据深圳市《购买社会工作专业化服务合同书》（甲方：深圳市民政局；乙方：深圳市春雨社会工作服务社；丙方：深圳市司法局）；《深圳市司法局购买司法社工服务合同》（甲方：深圳市司法局；乙方：深圳市春雨社会工作服务社）。

增强责任感和提升社交能力。通过不同的支持性小组、治疗性小组和发展性小组活动,帮助他们提升能力,促进发展。(3)社区活动。在综合评估社区环境的基础上,运用社区活动的形式,有效改善社区环境,从而达到预防犯罪、提高素质、和谐社区的目的。社会工作者的职责主要包括:根据政府制定的购买服务任务计划,进行前期调研和评估,了解服务对象需求,熟悉服务环境,制定项目计划书,明确服务方案;在准备好项目计划书的前提下,积极参加政府组织的招标购买,依照相关规定和程序进行投标;在竞标成功后与政府签订服务合同,按照合同内容进行相关社会工作服务,服务过程中做好阶段性总结、评估工作;服务结束后评估服务成效,整理好相关服务资料,配合第三方评估机构对机构做出评估等。

随着《社区矫正法》的公布实施,政府购买社区矫正社会服务的购买内容被进一步明确化,即社区矫正社会工作服务以及其他社会服务。具体来说,购买内容为“协助调查评估、收集矫正信息、心理矫治、评估矫正需求、开展教育学习、组织社区服务、指导就业就学等非执法类事项”①。

三、我国政府购买社区矫正社会服务存在的主要问题

政府购买公共服务、社区矫正和社会服务都是“舶来品”,三者的结合——政府购买社区矫正社会服务更是新鲜事物,其实践过程经历着“本土化”的困难与“再生”的痛苦。政府传统的管理方式、旧有的刑罚执行观念、社会公众的不认同、社会自治空间的狭小、社会组织的欠发达、新制度的设计缺陷和实践中的异化等,都对政府购买社区矫正社会服务产生了消极影响,导致这一制度实践在法治理念、法律保障、政府责任、政社关系、服务内容、服务方式、监督管理、资金支持等诸多方面都存在一定问题。下面择其要者进行分析:

(一)购买主体的法治理念不统一

政府购买社区矫正社会服务涉及许多基础性法理问题,如社区矫正的性质、社区矫正与社会工作的关系、政府在购买社区矫正社会服务中承担的职责等。从当前政府购买社区矫正社会工作服务的实践来看,社区矫正的性质问题对制度设计和实践的影响最大。关于社区矫正的性质,国内一直争议很大,形成了诸多观点。比如,认为社区矫正属于刑罚执行的学者,强调对社区矫正对

---

① 王爱立、姜爱东主编:《中华人民共和国社区矫正法释义》,中国民主法制出版社2020年版,第206~207页。

象的严格监管和教育矫治，主张社区矫正对象主要应当由司法行政机关工作人员监管，可以适当购买社会服务提供辅助性的工作，协助执法部门进行监管、教育；认为社区矫正属于社会福利的学者，强调社区矫正对象的权利保障和社区矫正的社会公正价值，主张社区矫正应主要通过社区、社会组织等社会力量提供服务，帮助社区矫正对象解决问题，促使其真正回归和融入社会；认为社区矫正属于限制人身自由的保安处分的学者，强调社区矫正应以教育保护为主旨，淡化刑罚固有的报应性惩罚功能，主张从充分尊重犯罪人的价值和关心帮助犯罪人的理念出发，以必要的观察保护和管束保护措施，促使犯罪人改善不良心理，改掉行为恶习，早日回归社会，等等，不一而同。

基础理论问题认知不同，制度设计模式和实践效果也存在差异。侧重社区矫正刑罚执行属性的制度模式，一般以社区矫正的主管部门为主导，该部门作为购买主体、承接购买服务的社会组织的主管机关和购买服务的评估机关；购买合同的内容更多涉及监督、管理、限权(能)和矫正教育类的事项；购买合同中购买方的权利更多，或者根本不采用合同的形式，而是将承接服务的社会组织视为下属事业单位进行管理；在工作理念上，尽管也强调引入社会工作模式，但要以监督和矫正的需要为前提。北京和上海的做法在一定程度上反映了这种理念。侧重社区矫正社会工作特征的制度模式，一般注重发挥社会工作主管部门的统筹规划作用。购买合同中的困难救助、就业帮扶、社区关爱、社会福利等事项相对较多。深圳的做法在一定程度上反映了这种理念。

基础理论问题缺乏共识、制度实践多样化是政府购买社区矫正社会服务起步阶段的必然现象，在一定程度上有利于探索符合我国实际的制度模式，但这种状况不宜持续时间过长，否则其消极影响将很难消除。因此，应加紧理论研究和实践总结，尽快达成基本共识，在统一理论框架之下发展多样化模式。

(二)政府购买社区矫正社会服务的法律缺位、政策不一和职责不清

政府购买公共服务在我国已经有了近二十年的实践，但相关法律法规“赤字”较为严重：《政府采购法》和《政府采购法实施条例》多适用于购买货物、工程等项目，缺乏购买公共服务的专门规定，难以满足政府购买公共服务的制度需求，可堪适用的仅有政府部门制定的部门规章或相关政策文件，如《政府购买服务管理办法》以及民政部、财政部《关于政府购买社会工作服务的指导意见》等，较高层次、内容完备的法律、法规仍处于缺位状态。由于对社区矫正和政府购买社区矫正社会服务的认识不统一，造成了既有政策的不统一，且呈现出明显

的部门本位。司法部或司法部牵头制定的政策,更多的是从刑罚执行角度,强调司法行政部门的主管职责和主导地位,要求其他职能部门协助配合和其他社会力量参与社区矫正,而且缺乏政府购买服务的规定。例如,最高人民法院、最高人民检察院、公安部、司法部联合出台的《社区矫正法实施办法》、《最高人民法院、最高人民检察院、公安部、司法部关于全面推进社区矫正工作的意见》。民政部或民政部牵头制定的政策则更多从社区治理、社会工作角度,强调民政部门的主导地位并要求其他职能部门协助配合,如民政部、财政部《关于政府购买社会工作服务的指导意见》。民政部和司法部共同参与制定的政策往往规定民政部门和司法部门根据职能分工购买社区矫正社会工作,而对各自的职责言之不清,比如,司法部、民政部等六部门联合发布的《关于组织社会力量参与社区矫正工作的意见》规定,司法行政部门、民政部门可根据职责分工,通过多种方式向具有社区矫正社会工作服务能力的社会组织购买服务,但哪些事项由司法部门负责购买、哪些事项由民政部门负责购买并未提及。国务院(办公厅)制定的政策又往往强调社区矫正领导小组领导下的多部门协调配合,如《国务院办公厅关于政府向社会力量购买服务的指导意见》规定建立"政府统一领导,财政部门牵头,民政、工商管理以及行业主管部门协同,职能部门履职,监督部门保障"的工作机制,实践中却成了"说起来谁都应该管、具体事儿谁都不管"①。法律法规缺位、政策不统一,制度设计和实践失去方向,政府部门之间的职责不清,在实践中就演变为"多头管理"、"相互推诿"或"各自为政"。这种现状对政府购买社区矫正社会服务的制度发展非常不利。

(三)社区的矫正功能缺失影响政府购买社区矫正社会服务效果

社区矫正社会工作的平台就是社区,要依托社区的组织力量、运用社区的公共设施、整合社区公共资源才能为社区矫正对象提供专业化服务。从我国当前城乡社区,特别是城市社区的情况来看,公共组织、公共设施、公共资源乃至公共精神的缺失使社区呈现出"碎片化"特征,无力承载社区矫正和社会工作的价值和功能。如此一来,政府购买社区矫正社会服务也就失去了稳定发展的根基。随着"单位制"和住房分配等社区"同质化"因素的逝去,住房商品化、人口流动性、劳动力市场化等"异质性"因素的出现,社区在居住空间、利益结构、权利结构等方面呈现出"碎片化"特征,其结果就是社区居民关系疏离、社区公共

① 与某基层司法人员访谈时的谈话内容。

精神丧失、社区共同体功能丧失，最终社区作为社会控制的“底座”功能丧失。除了老旧的“家属院”和“搬迁户区”还保持着一些熟人社区的特征之外，社区变成了一个“邻里见面不相识”的陌生世界，用“一盘散沙”来形容也不为过。虽然社区居委会在法律上是居民自我管理的自治组织，但实际上只是承接街道行政职能的准政府机构，无法实现为居民服务的职能。农村社区虽然还保持着一些传统特质，但大量“空心村”的出现也导致了“碎片化”的产生。对此，国家很早就提出社会管理创新，提倡通过社区自治实现社会治理和善治。但近年来，随着国家强调社会稳定，客观上形成了一种强化政府主导和管控基层社会的趋势。各地社区工作站的设立显现出国家触角向社会、社区延伸的态势。这无疑压缩社区自治的空间，不仅与社区居民自治相悖，也不利于社区建设和社区治理。一些地方政府在社区实行所谓“网格化”管理，即在居委会之下设立“格长”以加强政府对城市社区的管控，构建所谓“两级政府、三级机构、四级网络”的“网络化”或“网格化”城市社会管理模式，实际上是对传统的“保姆式”管理模式的复归。在政府管控思维处于主导地位的背景下，政府购买服务往往变成了“应付上面检查和考核”的应景之作和获取政绩的形象工程，承接购买服务的社会组织依附于政府、购买的社工服务“行政化”、社工站和社区服务中心的“官僚化”等自是无法避免。

社区“碎片化”和政府购买社区矫正社会服务的“形式化”导致了社区教化矫治功能的丧失。社区矫正对象回归社会的平台主要是社区，只有在社区形成一个以利益和情感为基础的共同体，并且能够吸纳社区矫正对象成为共同体一员的情况下，才能通过社区共同体的资源整合帮助社区矫正对象解决心理、家庭、就业、人际关系等方面的问题，促使社区矫正对象复归为一个社会人、社区人，社区矫正社会工作的目的才能实现。但在社区“碎片化”的情况下，社区居民参与社区公共事务的意愿和社区居民的组织化程度都很低，社区矫正对象不愿也无法参与到社区公共事务中去，其他社区居民也不关心或不接受社区矫正对象。[①] 另外，社区自治组织行政化，起不到组织和动员居民的作用，失去了居民自我管理、沟通互助纽带和公共交流平台的功能，无法形成社区居民共同的

---

① 在与社区工作人员的访谈中，他们谈道：公众对社区矫正及社区服务并不理解甚至还怀疑社区矫正的行刑效果，这造成了对社区服务目的认识的偏差。一方面，部分群众从思想上排斥社区矫正对象，一些能够提供公益劳动的场所如敬老院拒绝向社区矫正对象提供社区劳动的机会。另一方面，部分社区矫正对象也不愿在社区内参加劳动。社区服务的开展容易给社区矫正对象带来心理压力。社区矫正对象几乎不参与社区治理活动。

利益诉求和情感依赖,无法实现对社区矫正对象的教化和扶助。在这种情况下,由于政府购买的社会工作者很多不是本地、本社区的居民,很难在短时间内联系社区内外,难以有效整合社区的物质、人力、文化教育、社会资本等方面的资源,其工作除了协助执法者监督、管理之外,在提供专业化社会工作服务方面难有作为。

(四)政府购买社区矫正社会服务承接主体缺乏

国家推动政府向社会组织购买公共服务以来,社会组织获得了较快发展。特别是北京市、上海市、深圳市等地,在政府的大力扶持下,社会组织发展迅速,但实际上,这只是短暂的、局部的、表面的繁荣。这些发展起来的社会组织对政府往往有很强的依赖性,很难称得上是真正的民间组织。总体来看,我国社会组织的数量仍然很少且发展极不平衡,社会组织的质量或社会服务能力也远远落后于市民社会发达的国家,专门从事社区矫正社会工作、能够承接购买社区矫正社会工作服务的社会组织尤其少,服务能力更是参差不齐。

北京市、上海市、深圳市等地作为政府购买社区矫正社会服务的第一批试点地区,得到政府大力扶持,社会组织发展较快,但社会组织"行政化"严重,很难反映民间社会组织的实际状况,而且这种"行政化"社会组织在购买服务中处于绝对优势地位,严重影响了民间社会组织的正常发展和参与竞争的积极性。访谈中,上海某社区矫正局工作人员谈道:现在草根组织发展不起来,因为政府搞的社会组织太强大。政府扶持社会组织发展起来后如何退出是一个大问题,主要障碍是政府的管理习惯,而且社会组织自己也不愿意独立,也愿意将自己视为政府的下属单位,因为社会组织的社会认可度还不高,借助政府权威可以提高自身的社会认可度。具体而言,一方面,政府向自己组建的社会组织定向购买社会工作服务,形成了资金上的行政垄断,其他"草根组织"因为得不到政府资金又无法筹措社会资金而难以生存和发展。另一方面,由于政府可自建社会组织,再向此组织购买服务,很容易把一些不属于政府职责范围内的服务或不适宜交给社会组织提供的服务纳入政府购买服务范围,从而出现盲目购买的趋势。另外,社会组织管理体制存在的问题也影响了社会组织的发展。实践中,许多社会组织找不到主管部门或者达不到登记要求而无法获得登记,结果要么放弃申请,要么成了"非法"组织。

社会组织既是承接政府购买服务的主要对象,也是社会工作专业人才队伍生存和发展的平台。社会组织发展缓慢,特别是从事社区矫正社会工作服务的社会组织增长有限，政府向社会组织购买社区矫正社会工作服务就成了“无米之炊”。

（五）社会工作者队伍发展缓慢且流失严重

一支高素质、专业化、职业化的社会工作者队伍是政府购买社区矫正社会服务得以落实和发展的必要条件。但是，从十几年的实践来看，社会工作者队伍经历了短期膨胀之后处在了停滞状态，且社会工作者流动性极大、流失严重，队伍发展遭遇了“瓶颈”。究其原因，主要有以下几个方面：一是工资待遇差且没有保障，这是社工流失的最直接原因。社会工作者的人均工资较低，往往连该城市的平均工资水平都达不到。在物价飞涨的当下，这些工资维持生活都很难，更妄谈从业者的职业尊严。即便如此低的薪金待遇也缺乏保障，拖欠社会工作者工资时有发生。二是职责不清、工作繁重，付出与所得严重失衡。政府购买社会工作者岗位以后，往往将他们派驻到基层政府或社区工作，没有独立的办公场所和设备，工作开展依赖司法所、社区。很多原本不属于社会工作者的工作都推给了他们，专业社会工作时间被挤压，社会工作者无偿加班也完不成工作。社会工作者的收入和付出严重失衡，职业价值无从体现，心理失衡无法避免。三是社会工作职业的社会认可度低，发展空间狭小。社会上很多人不知道社会工作为何物，也有一些人包括领导干部不尊重社会工作者及其人格、劳动。最重要的是社会工作缺乏足够的职业晋升空间，社会工作者看不到未来。四是社会工作教育和实践脱节，社会工作者的素质参差不齐。许多社会工作专业的年轻学生在学校学习的理论和社会实践脱节，专业能力体现不出来，且有些人只是将现有工作当成跳板，有机会就跳槽，工作态度不够认真。有鉴于此，一些地方不愿意招聘社会工作专业毕业生，如北京，招聘社会工作者时只招年龄较大、有社会阅历、有空闲时间的人，但这些人又缺乏社会工作的理念和工作方法，服务质量和水平难以提高。由于以上但不限于以上原因，人们不愿意从事社工工作，特别是与犯罪人打交道的社区矫正社会工作，许多社区和社会组织招聘社会工作者越来越难，而现有队伍人才也在不断流失。社区矫正社会工作陷入难以为继的尴尬境地。由此可见，改变社会工作者队伍发展现状已经成了政府购买社区矫正社会服务制度生存和发展的关键所在。

（六）政府购买社区矫正社会服务中政社关系不清、权责不明

政府购买公共服务包括购买社区矫正社会服务的目的在于转变政府管理职能、改革公共服务的提供方式，将政府干不好、干不了的工作以付费的方式交

给社会组织来做。政府是公共服务购买者,社会组织是公共服务提供者,二者之间应是一种契约关系、合作伙伴关系。尽管根据行政契约理论,购买服务的行政主体有一定主导权,但也限于合同约定之权利,购买双方的平等关系不会改变。如果购买方的特权过多,服务提供方可以拒绝签约,如果购买方行使合同之外的特权,服务提供方可以依照合同追究购买方的违约责任。但在我国政府购买社区矫正社会服务实践中,双方独立、平等的关系并没有建立起来。社会组织"行政化"严重以致变成了政府的事业单位、"二政府"。一方面,许多承接政府购买社区矫正社会服务的社会组织都是政府出资组建的,注册资金、管理人员、办公场所都是政府提供的,是政府"自家的组织"。毫无悬念,这类社会组织垄断了政府购买社区矫正社会服务,名为购买服务,实则任务下派。在这种情况下,政社关系的实质就是上级和下级的领导与被领导、管理与被管理关系。当然,这可能也是制度初创时期,在民间社会组织极不发达情况下的无奈选择,正如上海社区矫正局某干部在访谈中谈到的:上海模式是政府在操办,出钱又出人,社会组织事实上成了政府的事业单位,不符合其作为民间非营利组织的性质。但这是中国的特色,没有政府的大力推动,也不可能产生这么大规模的社会组织。另一方面,政府购买公共服务(包括购买社区矫正社会服务)的内在动力不足和购买服务"运动化"才是导致政社关系不清的根本原因。部分地方政府开展购买服务工作只是为了响应号召、获取政绩,缺乏革新管理理念和管理方式的动力。部分政府工作人员对于什么是购买服务、购买服务合同的性质、政府应该提供什么、规范什么、遵守什么等,都不清楚。[①] 在这种情况下,政府购买社区矫正社会服务只是购买了一种人力,或者政府只是通过支付财政经费增加了公共事业中的辅助工作人员,所以根本不按照合同让社工独立开展专业工作,而是任意安排本属于政府部门的工作给社会工作者,按照旧有的行政方式管理社会工作者。这种政社关系有悖于政府购买公共服务的宗旨,对社会工作开展工作也非常不利。笔者与从事社区矫正社会工作的一线社会工作者访谈时,社工们不止一次提出:社区矫正对象更愿意接受社会工作的民间组织人员的身份,如果是司法人员身份不容易被接受。[②] 由此可见,保持社会组织和社工的非政府性和独立性对政府购买社区矫正社会服务的落实非常重要。

---

① 与上海社区矫正局工作人员的访谈内容。

② 与上海新航社区服务总站社工的访谈内容。

(七)政府购买社区矫正社会服务的规范化、制度化不足

《社区矫正法》第40条对政府购买社区矫正社会服务作出了规定,但该条仅简略规定了购买主体、购买方式和购买内容,未涉及职责分工、承接主体、服务标准、监督评估等内容。实践中,我国政府购买社区矫正社会服务规范化和制度化不足,主要表现在:第一,购买程序不规范、随意性强。我国《政府采购法》及其实施条例规定了政府采购货物、工程等有形物品的程序,但对购买服务的程序没有专门规定。实践中由地方政府制定指导性意见,不仅欠缺法的规范性,也难以形成统一做法。尽管很多地方根据《政府采购法》规定购买社区矫正社会工作服务要采用招标程序,但限于社会组织不发达,而且很多社区矫正事务又缺乏明确的评价标准,很难采用招标形式,所以很多都是采用单一来源购买形式。加之社会组织与政府之间的复杂关系,有一部分购买实质是"内部化"合作,购买程序不透明且形式化。第二,服务内容缺乏统一标准。社区矫正的多重属性决定了社区矫正社会工作服务有别于一般社会公共服务,既包括体现刑罚执行的惩戒功能的管控、监督服务,又包括体现社会福利的康复教育、助人自助功能的服务。实践中,社区矫正社会工作服务的具体细目如何划分、哪些服务能够纳入购买范围、哪些服务应该购买、哪些服务不适合购买等,都缺乏统一的标准和规范。各地购买合同中有关服务内容和要求亦存在很大差异。鉴于《社区矫正法》第40条第1款明确规定了购买内容,相信这种不一致的局面将大为改观。第三,服务评价和监督体系不健全。社区矫正社会服务有很多涉及社区矫正对象的心理矫正、人际关系恢复、社会技能培训等社会适应性帮扶服务,很难完全用量化标准来衡量服务质量和效果,但当前很多地方的评估采用量化形式,如举办活动的次数、家访的人数、举办培训班的次数等,这些量化指标只能反映工作的形式而不能体现工作的质量和效果。对此,已经有地方开始探索通过第三方评估机构、运用"过程"评价指标体系来进行服务评估。总体来看,我国政府购买社区矫正社会服务缺乏统一的制度规则、缺少一套完善的指标体系,导致了实践中的混乱无序,对该项制度和工作的发展产生了非常不利的影响。

四、完善我国政府购买社区矫正社会服务制度的建议

解决我国政府购买社区矫正社会服务制度发展中存在的问题,需要完善相关制度,摒弃实践中一些不适当的做法,但要真正解决问题、推进制度发展更需

要切实转变政府的公共行政理念,因为很多问题的出现都源于对陈旧观念的固守。所以,本文所提建议包括两个部分:一部分是转变理念类建议,另一部分是改进工作类建议。

(一)转变理念类建议

政府购买社区矫正社会服务是党领导下、政府主导、社会参与的一项公共管理体制改革。党政机关和社会公众转变观念,真正认同和接受这一事物是改革成败的关键。

1. 坚持保障人权、改善民生、增进福祉的理念

尊重和保障人权是宪法的终极价值,是国家和政府存在的根本目的和任务。享受最基本的公共服务是一国民众的基本权利。国家推动政府购买公共服务的动因之一就是解决人民群众公共服务需求增长和政府提供公共服务能力不足之间的矛盾。通过购买服务引进社会力量参与,政府和社会通力合作,为广大人民群众提供优质高效的公共服务,是保障人权、改善民生、增进人民福祉的重要途径。社区矫正对象是公民中的特殊群体,具有罪犯和公民双重身份。基于罪犯身份,他们应该接受刑罚处罚;基于公民身份,他们的合法权利又应当得到保障。对于前者,政府工作人员和公众认为理所应当;对于后者,部分政府工作人员和公众不易接受。因此,社区矫正对象人权的保障会遇到困难,在这个意义上,社区矫正对象也是弱势群体。为社会弱势群体提供服务是政府购买公共服务的重点内容之一,其中就包括购买社区矫正社会服务,即"花纳税人的钱为犯罪人服务"——这是政府工作人员和社会公众最难接受,也是最难转变的观念。政府购买社区矫正社会服务实践中遇到的诸多困难,根本上都源于此。

社区矫正制度是一种先进的刑罚执行制度,它的主要目的除了依法对犯罪人进行惩戒体现个体正义之外,还要通过社区教化"治愈"犯罪人的"病",通过社会力量参与帮助犯罪人顺利回归社会,从而减少重新犯罪、维护社会安宁,体现社会正义和增进公共福利。简言之,帮助犯罪人是为了消灭犯罪、帮助公众。如果认识不到这一点,看到犯罪人得到国家和社会的帮助就愤愤不平、大呼不公,就是一种陷入报应和报复观念中的重刑主义表现。

国家推动政府购买公共服务包括购买社区矫正社会服务的过程中,很多地方都积极响应,但秉持的理念和抱有的目的并不相同:有的为了解决基层工作人员短缺问题、有的为了解决城市管理难题,还有的就是为了应付上级、捞取政

绩。如此一来，一些地方政府购买社区矫正社会服务只停留在文件上；一些地方使其成为热闹的“运动”，缺乏持续性；也有地方政府购买了社会工作者却只是当杂工用，专业服务工作没人做。诸如此类，从根本上讲，就是没有真正转变观念，不理解国家大力推行购买社区矫正社会服务制度的初衷，这与政府宣传不到位有关系，和制度落实“没到底”有关系，更是传统观念的惯性使然。

总之，国家在推动新的制度之前、之中，应当加强宣传和培训，特别是要围绕制度秉持的基本理念在政府工作人员和社会公众之中形成广泛的讨论，着力引导、统一认识、转变理念，制度的顺利推行方能实现。

2. 将政府购买社区矫正社会服务作为基层社会治理体系的重要内容

城市的“单位”和农村的村集体是传统的化解人民内部矛盾、保障社会稳定的基础平台，是国家进行社会管控的“底座”。随着“单位制”的解体和村庄的没落，社区居民自治组织和村民自治组织承担起了社会管控的行政职能，这不仅在法律上与居民自治和村民自治的宗旨相悖，在实践中也因任务繁杂而成为难以负担之重。所谓“上面千条线、下面一根针”就是基层群众自治组织处境的最生动写照。基层社会成员的复杂性、异质性和流动性，基层群众需求的多层次、多样性和个性化，都与以往“单位”和“村庄”的单一性成员结构和统一性群众需求迥然相异。传统的以政府集权和管治为特征的从上而下的社会管理方式无法适应社会变迁，其固有的化解矛盾、维护治安的社会功能迅速弱化，以致城乡基层成为各种社会矛盾的聚集点，严重威胁社会稳定和人民福祉。

社区矫正是一种社区刑罚执行措施，社区矫正对象以一种特殊公民身份生活于社区之中。根据宪法和法律规定，在接受惩戒前提之下，社区矫正对象作为公民和社区居民的合法权益应当得到保障。但由于社区矫正对象的罪犯身份，社区居民和社会公众大多有排斥心理，而社区矫正对象自身参与社区公共事务的意愿也很低，加之缺乏社区社会力量和资源的支持，社区矫正对象的基本需求难以得到满足。社区矫正对象合法权利保障和基本需求的满足是帮助其顺利回归社会的重要条件。如果社区不能发挥这种功用，社区矫正就变成“社区内的监管”，而国家在社区的监管力量及其监管能力远不能满足现实需要，这不仅有悖于国家推行社区矫正制度的初衷，也会增加基层社会的不稳定因素，加剧基层社会矛盾。

预防和化解基层社会矛盾、实现基层群众安居乐业和社会安定有序是基层社会治理体系和治理能力建设的重要目标。推进基层社会治理创新要更加注重社会化参与和专业化服务,要求政府切实转变职能,改变大包大揽的管理方式,通过支持社区自治、向社区社会组织购买专业服务、培养和使用专门社工人才,形成政府主导、社会参与、多元共治的基层社会治理服务体系。政府购买社区矫正社会服务,通过与社工组织签订合同确立双方的平等地位和相互的权利义务关系,运用社会工作的理念和方法,整合社区人力和物质资源,协助监督和管理社区矫正对象,帮助社区矫正对象解决各种困难和问题、尽快适应社区社会生活和恢复社会功能,从而帮助犯罪人顺利回归社会。对个人而言,犯罪人转变为正常的社会人,开始新生活;对社区和社会而言,消除了不安定因素,保障了社会安定有序,增进了人民福祉。由此可见,在新形势下,政府购买社区矫正社会服务将是完善社区治理体系的必然选择。

总之,必须在建立和完善基层社会治理体系的视野下认识政府购买社区矫正社会服务,才能真正理解国家推行这一制度的价值,才能真正转变观念、切实推进这项制度的发展。

3. 推进政府购买社区矫正社会服务与社会组织发展的双向互动

(1)政府购买社区矫正社会服务是扶持社会组织发展的重要途径。社会组织得以生存和发展最需要的资源有两项:一是资金,二是服务项目和就业岗位。政府通过支付购买资金,将大量社区矫正社会服务交给社会组织提供,解决了社会组织生存发展的最关键问题;通过创新服务项目、增加服务岗位,并采用竞争购买的方式选择优质社会组织,政府购买服务成为最直接有效的培育社会组织的途径。不管从国际经验还是我国现有实践看,政府资助都是社会组织最重要的资金来源,政府支持都是社会组织持续发展的动力之源。当然,政府资助和支持的过程中,必须保持政府与社会组织的合作伙伴关系、明确双方的权责范围,减少政府不当干预、保持社会组织的独立性。我国现阶段存在社会组织“行政化”现象,有悖于政府购买公共服务的宗旨,更不利于社会组织的发展。这是保障我国政府购买社区矫正社会服务的持续健康所需要警惕和改进的。

(2)扶持和培育社会组织是政府购买社区矫正社会服务制度发展的根基。社会组织既是承接政府购买社区矫正社会服务的主要主体,也是具体从事社区矫正的社会工作者的存身之处。缺乏优质的社会组织或者社会组织缺乏优质的社会工作者,政府购买社区矫正社会服务也就失去根基。从现阶段的实践来看,由于社会组织发展缓慢和专业社会工作者严重流失,我国很多地方政府购买社区矫正社会服务正面临“无米下炊”的困境。虽然从统计数字看,我国注册的社会组织数量呈上升趋势，但其中很大一部分是政府出资组建或完全依赖政府生存的，纯民间、独立的社会组织发展仍处于停滞状态。由于社区矫正社会工作本身的边缘化，从事社区矫正社会工作服务的社会组织的生存发展更为艰难。因此，推动政府向社会组织购买社区矫正社会服务的前提就是扶持和培育社会组织，特别是从事社区矫正社会工作的组织。

总之，政府购买社区矫正社会服务与社会组织的发展是“唇齿相依”、不可分割的关系，忽视任何一方都对双方的发展不利，因此，应当采取措施推进二者的协同和互动发展。

（二）改进工作类建议

1. 明确政府购买社区矫正社会服务中的职责分工

我国政府购买社区矫正社会服务是政府主导、自上而下推行的，实践中党政之间、政府各部门之间的职责分工并不清晰，不符合现代社会治理体系的要求。政府购买社区矫正社会服务主要包含了三种性质的职责和服务内容：一是社区刑罚执行，二是社会服务，三是政府购买公共服务。从当前政府部门的职责分工看，分别由司法行政部门、民政部门和财政部门主管，有关政府购买社区矫正社会服务的政策文件主要也是由这三个部门制定的。从预防和减少犯罪的角度，社区矫正社会工作又属于社会治安综合治理体系的一部分，归党委政法委管理。从领导机制来看，政府系统又有政府购买服务改革领导小组，购买社区矫正社会工作服务也在其职责范围内。从中央与地方或地方间关系的角度，中央与地方、上级与下级之间的职责分工也很不清晰，导致中央积极推进、地方（特别是基层地方）热情却不高。总体而言，政府购买社区矫正社会服务的“婆婆”过多、职责不清已经是一个不争的事实：①纵向上，中央与地方的职责不清；横向上，各部门之间职责不清；党政关系上，党的部门和政府部门之间权责不清。

对此，笔者建议：（1）党的部门主要应负责政策宣传和社会动员，不宜对具体事项干预过多，基层党组织尤其需要改进。（2）社区矫正机构和社区自治组织是参与社区矫正社会服务的最重要主体，制度设计应当特别明确基层政府和社区自治组织的权责，并按照“费随事走”的原则，加大对基层的资金投放力度。

---

① 访谈中，安徽合肥某区管委会工作人员谈道：各条线主管部门对于各自的职责及关系等尚未达成基本共识。区级没有形成合力，虽然区级成立了购买服务办公室，但是各部门各自为政，不能够资源整合。除了社会事业局开展了购买服务之外，其他相关部门还基本没有开展。

(3)强调民政部门在政府购买社区矫正社会服务中的基础性地位和职责。政府购买社区矫正社会服务是基层社会治理体系的重要内容,要以社区为平台,在社区社会组织的积极参与下开展工作。因此,作为社会工作、基层社会治理工作的主管部门和社会组织的登记管理部门,民政部门应在政府购买社区矫正社会服务中发挥基础性作用。其具体职责应包括:政府购买社区矫正社会服务的国家政策和社区矫正社会服务的国家标准的制定;服务质量和社会组织信用评估;社会组织和社会工作者队伍的培育或培养,等等。发挥社会工作者联合会的积极作用,指导各地社会工作协会工作,负责社会工作者资格考试、职级评定标准的制定,职业道德和纪律规范的制定、完善和监督实施,对违背职业道德和纪律的社会组织和社工给予处罚等自律性管理。(4)司法行政部门作为社区矫正主管部门,根据发展规划和服务需求,确定政府购买社区矫正社会服务计划,编制和申报项目预算,采购和评价项目,做好社区矫正对象社会服务工作。司法行政部门对承接服务的社会组织进行业务指导,但不能违背合同规定。(5)在中央与地方职责划分上,由于社区矫正社会服务主要是一种地方性事务,地方政府承担主要责任,包括合同签订、经费支付、服务质量监督等。同时,社区矫正本质上是刑罚执行制度,政府购买社区矫正社会服务的效果涉及社会公共利益和国家利益,中央也应承担相应责任,包括制定政策、发布标准以及通过财政转移支付给地方政府提供财政支持。

2. 理顺政府购买社区矫正社会服务中的政社关系

政府购买社区矫正社会工作服务实践中,由于承接政府购买服务的社会组织"行政化"倾向严重,导致政府购买"形式化",购买合同不能真正成为界定政府与社会组织关系的依据,导致权利义务模糊不清,而且合同形式并未成为政府购买社区矫正社会服务的法定形式,实践中存在的其他购买形式更无法区分政社职责。

对此,笔者建议:(1)在区分服务类型的前提下,凡适合采用政府购买服务的社区矫正社会服务项目,均应采用合同形式进行购买。(2)在大力培植社会工作组织的基础上,改变政府出资方式,拓展社会融资渠道,保持社会组织的独立性,减少政府的不当干预。(3)实现政府购买社区矫正社会服务中的政社关系的法治化,制定《非政府组织法》或完善《政府采购法实施条例》或完善政府购买社会工作服务的政策文件,明确政府与承接服务的社会组织之间的平等地位和相互权利义务关系。

3. 着力扶持和培育社会组织

民间社会组织发展缓慢是我国政府购买社区矫正社会服务不能得到很好发展的根本原因。民间社会组织发展缓慢的原因在于我国缺乏扶持社会组织发展的配套政策。改变这一现状可以借鉴外国经验并结合我国实际，主要从以下几个方面着手改进：

(1)改变我国的财政扶持方略，从“授之以鱼”向“授之以渔”转变。我国当前财政扶持社会组织发展一般采用项目资助、资金补贴等方式，这些方式数额少、申请难，很少社会组织能得到，即使得到也是杯水车薪。最有效的办法是通过税收优惠政策，包括针对社会组织自身的免税政策和针对向社会组织捐赠的企业免税政策等，引导社会资本向社会组织聚拢，实现社会组织“从无到有”“从弱到强”。通过税收优惠政策间接为社会组织提供资金，既能够避免政府对社会组织的过度干涉，又能够保障社会组织较为稳定的资金来源，从而推动社会组织大发展。

(2)改变以“管制”为主的“国家法团主义”社会组织登记管理体制，实现从“严进宽出”到“严进严出”、“宽进严出”的转变，以及从“入口监管”到“过程监管”的转变。我国社会组织登记管理体制的核心就是“管制”，妨碍了社会组织的发展，具体表现为：“双重管理”导致注册难；公募资格限制导致筹资难；过于依赖政府资金导致生存难。管制体制源于“国家法团主义”理念，即“提倡一种强国家或积极国家的发展格调，强调社会组织数量的有限性、发展的非竞争性、结构体系的等级性、代表地位的垄断性及其权力行使的国家主控性等，并通过制度化、规则化的联系通道把各种社会组织有机地吸纳、统合或融进国家可控的政治决策系统中，试图将社会组织改造成具有协调、控制作用的社会团体，最终达致国家和社会之间的有机融合。”①要真正推动社会组织发展，必须以开放和多元的理念，为社会组织发展营造宽松的环境。当然，也不能照搬美国经验，完全采取社会选择、市场化运作的模式，应循序渐进，先从加强行为监管、过程监管开始，实现“严进严出”；然后，逐步放松“入口”监管，以直接登记为主、双重管理为辅，实现“宽进严出”。

(3)大力推动志愿者组织发展，培育志愿者文化。我国社会组织发展缓慢和政府购买社会服务难以落实的重要原因是缺乏培育社工的文化土壤，即志愿

---

① 齐久恒：《中美社会组织发展实践的差异考量》，载《东疆学刊》2014 年第 1 期。

者文化。社会工作者数量少,特别是优质社会工作者稀缺,从根本上源于社会公众缺乏社会工作观念和训练。单纯学校社会工作专业培养的学生,难以满足社会工作的需求,而且因为就业难、职业地位低、待遇差等原因,很多社会工作专业的学生并不从事社会工作,现职社会工作者也流失严重。从美国经验看,在志愿者文化背景下,大量市民志愿者不仅义务提供了许多本应购买的公共服务,更成为专业社工队伍的优质人才储备库。因此,应将推动志愿者组织发展、组织志愿者活动、培养志愿者文化作为当前以及长期的重要工作。

4. 为社会工作者队伍建设创造良好体制环境

当前政府购买社区矫正社会服务的一个"瓶颈"就是专业社会工作者的缺乏,社会工作质量难保障,数量上也远远不能适应社区矫正社会工作的需要。社会工作者队伍,特别是从事社区矫正的社会工作者队伍发展缓慢且流失严重,其主要原因在于社会不认可、不支持,社会地位低,职业发展空间狭小,待遇过低等。针对上述问题,笔者建议:

(1)深入基层和社区大力宣传,提升社会工作(特别是社区矫正社会工作)的社会知名度和美誉度。社区矫正社会工作的宣传不能仅限于"发发文件""成立小组""建立中心"。可以借鉴国际社会的"黄丝带行动"模式,或推广上海的"公益园"做法,营造全民参与和全社会支持社区矫正对象回归社会的氛围。

(2)加强"大墙内"宣传,提高监狱工作人员和监狱服刑人员对社区矫正制度和政府购买社区矫正社会服务的认识。笔者在调研中了解到,监狱工作人员对社区矫正的正面评价不多,监狱服刑人员和假释人员不了解社区矫正制度,[①]导致许多假释犯回到社区后对社区矫正社会工作产生抵触心理,这对社区矫正社会工作的影响不可忽略。

(3)加大政府购买社区矫正社会服务的财政保障力度。

(4)合理提高社工(包括矫正社工)的待遇,"制定完善有利其职业发展的配套措施"[②],同时适当提高社会工作的准入门槛,培育高待遇、高地位的"精英社工队伍"。"要研究完善社区矫正社会工作者奖励政策,对在社区矫正工作中作

---

① 笔者在上海与假释人员的访谈中了解到此情况。

② 王爱立、姜爱东主编:《中华人民共和国社区矫正法释义》,中国民主法制出版社2020年版,第209页。

出突出贡献的组织、个人，按照国家有关政策给予表彰、奖励。”①

(5)研究改进社会工作的职业阶梯机制，建立社会工作从业经验与其他职业准入之间的链接，拓展社会工作的职业发展空间。

5.以未成年社区矫正对象的矫正社会工作为突破口，推进政府购买社区矫正社会服务的落实

政府购买社区矫正社会服务中最大难题就是社区排斥，即社区居民不愿意与犯罪人生活在同一个社区，更难接受国家购买服务帮助犯罪人。但从调研情况看②，针对未成年人或服刑人员的未成年子女进行的矫正或帮扶服务相对容易获得社区居民的认可。因此，建议以购买未成年社区矫正对象的矫正社会工作服务为突破口，大力宣传并深入推行，然后向社区矫正对象的未成年子女、老弱病残的社区矫正对象等“弱势”的、危险性小的社区矫正对象群体发展。在形成社会和社区帮扶犯罪人的一定氛围之后，再实现全覆盖。当然，从平等的角度来说，其他社区矫正对象的矫正帮扶工作也必须同时展开，否则会引起他们的不平等感以致产生不利影响。在同时推进的过程中，突出对社区矫正对象中的弱势群体的帮扶，不管是社会公众还是其他社区矫正对象都易于理解和接受。

6.强化政府购买社区矫正社会服务的法律规制

可考虑从以下几个方面强化政府购买社区矫正社会服务的法律规制：(1)借鉴日本做法，③尽快制定《政府购买公共服务法》。在此之前，可由国务院制定《政府购买社会工作服务条例》，专章或专门规定政府购买社区矫正社会工作服务，明确政府购买社区矫正社会工作服务的宗旨、方针，规定政府各部门的职责、政府购买方式、服务内容、评估方式等内容。(2)相关法律也应作出修改和完善，如在相关税法中加入对承接政府购买服务的社会组织的税收优惠内容等。(3)在法律出台之前，应由司法部牵头，与财政部、民政部联合制定《政府购买社区矫正社会服务办法》，对购买方式、购买程序、职责分配、服务内容、服务

---

① 王爱立、姜爱东主编：《中华人民共和国社区矫正法释义》，中国民主法制出版社2020年版，第209页。

② 2016年下半年，笔者对河北省、河南省、湖南省、山东省等省份多个社区的社区工作者和社区居民进行了调研。

③ 日本政府专门制定了《关于导入竞争机制改革公共服务的法律》，在这一法律中，专门规范了引入竞争机制提供公共服务的宗旨、方针以及政府行政机构的职责、公共团体的职责以及民间部门的职责等。

标准、服务保障、效果评估等内容作出规定。(4)在中央立法和中央部委规章出台之前,各地方人大应尽快总结本地经验,制定本地的《政府购买社区矫正社会服务条例》,先行实现地方法治化。

总之,政府购买社区矫正社会服务要循序渐进地实现法治化,先从地方立法做起,由北京市、上海市、深圳市等试点较早、制度成熟的地方人大制定地方法规,实现地方法治化。等时机成熟以后,统一制定相关法规和法律。

专题五

区块链在智慧社区矫正建设中的应用

梅传强　周鹏程

摘　要:《社区矫正法》的出台是我国社区矫正制度从无到有,从粗到细,从理论移植到制度创新,从试点探索到经验总结的阶段性成果。但是,不可否认,社区矫正仍存在调查评估静态单一、数据孤岛问题突出、行政主导力量单一等困境。打造"数据收集广泛真实、数据共享精准快捷、数据运用节制合理"的智慧化社区矫正模式过程中,区块链技术具有分布式记账、透明性较强、去中心化管理、难以篡改等特征,在社区矫正中有着广泛的应用前景和潜力,有助于推动社区矫正工作朝着调查评估动态中立、数据信息协调共享、三位一体协商共治方向发展。同时也必须重点关注区块链技术应用过程中可能出现的问题。

关键词:社区矫正　区块链　调查评估　数据共享　社会参与

2003年最高人民法院、最高人民检察院、公安部、司法部联合颁布《关于开展社区矫正试点工作的通知》,这标志着社区矫正制度建设在我国进入探索试点阶段。2009年社区矫正制度被推向全国实施开来,2012年我国总结实践经验并出台了《社区矫正实施办法》。最终我国全国人大常委会于2019年12月28日决议通过《社区矫正法》,体现了国家治理能力和治理体系现代化发展。目标既定,征程尚远,在社区矫正制度得到顶层法律制度支持、实践经验立法化总结的同时,社区矫正工作的监管和评测工作仍然面临着矫正力量单一、工作衔接滞后、部门信息碎片、评估缺乏数据等问题,阻滞了社区矫正制度的完善,影响教育管理和监督帮扶的效果。有鉴于此,司法部以“智慧矫正”为突破口,在2019年1月下发《关于加快推进全国“智慧矫正”建设的实施意见》,决定运用互联网、云计算、物联网、大数据、人工智能和区块链等现代信息技术对传统社区矫正工作进行全方位改造,推动社区矫正工作从人工管理到网上管理,从数字管理到智能化管理,全面提升社区矫正工作现代化水平。随后在2020年9月26日,司法部发布《智慧矫正总体技术规范》《智慧矫正远程视频督察系统规范》两项具体实施方案,为加快和规划推进全国“智慧矫正”提供了统一的标准。

经过多年的理论探索的不断加深和司法实务的贯彻落实,社区矫正制度多元协商共治的基本格调已经形成,新近推行实施的“智慧矫正”也更加注重多元主体网格化参与,大数据运用也在资源整合、资源共享等方面大放异彩。但需要注意的是,社区矫正采用的大数据管理方式也带来诸多新的问题,譬如部门间数据资源交流不畅、公民个人信息保护、调查评估数据真实性等问题。这也就意味着“智慧矫正”不应仅偏重于数据的收集和运用,也更应当注重数据真实性和数据保密性等敏感问题,而原有的网络技术结构远不足以担负起这一改革任务。区块链技术具有分布式记账、透明性较强、去中心化管理、难以篡改等特征,在社区矫正中有着广泛的应用前景和潜力。正是由于区块链技术有上述优点,所以引起社会各个领域的关注和重视,有的国家甚至将其视为“未来科技的战略高地”。2016年10月,工信部发布《中国区块链技术和应用发展白皮书》,该文件将区块链定位为“提升社会治理水平的有效技术手段”。2019年10月24日,习近平总书记在中央政治局第十八次集体学习时强调把区块链作为核心技术自主创新重要突破口,加快推动区块链技术和产业创新发展,凸显了我国高度重视区块链技术的发展。区块链技术应当在“智慧矫正”这一建设目标中作为制度改革和技术创新的突破口,助力社区矫正分布式管理,打造“数据收集广泛真实、数据共享精准快捷、数据运用节制合理”的智慧化社区矫正模式。

一、司法实务现状与学界研究进程

按照司法部的统一部署,各地司法行政机关积极探索智慧社区矫正建设方案并不断积累经验。以湖南省为例,2016年湖南省开始正式启动智慧社区矫正建设,湖南省社区矫正管理系统通过省发改委立项、省财政厅审批同意建设,至2018年年初将全省社区矫正对象、机构工作人员、志愿者等相关人员基本信息录入系统。2019 年 1 月司法部将湖南省作为"智慧矫正"试点省份,湖南省立即制定并出台具体实施方案,至 2020 年全省"智慧矫正"专项经费拨款投入约 7000 余万元,全省总投资接近 1 亿元。2019 年 12 月,湖南省社区矫正管理局被司法部评为"全国社区矫正工作先进集体";2020 年 12 月,湖南省智慧矫正一体化平台获评"全国政法系统智能化建设十大创新案例"。历经四年,湖南省"智慧矫正"建设成果可谓硕果累累,但仍有不足。智慧矫正建设是"数字法治、智慧司法"的一个重要组成部分,是推动现代信息技术深度融入社区矫正工作实现数字化、网络化、智能化发展运行的重要手段。但在智慧矫正建设过程中,湖南省社区矫正管理局局长曾坦言,"在实现社区矫正工作实践与智能化应用深度融合方面缺少突破性成果,智慧矫正的智慧成分尚未充分体现"①。究其根本,在于智慧矫正中的互联网、物联网、大数据、云计算的运行都必须以个人信息数据为前提,数据资料必须广泛真实,数据交流必须便捷快速,否则互联网、物联网、云计算、人工智能等也"巧妇难为无米之炊"。区块链技术以分布式储存为核心,以哈希密码为技术支持,其不可篡改性、可追溯性、公开透明性可在最大限度进行数据收集和数据交流。

学界对于区块链技术的研究运用可以大致分为三个阶段,分别是以数字货币为特点的 1.0 时代、以智能合约为特点的 2.0 时代、以分布式社会管理为特点的 3.0 时代。2009 年中本聪启动以区块链为技术支撑的比特币客户端,开启了区块链 1.0 时代。比特币(Bitcoin)是第一个区块链技术运用的成熟产物,并且由此引发了社会各界对区块链技术应用的广泛关注。在这一阶段的区块链技术运用研究主要集中在货币转移、电子支付以及数字资产交易等领域,利用区块链技术保证比特币在不借助央行、银行及其金融机构结算的前提下,实现货币的产生与流通。因此,区块链 1.0 也称为数字货币阶段,典型例子为比特币等。但是区块链 1.0 阶段中,比特币网络中唯一的权益证明只有比特币,其协议拓展性严重不足,无法适用于更高级别的场景。并且多数学者均认为区块链可以作为一项独立的技术运用在更加广泛的领域,与比特币并不存在必然的联系。郑戈认为,区块链技术与比特币的命运绝非息息相关,无论比特币最终归向何处,区块链将继续具有强大的革命性的饱满的生命力已是不争的事实。②

---

① 侯迁广:《"智慧矫正"的湖南实践及评析》,载《中国司法》2021 年第 3 期。

② 郑戈:《区块链与未来法治》,载《东方法学》2018 年第 3 期。

以太坊的出现向人们证明,区块链的发展将极其迅速。区块链技术脱离于比特币,以“智能合约”(交易代码)为特点广泛运用于经济、金融、保险、债券等领域,这一阶段的特点为“智能合约”一旦达成,代码就会自动履行。李西臣认为,智能合约的履行应当认为具备合法性,但要重点考察当事人的真实意思表示。[①] 区块链3.0(分布式社会)阶段超越了数字货币、金融领域适用的范围,广泛运用于社会管理、科学教育、身份认证、物流运输、产权确认等领域。诸多学者以利用区块链进行社会治理为目的进行研究,并认为区块链以去中心化的共识机制为技术基础,为打造“分布式可信任社会”提供了可能。曹海军、侯甜甜认为,区块链技术可以从数据库、互联网协议、分布式记账方式以及技术方案四个方面进行社会治理手段和方式的创新。[②] 刘志阳、陈咏昶认为,区块链技术作为新技术领域中的重要领域,可以打造一个深度整合、开放、实施、共享的信息分享平台,优化社会管理方式。[③] 社区矫正制度作为社会治理、民众参与的重要手段和途径,与区块链去中心化的分布式管理具有天然的契合性。

2018年9月6日最高人民法院发布《关于互联网法院审理案件若干问题的规定》,第11条第2款规定“当事人提交的电子数据,通过电子签名、可信时间戳、哈希值校验、区块链等证据收集、固定和防篡改的技术手段或者通过电子取证存证平台认证,能够证明其真实性的,互联网法院应当确认”,首次认可利用区块链技术进行存取的电子证据可以依法采纳。2018年11月5日佛山市禅城区宣布打造了全国首个“区块链+社区矫正”信息化综合管理联动平台(社矫链),成功填补了实践中区块链技术在社区矫正工作中运用的空白。区块链技术作为新兴科学技术运用到社会管理事务时间不长,但是全国各地已经开始大力推进开展“社矫链(社区矫正+区块链)”项目。相对比区块链技术在司法实务中的积极探索,学界较少有文章从理论层次叙述区块链技术与社区矫正工作的现状、研究其可行性以及未来如何发展完善等问题。区块链技术在社区矫正的适用既是机遇也是挑战,无论何时都应当坚持法律与科技、理论与实践相结合的态度。司法实践为理论研究提供了研究对象和实证数据,反过来理论研究

---

① 李西臣:《区块链智能合约的法律效力——基于中美比较法视野》,载《重庆社会科学》2020年第7期。

② 曹海军、侯甜甜:《区块链技术驱动社会治理创新:价值审视、可能挑战与路径展望》,载《东南学术》2020年第4期。

③ 刘志阳、陈咏昶:《全数字技术——社会新范式:以区块链社会创新为例》,载《东岳论丛》2020年第8期。

应当及时总结经验，为司法实务改革把握方向、提供指导。而学界鲜有专门讨论区块链和社区矫正的文章。笔者在知网以“社区矫王”和“区块链”为关键字，仅有三篇学术文章。郭清华工程师认为，区块链技术可以为社区矫正提供技术手段，较好解决数据互通、互信问题。① 司法局工作人员彭兵、林立认为区块链技术的定向访问授权可以较好地解决安全与共享的问题，提升社区矫正的公信力。② 袁建涛老师结合地方推行区块链技术与社区矫正制度的深度结合，认为有利于以“智慧矫正”提升社区矫正水平。③ 这说明我国关于社区矫正与区块链相结合的学术研究较少，理论总结经验较晚。现有研究无法有效回应区块链技术是否能够帮助解决社区矫正中的实践困境，也缺少关于区块链技术在社区矫正制度中应用前景的探讨。较之以往有关社区矫正与区块链实务探索和理论研究，本文采取更为有针对性、细致化的研究，从社区矫正对象、矫正机关、社会公共三个角度出发，从人身危险评估、部门数据交流、社会多方参与三个方面入手，回应区块链技术在社区矫正中究竟为什么要引进，采取区块链技术究竟要解决社区矫正工作中的什么问题以及区块链技术运用中应当注意哪些方面等问题。在区块链＋社区矫正法治化改革探索中，要结合社区矫正的现实困境，立足区块链技术，学术研究要为顶层设计提供详实的现状叙述和经验总结，如此有利于把握方向、回应实践，以达到提高社区矫正信息化水平与推动信息共享的目的，促进国家治理体系和治理能力的现代化发展。

二、社区矫正所面临的现实困境

（一）调查过程静态僵化，评估缺乏客观中立

社区矫正属于非监禁刑，是在监狱或看守所执行刑罚的替代性执行方式，因此在调查评估的过程要重点考察行为人的人身危险性大小。而如何认定人身危险性将直接影响到社区矫正制度的运行效果和预期目标。因此，最高人民法院、最高人民检察院、公安部、司法部分别于2012年1月10日和2016年8月30日发布《社区矫正实施办法》和《关于进一步加强社区矫正工作衔接配合管理的意见》，这两份文件中均明确评测拟适用社区矫正的被告人、服刑人员人身

---

① 参见郭清华：《区块链赋能社区矫正研究》，载《信息与电脑（理论版）》2020年第11期。

② 参见彭兵、林立：《“社区矫正＋区块链”建设应用构想》，载《中国监狱学刊》2020年第3期。

③ 袁建涛：《区块链在社区矫正中的运用：探索实践和政策建议》，载《邵阳学院学报（社会科学版）》2020年第4期。

危险性的要求和方法。《社区矫正法》第 18 条规定,“社区矫正决定机关根据需要,可以委托社区矫正机构或者有关社会组织对被告人或者罪犯的社会危险性和对所居住社区的影响,进行调查评估,提出意见,供决定社区矫正时参考。居民委员会、村民委员会等组织应当提供必要的协助”,再次重申调查评估的重要性。自 2003 年社区矫正社会调查评估制度试点推行以来,就面临着顶层设计缺位、调查评估模糊、工作人员不足等问题,《社区矫正法》的出台仅是社区矫正调查评估制度完善的开端。就时间维度方面上看,我国调查评估程序确立较晚。就规范维度上看,调查评估程序规定过于粗糙。调查评估程序属于社区矫正制度中的薄弱环节,一部法律的出台并不足以改变司法实践中的惯性,要推动应然层面向实然层面的有序转化。

学术界和实务界高度重视调查评估的功能和作用,该评估体系已经初步建立。如早期的司法部监狱管理局、中国科学院心理研究所、中国政法大学、中央司法警官学院联合进行的犯罪心理学评估研究,重点从 13 个维度分析影响犯罪的因素。但是参考北京、上海等多地关于社区矫正对象危险评测表格不难看出,从研究方式上我国关于人身危险性评估多采用统计式的模式,将与犯罪可能有关的因素一一列举,并且赋予不同的分值,然后将调查对象的情况对应后得出分数,从而划分危险等级。尽管基本上满足了社区矫正调查评估的基本需要,但是不容忽视的是统计式的量化评估仍有许多需要改进完善的地方。社区矫正对于被矫人员有三大核心任务,分别是正确评估其人身危险性、精准帮扶其掌握技能、促使其回归社会。[①] 统计模式具有表格因素明确,实践操作简单等优点。但是,在该模式下,具有理性思想的人被简单地划归于统计概率学中的对象,将人一生的经历简单化为几个单元部分,在尽量保证诱发犯罪因素的全面性的前提下,缺乏对引起犯罪主要原因的深入剖析,其所得出的准确性值得商榷。调查评估表格静态地用某个时间节点预测社区矫正人员的再犯可能性,难以长期性、阶段性地动态评估其人身危险性状况,违背了人格发展具有动态性、阶段性的特征。这也是我国目前为止尚未发布全国适用、标准统一的调查评估测量表格的重要原因之一。司法部没有统一出台全国范围适用的调查评估表所延伸出的另一个问题便是各个区域各自为政制定的调查评估表有内容繁杂、主观臆断、质量参差不齐的问题。首先,调查评估时间仓促,调查对象的

① 何显兵、廖斌:《论社区矫正分级处遇机制的完善》,载《法学杂志》2018 年第 5 期。

相关信息一般要自进入诉讼之日起调查评估机关方才开始搜集，时间过于仓促，无法全面评估调查对象的“人身危险性”；其次，调查评估主观臆断较强，全国各地区的调查评估表中多出现“家庭成员是否和睦”“被调查评估者是否具有责任心”等问题，这类问题的主观判断极强，缺乏相应的客观资料予以佐证，显得不够科学严谨，也给司法腐败埋下隐患；最后，调查评估缺乏类型化个性考量，各个地区基本仅制定一套完整的调查评估表，不区分年龄、罪名等显著差异，无法合理配置评估重点和分值权重。

根据相关部门的统计，自 2003 年 7 月开展社区矫正试点工作以来，社区服刑人员在矫正期间的重新犯罪率一直保持在 0.2% 的较低水平。① 这反映出我国社区矫正制度效果发挥较好，基本达到制度设立之初的愿景。但是也必须认识到，社区矫正工作承载着国家和社会双重犯罪预防的功能，社区矫正对象在矫正期间能否遵纪守法仅是矫正效果的一方面。调查评估按照发生的阶段可以分为审前调查评估、社区矫正过程中调查评估和矫正结束后调查评估。审前调查评估和过程中调查评估的结果将对社区矫正对象产生直接影响，所以被广为重视。但社区矫正结束后调查评估长期缺乏重视，而在社区矫正结束后，社区矫正对象能否真正回归社会也应当纳入考察范围中。失衡现象出现的主要原因是缺乏后续跟进的措施。调查评估主体的调查评估过程缺乏监督，会加剧调查评估静态僵化、缺乏客观中立的情况。

（二）数据孤岛问题突出，信息交流模式滞后

社区矫正本质上说是一项综合性的社会治理制度，仅仅某一个机关或者部门难以真正实施好工作，发挥出政府和社会共治、社区矫正机构和社区矫正对象共赢的效果。2019 年 9 月 30 日司法部发布《智慧矫正移动应用技术规范》，并对社区矫正智能化发展作出规定，要求建立“纵向贯通部、省、市、县、乡五级，横向联通法院、检察院、公安和相关部门，融合大数据分析、人工智能、移动互联和物联网等技术，集成社区矫正各项智慧化融合应用”。各地社区矫正的电子政务互通系统建立如火如荼展开，显著提升了社区矫正部门的信息公开和数据共享的水平。我国社区矫正信息化发展迅速，已经由数据化建设转向为智慧化建设，如上海市杨浦区建立社区矫正信息指挥平台，实现了“一网四化，一键通

① 参见司法部社区矫正管理局编：《全国社区矫正发展情况与数据统计》，法律出版社 2017 年版，第 10 页。

矫”。但是,我国社区矫正工作仍然面临信息指数式爆炸增长和部门之间、政府与社会组织之间的数据孤岛问题。数据孤岛一般认为是由于各部门之间体制差异较大,其数据库建设缺乏统一标准而导致无法进行正常的数据交流。① 数据孤岛可以分为物理孤岛和逻辑孤岛,前者指社区矫正部门之间信息彼此独立、互不关联、难以共享;后者指的是社区矫正部门之间信息共享后,由于对所想要获得信息要求标准、逻辑立场不同,往往会对信息作出不同的解释,甚至是误解,导致数据共享的信息并不能被有效利用,原本的数据共享成为“无用信息的滥觞”。

在过去几年中,我国社区矫正信息数据发展方向多为发展部门单位内网,数据仅在部门内部流通,单位外进行信息共享较为困难。数据孤岛出现的因素主要体现在以下方面:第一,“不能共享”,各部门运行的信息库的管理标准不一,投入资金的多少导致其信息库良莠不齐,数据库连接缺乏共通的技术基础。因此在缺乏技术革新的情况下,无法保证数据的真实性,由此可能带来的行政问责,会导致社区矫正有关部门形成“块状分割,协同失调”的局面。第二,“不敢共享”,数据信息取代传统物质载体成为信息流通交换的媒介,在带给人们便利快捷的同时,也丧失了物质载体原有的客观性、可靠性、原始性等优点,其所依赖的计算机信息网络容易被攻击、电子数据信息本身也容易被篡改。现有的互联网技术难以避免非法访问、恶意篡改、隐私侵犯、网络钓鱼等诸多风险,因而不能保证安全地进行数据共享。② 电子数据可复制性强,部门信息共享的同时也增大了信息泄露的潜在风险。第三,“不愿共享”,部分司法行政机关认为共享信息后会影响到本单位独立运行,加之共享信息激励机制不够,分享信息意愿薄弱。我国社区矫正的信息共享应用模式相对滞后。我国社区矫正信息系统共享可以大致分为以下两种模式:第一种是信息共享采取单点对单点模式,具有“去中心、单条线”的特征。第二种是信息共享采取建立信息收集系统,即总点对多点模式,具有“单中心,多条线”的特征。上述两种模式均各具优劣。

第一种模式(如图5-1)从效率上看,明显表现出部门间信息共享只存在单线联系,几乎没有整体协调合作的机会。原始信息收集部门和共享信息接收部门呈现单线联络,信息来源单一、内容标准混乱。从经济上看,原始信息收集部

---

① 徐琳、袁光:《区块链:大数据时代破解政府治理数字难题之有效工具》,载《上海大学学报(社会科学版)》2020年第2期。

② 石亚军、程广鑫:《区块链+政务服务:以数据共享优化政务服务的技术赋能》,载《北京行政学院学报》2020年第6期。

门和信息接收部门搭建网络专线，在专网环境下进行信息交换，与其说部门之间进行了信息交换共享，不如说是搭建了一个更为庞大的内网系统。该模式下，多部门信息交流以单线为主，搭建专线成本高，信息重复发送频率高，其本质只是单纯的政务信息交换，远未达到共享程度。同时，各个部门各自又拥有自己的数据库，享有对该数据库的绝对支配权，在某些利益驱动下，出现虚假数据的可能性较大，对于造假信息也无制约方式。

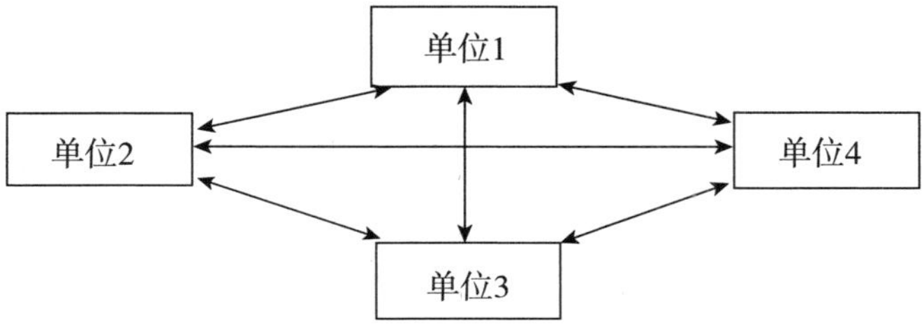

图 5－1　单点对单点模式

第二种模式（如图 5－2）从效率上看，往往是由主要执行部门（司法行政机关）或者上级部门（政府、政法委）负责中心信息系统的收集和维护工作，便利在于政务协作工作标准统一。但是，中心数据库仍然不能解决数据实时共享的问题。例如，数据采集后储存在本部门数据库而没有上传，或是上传后其他单位没有及时更新数据库。该模式也会增加安全隐患，将多个部门的数据统一由一个信息中心数据库收集和储存，加大了信息泄露的安全隐患，过于集中的数据容易被攻击或者盗用。

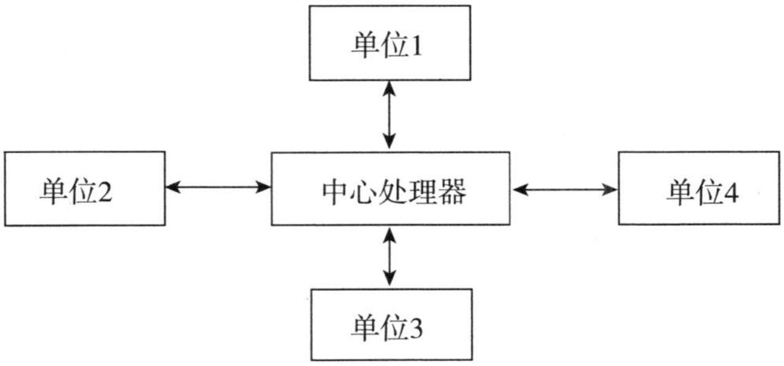

图 5－2　总点对多点模式

（三）行政主导力量单一，多元主体缺乏参与

社区矫正制度是将符合法定条件的罪犯进行社会监督和教育改造，是为了实现社区矫正对象顺利回归社会，避免因刑生罪的恶性循环的目标，符合行刑

轻缓化的趋势。社会力量的参与是社区矫正的应有之义,也是社区矫正工作的本质特征之一。[①] 社区矫正本身是市民社会的产物,与监禁刑最大的不同之处就在于社会的参与性,强调国家治理和社会治理相互交融,自上而下和自下而上管理双轨并行,从而达到多元主体协商共治,社区矫正良性循环的局面。尽管自计划经济结束,改革开放以来我国社会已经由"单位制"的总体同质向"原子化、个体化"的多元分化方面发展,但是由于历史原因我国公权力表现得往往比较强势,涉及社会生活各个领域,客观上压缩了市民社会独立生长的空间,缺乏内生性的社会组织结构,这一现象问题仍然突出。我国社区矫正制度能够在短短十几年间蓬勃发展,多依赖于政府行政主导,也得益于政策强势推进。由此可以看出,我国社区矫正机构从一开始就采取了行政力量主导自上而下的单一治理轨道,治理主体越位进一步削弱了民众的参与责任和治理热情,长此下去,社区矫正制度可能陷入恶性循环,与其制度设立的预期目标和内在价值背道而驰。我国政府带有"大包大揽"的历史属性,加之民众缺乏主动参与社会管理的意识和途径,在社区矫正制度中形成"行政力量膨胀,社会参与不足"的局面就不足为奇了。社区矫正的多元主体参与、协商共治的局面应当在政府搭建的制度体制中,由政府主导方向,疏通参与渠道,让更多的社会团体和成员参与到社区矫正工作之中,承担技能培训、心理建设、情绪安抚等具体工作,以发挥社区自我管理、自我恢复、自我发展的机能。

在社区矫正制度建设中,上海市独创了"上海模式",试图超越行政管理方式,采取向社会引智、购买专业服务、组建社工队伍、吸收社区资源的手段推进其社会化。从效果上看,上海模式遵从了"小政府、大社会"的治理观念,与社区矫正内在价值相契合,已经形成"政府主导推动、社团自主运作、社会多方参与"的布局结构,提高了社会公众参与热情,补足了社区组织管理能力,推动了市民社会顺势发展,增强了双轨治理良性互动。近几年来社会力量不断介入社区矫正领域,但是仍不能满足社区矫正工作本身的需求。[②] 上海模式其背后仍带有浓厚的政府控制主义思想,第三方机构独立性缺失。如上海市的"新航社区服务总站"(以下简称"新航"),其资金来源主要依赖于政府的购买资金,社区矫正过程中向社会购买服务的购买者和服务提供者的地位应当是平等的,这种平等

---

① 吴宗宪:《我国社区矫正法的历史地位与立法特点》,载《法学研究》2020 年第 4 期。

② 连春亮:《我国社区矫正制度的"内卷化"及其破解之道》,载《犯罪研究》2020 年第 6 期。

关系一旦被打破势必导致司法行政机关重回强势地位，社工服务组织成为其下属甚至是附属机构，司法行政机关以购买社区矫正服务为名，行扩张编外工作人员名额之实，最终导致购买来的服务逐渐“行政化”。同时，我们必须要警惕另一个极端，《社区矫正法》第 8 条第 1 款规定：“国务院司法行政部门主管全国的社区矫正工作。县级以上地方人民政府司法行政部门主管本行政区域内的社区矫正工作”，再次申明我国的社区矫正主管机关为司法行政机关，在购买社会服务的同时要防止对社会团体组织的过度依赖，以避免政府权力空心化的情况出现。

购买社会服务的缺点还在于容易造成行业垄断，社会公众仍然缺乏参与渠道。从上海社区矫正建设十多年的发展来看，“新航”长期包揽着社区矫正第三方服务，没有其他机构与政府合作从事社区矫正工作。[①] 从市场经济的供给需求原理出发，缺乏竞争压力的服务质量难以保障，进而影响第三方机构在社会公众中的信任程度。社区矫正制度中采取“购买服务”的方式，提供一定资金鼓励民间团体参与到社区矫正工作中来，这也代表政府有意识地转变社会管理方式，愿意将部分社会工作和管理职能过渡给有能力组织管理的社会团体。但“新航”长期包揽社区矫正第三方服务的事件也侧面反映出我国社会团体尚未真正成长起来，因此政府如何切实厘清司法行政机关和第三方机构的权责关系、引入竞争机制，搭建社会公众参与社区矫正的管理和监督渠道成为当务之急。

三、区块链在智慧矫正中的具体适用

我国社区矫正制度自 2003 年开始正式实施，形成了三种特色鲜明的工作模式。第一种以北京为代表的司法行政主导模式，第二种以上海为代表的社会化工作模式，第三种以深圳市为代表的购买岗位制度模式。以上三种模式为我国社区矫正制度化提供了示范。但是不得不承认，以上三种模式均无法突破前文所述的现实困境。2019 年 11 月 16 日，司法部于南京举办了“区块链 + 法治”论坛，指出司法实务中已将区块链技术适用于社区矫正中。在此之前，也有多省份发文要大力推进区块链在社区矫正中的适用，如山东省司法厅发布《全省“智慧矫

---

① 刘淑妍、孙辉：《上海社区矫正第三部门参与失灵及其矫正——基于公共物品供给的视角》，载《同济大学学报（社会科学版）》2019 年第 1 期。

正”建设试点工作实施方案》。较之以往三种典型的工作模式已有较大改革成效,但是从整体上看,我国关于“社矫链”的改革仍处于探索阶段,尚未形成典型。

区块链作为一种新兴独立的科学技术,以共识机制为核心,以互联网和密码学为基础,通过分布式的记账模式可以建立一个公开透明、难以篡改的具有高度信赖性的分布式共享数据库。这个数据库可以包含过去所有的历史数据和记录,通过哈希算法为每一个区块盖上一个时间戳,以其强大的算力为用户提供信任基础。区块链起源于经济领域对于数字货币的追求,第一个应用模式是比特币,随后在经济监管领域、社会治理领域等广泛运用。区块链并不完全等同于比特币模式中的“分布式账本记录”的作用,例如,比特币的流通需要借助强大的计算机算力,为了鼓励计算机用户记账创造出通过“挖矿”而取得代币的权益证明机制。在社区矫正中的记账单位是国家机构,其记账成本以国家财政支持为基础,因此并不需要解决“权益证明激励机制”的问题。因此,在社区矫正中,区块链技术应当被定义为一个不可被篡改、去中心化、多元主体参与的信任机器。故区块链技术适用于社区矫正制度需要注意以下几点:第一,区块链技术的去中心化分布式记账特点有利于打破社区矫正的数据孤岛困境。但在山东省司法厅的有关改革方案中不难看出,其“智慧矫正”仍要“依托省厅大数据中心,建设省级社区矫正数据中心”。在以区块链为技术进行社区矫正制度改革时,应当破除原先数据中心集中管理的趋势,将数据分布式地储存在原先选取好的“区块链储存节点”(该节点可以选取刑事司法机关、民政部门、就业服务中心等)。第二,区块链的不可篡改性有利于完整记录社区矫正对象的数据信息,改革过程中要注意为矫正效果的循证研究进行实证数据收集工作,这也是当前社区矫正制度改革中所欠缺的。第三,“社矫链”系统无法独立运行,要注重其与大数据、人工智能等并行推进,因此各地应当结合本地区具体情况,社区矫正改革及配套措施要做到“远近结合、轻重有序”。笔者将在下文结合各地关于“社矫链”改革的成功经验,从顶层设计的角度将实践经验和理论成果上升为制度设计。

(一)善行评估动态发展,中立技术提供信任

正如前文所述,社区矫正的基础是对社区矫正对象进行正确、全面、精准的人身危险性评价。我国目前多采取表格评估模式,这种模式的研究重点在于筛选关乎犯罪发生的影响因子、赋予不同影响因子不同的分值、统计被矫正人最终分值。表格评估模式大有“一表定终身”的趋势,其评估重点多放在审前调查

评估,评估阶段静态僵化。并且相关因子的评定缺乏实证数据支持,评测结果主要凭借主观经验就难免带有较强的主观主义色彩。[①] 为了实现调查评估的动态发展,仅仅依靠审前评估是不充分的,还必须为调查评估提供可靠的数据支持。矫正结束后调查评估的欠缺导致无法帮助社区矫正对象重塑“社会人”身份,社会民众仍然对其保持排斥心理,在就业等问题的困难极易诱发二次犯罪。

社区矫正的调查评估要想真正取得效果,势必离不开大量数据作为客观数据予以佐证,要在科学论断的指导下强调数据资料的证明作用,根据调查评估的需要预期设计好搜集数据资料的种类和方向,提升自身的客观性和准确性,也为后续循证矫正效果提供客观依据。在入矫前往往会产生大量的历史数据信息,如银行信用评级、诚信档案记录等。区块链具有储存记录的特性,储存节点只需要通过信用评价系统的授权,就可以全方位、多角度地掌握被告人、服刑人员的品德操守、脾气秉性等,从而达到社会各方监管和协作的效果。为了能够动态评价人身危险性,就必须将社区矫正对象在侦查阶段、起诉阶段的行为表现、心理态度等进行记录,作为在审前调查评价的依据。同时有条件的地区,调查评价要与当地的信用记录库相对接,将社区矫正对象日常的个人信用系统纳入调查评价的范围当中。如佛山市禅城区利用区块链技术建立社区矫正对象的信息评价模型,与当地的 IMI 信用评价平台对接,进而供社区矫正部门做参考。区块链的共识机制为社区矫正制度进行了技术赋能。共识机制保障当链条上的节点进行通信时不会被恶意篡改。因为每一个节点的储存数据并不具有实时性,数据更新往往是会有短暂延迟的。只有当社区矫正对象的信息已经被链条上半数以上节点所验证后,该信息才会被判定为“可信任的数据”,从而保障社区矫正对象的信息在区块链链条的储存保持连续性和一惯性。而无法通过共识机制的信息会被判断为“无用信息”,链条计算会判定该节点被恶意篡改,并且可以利用“时间戳”迅速对出现问题的节点进行追溯和维护。分布式账本的特性使每一个节点储存社区矫正对象信息的同时也会同步复制链条上全部历史数据,并且区块链采用哈希算法加密,从理论上说除非链条上 51% 以上的节点同时被攻击篡改,否则是不可能对每个节点的数据库产生实质影响的。区块链的分布式储存方式一直为人所称道,但是一旦铺展开来适用于储存

① 许疏影:《社区矫正人员再犯风险评估工具实证研究》,载《河南警察学院学报》2014 年第 4 期。

社会成员的信息数据,越来越多的部门作为储存数据节点加入进来,数据之庞大超乎想象,加之区块链技术为新兴技术,自身发展尚不成熟,其数据存储容量是制约其在社区矫正适用的一大问题。因此,必须将社区矫正对象调查评估信息事先进行规划,以避免花耗大量经济、人力搜集的信息沦为“废纸”。

科学化的评估是社区矫正发挥预期功能的基础。在社区矫正适用前,调查评估人员可以利用区块链信息储存迅速调取调查对象的个人资料以及日常行为轨迹、习惯,所获取的信息数据资料都是评测人身危险性的客观素材,其评测结果也更为客观中立,为调查对象进入社区矫正进行项目帮扶、心理矫正和个别化教育提供完整丰富的资料。在社区矫正过程中,区块链技术的不可篡改性为分类、分级管理提供精准信息,便于信息管理交流,明确矫正中的调查程序和过程,有助于超越案件本身为其提供个性化的矫正措施。与此同时,社区矫正工作人员可以通过“社矫链”了解到社区矫正对象的日常行为轨迹,对于矫正过程中的越轨行为及时反馈警告,将日常行为表现良好的情况载入数据库,作为矫正效果个人评分的依据。针对个人评分高低分别进行奖励或者惩罚。在矫正工作开展后,区块链的不可逆的分布式记录既可以防止中心数据库数据被破坏可能带来的系统瘫痪风险,有效保证社区矫正的正常运行,加大其容错率;也能够为社区矫正对象提供矫正成功的信用凭证,为循证矫正效果提供实证数据,创造社区矫正效果的科学反馈机制。区块链技术增强了社区矫正的科学性,围绕社区矫正对象所产生的大量社会信息都能够作为评估数据资料进入调查评估中来,且这种数据资料并不会如同一潭死水,固定于某一时间节点,而是伴随社区矫正对象社会活动的进一步展开,相应的社会数据资料也会源源不断地作为评估证据汇集,进而了解社区矫正对象连续不断的行为特征变化。这种数据搜集办法将数据如同涓涓细流般永久地储存在个人信息数据库中,也避免了以往调查评估搜集信息短暂急促,调查过程流于形式的弊端。同时,从数据本身上看,不仅数量庞大全面,涉及评估范围广泛,而且在最大程度上还原了数据的真实性,避免以往表格调查评估方式主观臆断性强、缺乏实证数据支持的缺陷,完整真实地还原社区矫正对象的现实情况,为社区矫正调查评估提供客观真实的数据资料和介入方法。

综上所述,区块链技术凭借与个人信用评价系统相连接,审前调查评估、矫正中调查评估和矫正结束后调查评估并举,结合传统表格统计方式能够全方位、多角度地动态评价社区矫正对象的人身危险性,促进社区矫正对象回归社会，重塑“社会人”身份。

（二）突破信息共享“瓶颈”，加强协调合作机制

正如前文所述，当今社区矫正有关部门间的信息交换仍主要以互联网（TCP/IP 协议）进行连接，技术核心要求数据可以在任意连接点进行快速的传播，数据传播仅停留在“串联”层面，距离“共享”层面尚有一定差距。且在互联网中任何数据库都可以依据权限进行篡改和撤销，存在数据伪造、篡改等隐患。区块链则以代码算法为互联网进行加密，尽管牺牲了一部分效率，但也免去了不同部门间信息相互印证的流程，变得更加地安全隐私和值得信赖。按照准入机制不同，区块链可以分为三种类型。一是公有链，公有链被认为是完全“去中心化”的，任何人都可以随时介入上链，社会公众全体记账铸就了不可篡改性，同时为了鼓励公众投入计算机算力，记账也不得不引入代币机制，以效率换取了高度信任，最为典型的就是比特币、以太坊。二是私有链，其与公有链的完全公开特性相对，介入权限由某一个机构所完全控制，属于组织内部的封闭式网络，参与节点的资格被严格限制，由于接入节点少，储存记录信息变得便捷迅速，交易成本低，一般是用于组织内部，不具有“去中心化”特征。三是联盟链，它介于前两者之间，联盟链的主旨并非完全的去中心化，而是弱中心化或者说是多中心化，由利益相关或者业务相连的部门共同管理记账，共识过程由几个权限差异不大的预先节点进行记录，具有“部分去中心化、工作效率便捷、节点灵活性高”的特征。社区矫正上链的形式应当采取联盟链的形式。因为社区矫正工作的展开和智慧矫正的建设归根结底离不开政府权力的引导与支持，去中心化并非意味着要将社区矫正建设处于“无政府主义”，而是要根据区块链技术的分布式储存特点让部门间的数据传送更加安全，同时减弱某一部门完全垄断数据信息所可能带来的隐患，让多部门按照各自职能和工作需要进行分布式记账，以避免信息被随意篡改。

区块链特有安全性和可追溯性为部门间的深度合作提供技术保障。传统的数据库中心化管理往往会存在安全隐患，中心化的储存方式无法防止“单点故障”所带来的影响，数据共享后往往不能够追踪信息传播的途径，数据传送存在泄露风险，缺乏时间标识，复制成本极低，导致社区矫正相关部门的数据分享意愿低下，数据孤岛和信息壁垒问题突出。使用区块链技术后，数据统一上链，不同环节和系统得以打通，进而实现全流程的数据联通，有利于促进跨部门协

作办公,并增加各部门之间的互信程度。[①] 联盟节点由刑事司法机关、民政部门、社区矫正机构、劳动就业中心等构成,再根据不同类型社区矫正对象的特征将相关机构不断引为联盟节点,如涉毒人员的信息应当与戒毒管理机构分享,未成年人的矫正信息与相关未成年人权益保障组织交流,家庭生活困难的社区矫正对象情况应及时与民政部门沟通,银行等金融系统尽可能为有能力、有意愿自主创业的人提供贷款(如图5-3)。区块链技术采用全网节点共同储存,任何读取储存的操作都会被全程记录,数据由谁上传,由谁读取,如何使用均可被追溯。矫正信息上链后可以实现动态更新、不可篡改、全程追溯,社区矫正实现扁平化管理。

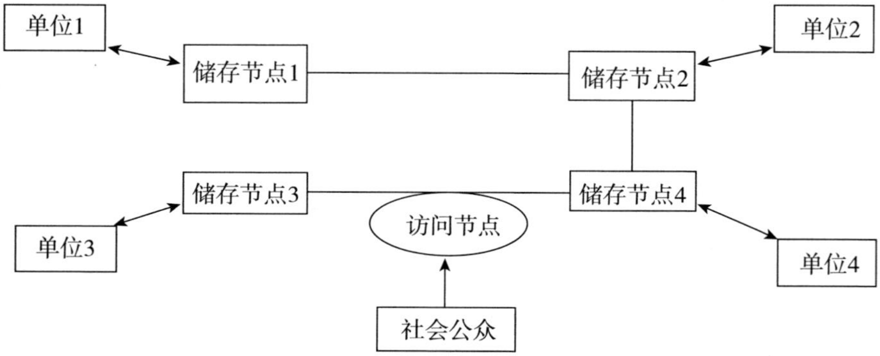

图5-3　联盟链结构示意图

区块链采取非对称性密码助力各部门间权责界限分明,保护社区矫正对象信息不被泄露。区块链技术有望成为打通数据孤岛、保护数据隐私的重要支撑工具[②],平衡二者之间的矛盾。传统的部门间信息共享机制采取对称性密码结构,数据上传后将自动缓存在各个部门,部门人员可以读取全部信息,数据泄露问题严重。区块链的链式结构可以进行脱敏、脱密信息处理,运用哈希算法以代码字符形式显示,保障了数据所有人的隐私。非对称性加密算法可以对信息储存节点的权限进行限制,矫正信息上链前使用公钥加密并附上部门电子签名、盖上时间戳,各部门只能在其职责范围内用私钥读取数据。这既保障了共享数据的公开性和透明度,也防止矫正信息的泄露。在案件交接过程中,社区矫正机构及其相关部门可以通过公钥认证直接调出社区矫正对象的身份信息,

① 代小佩:《最高法报告提到的司法区块链有啥用》,载《科技日报》2020年5月29日,第5版。
② 刘哲、郑子彬等:《区块链存在的问题与对策建议》,载《中国科学基金》2020年第1期。

既避免由于部门间信息沟通不畅导致脱管漏管的现象，也降低了信任成本，减少了出具证明的繁琐流程，提升工作效率。区块链作为新兴互联网信息交换技术以分布式的运营管理模式提升了工作效率，减少了网络维护成本，超越了以往依靠第三方中心服务器的信息数据交换模式，而是依托联盟链的网络架构可以便于非储存节点的延伸和访问，基于特定个体的信息数据通过授权机制进行脱敏、脱密性的数据输出。

智能合约技术的运用将推动社区矫正智能化发展。通过智能合约机制在区块链上自动运行，多个政府部门在约定条件下可以共享数据并协同完成一个业务过程，“确保数据流动过程中的安全、透明、可控，最终实现数据流转的全生命周期归管和可追溯性”①。社区矫正对象无须多次向社区矫正机构提交已经掌握的信息，打破了各自为政的数据共享桎梏，相关材料无须通过任何中介过程流转，改变了传统的部门间数据整体定期推送协作模式。以佛山市禅城区为例，以往的户籍非禅城区的社区矫正对象需要提供当地居住证明和收入情况证明，社区矫正对象需要亲自去流管办、社保部门申请出具相关证明，“社矫链”施行后，借助禅城区原有的 IMI 身份认证平台为技术支持，横向打破社区矫正机构与相关协作部门的数据信息壁垒，减少了社区矫正对象跑部门、办手续、开证明的流程，实现了让“数据跑起来”的预期效果。部门之间信息共享具有实时性，实时数据传送无障碍，变被动接受为主动服务，不受人工干预，提升了审批效率，也避免了社区矫正对象为了自证身份所履行的繁琐手续。

（三）社区矫正三位一体，协商共治多方借力

社区矫正的侧重点不在于让社区矫正对象体验刑罚惩处的痛苦，其核心要义是要让他们在矫正期间进行心理建设并顺利回归社会，这也属于社会工作的重要形式。社区矫正的建设既需要司法行政机关的统筹领导，也需要社会各专业力量的注入，两者紧密结合方膺其重。政府部门和社会力量在社区矫正工作中最理想的关系是协商共治的平等合作关系，政府在社区矫正中的权力扩张势必会加剧社区自我管理、自我治理、自我监督的弱化，社区矫正模式必须从政府控制主义向社区治理主义转变，突出社区自主治理而并不是由政府“大包大揽”，社区管理事务上不能只由政府来进行具体工作，应当让社区人员、第三机

---

① 张楠、赵雪娇：《理解基于区块链的政府跨部门数据共享：从协作共识到智能合约》，载《中国行政管理》2020 年第 1 期。

构以及人民群众更多地参加进来。努力从国家与社会良性互动的层面建构社区矫正管理模式的治理路径,是破解当前社区矫正管理模式组织困境的重要抉择。①

区块链技术在智慧矫正建设中,能够最大限度整合社会资源,在社区矫正机构的主导下,调动社会组织、学校、志愿者等参与社区矫正的热情。区块链提升矫正信息可信度和及时性,调动社会公众参与社区矫正的积极性,搭建社会公众参与社区矫正监督的路径和渠道。在以往的社区矫正模式中,政府与社区所掌握的矫正信息数据不对称、不对等,缺乏有效互动。政府自始至终主导社区矫正的实施,治理主体呈现高度中心化,治理关系呈现割裂式鸿沟。社区矫正在决策和实施过程中,大量的工作仍由政府部门掌握绝对的话语权,呈现公众"集体失语"的现象,公众参与社区矫正的真正意愿得不到充分尊重,自然大幅度降低了参与社区矫正的热情和信心。在"社矫链"搭建的信息平台技术中,分布式账本模式可以完整还原社区民众的建议和意见,起到监督相关部门重视社区民意的作用。同时,建立社区居民个人信息档案,将社区矫正的整个过程细化为具体的步骤、方面、指标,对于积极参与社区矫正的社区居民奖励一定数量的"社区币"。以奖励电子代币的方式,社区居民可以努力赚取"社区币"以换取各种物质奖励或者政策福利;司法行政部门可以通过"社区币"的发放数量及时掌握该区域内民众参与社区矫正的参与度,根据反馈意见及时调整社区矫正工作的方向和重点;由于区块链技术下的电子代币具有追溯性和不可篡改性,上级政府部门可以根据"社区币"的发放数量直观掌握该区域内社区矫正实施效果的好坏,以此作为衡量司法行政机关工作优劣的重要标准。由于区块链储存节点需要承担计算机算力,因此社会民众可以作为访问节点上链,只开放部分数据的访问权限,而没有储存数据的权利,如此一来,社会公众参与社区矫正不会担心因要承担计算机算力而望而却步,也能够充分保持信息公开与保护隐私之间的均衡。区块链具有匿名性、平等性以及便利性等特征,社会公众参与社区矫正的热情被大幅度调动起来。社会公众的踊跃参与有利于整合社会资源,缓解当前社区矫正资源投入不足、公众参与度不高等问题。区块链技术构建的信息化平台也能够吸引高校、研究所等机构参加进来,在善行评估、矫正项

---

① 哈洪颖、马良灿:《社区矫正管理面临的组织困境及其双轨治理》,载《中州学刊》2015 年第 7 期。

目、社会帮扶、心理辅导、就业指导等模块中，高校、研究所等机构既可以为矫正工作提供志愿服务和理论指导，也可以搜集到矫正效果的实证数据，更好地进行社区矫正领域方面的研究。无论是作为访问节点还是储存节点都可以避免理论和实践的脱节，为学术和实务之间搭建高效联络沟通的渠道。

区块链技术有利于打破第三方服务垄断，增强社会服务独立性，监督社区矫正资金流向。以购买社会服务为发展模式的上海模式，近十几年来与政府合作的第三方机构仅有“新航”，已渐成垄断局面，工作服务模式逐渐行政化。区块链技术的信息数据共享上各个主体享有平等地位，社会公众积极参与的同时，数据的流转调动没有壁垒桎梏，打消了第三方服务机构的后顾之忧。在第三方社会服务机构介入社区矫正之前，应当与社区矫正机构商议彼此之间的权责界限，在最大程度上保障第三部门的独立性，防止其成为社区矫正中的“二政府”。在无政府主义和强政府主义之间得以寻求协调平衡，合理规划矫正机关管理和购买社会服务的角色定位。在资金支持上，由共识机制保证数据准确性，由智能合约保证经费不会被无故扣押，每一笔资金的流动和适用均可在链上查询，利用不可篡改和可追溯性防止“暗箱操作”。反之，政府也可以通过区块链技术轻松查询到资金使用情况和购买服务具体实施状况，增强资金链透明性的同时也有利于吸引社会公益资金的支持。在流程交接上，提供社会服务的第三方也可以直接接入区块链储存节点，直接参与到接案结案、调查评估、规划预测等环节，从而使社区矫正工作和社会服务工作进行有效衔接。

区块技术的社区矫正建设需要向社会公众多方借力，“超越国家本位和治理手段的单一性”①。区块链的运行机制能够使监督渠道畅通，多元主体参与，链上主体互相监督，权力寻租和个体失信面临极大的风险责任，对于建立社区共同体，推动社区矫正制度逐步迈向社区自治、自理、自律轨道提供了道路和保障。

四、社区矫正应用区块链面临挑战

区块链作为一项重大的技术革新，为社区矫正带来了新型治理模式，推动社区矫正部门协同合作、社会主体多元参与，具有技术客观中立、数据信任度高等优势，与社区矫正的治理理念相契合。在社会各领域各行业都努力搭乘区块

① 连春亮：《社区矫正价值取向新思维：风险管控主义》，载《宜宾学院学报》2018 年第 11 期。

链技术革命浪潮的快班车时,社区矫正领域中的学者以及实务工作者应当重视区块链技术,以实现社区矫正跨越式发展,应当主动研究学习,迎接区块链技术给社区矫正带来的机遇和挑战。但是,区块链作为新兴的科学技术所带来的潜在风险和应用挑战也是值得关注的。笔者认为,至少有以下三个方面需要克服,才能够更好地发挥区块链在社区矫正中的治理作用和服务功能。

(一)刚性记录与柔性治理的均衡

区块链技术提供了高度的可信任度。但是正是因为区块链这种特性,导致社区矫正对象一旦出现违反规范的行为,无论这种行为是无心之失还是有意为之均会被共识机制进行全网记录。若数据记录部门出现操作失误,一经全网节点共同储存后将无法撤销该记录,哪怕日后做出了信息的更正,社区矫正对象也将背负"错误信息",打上标签,成为"不会被遗忘的人"。同时,区块链技术加强了大数据的可信任性,从一定程度上弱化了社区矫正对象的主体属性,身份数字化倾向加深,更加难以消除大数据所带来的身份偏见和歧视。社区矫正制度实施的本意在于对人身危险性不大的罪犯弱化刑罚的惩罚性色彩,使这类人能够重新回归到社会的正常生活,降低再犯罪概率。若无法配套制度缓和区块链技术所带来的身份属性数字化和不良信息永久性的冲击,"社矫链"的适用恐怕难以达到预期效果。

智能革命无疑会强化国家刚性治理的能力,而国家权力的强化可能会对社会力量形成一定的压力。[①] 区块链技术仍是一种固化的算法代码,无法根据情景的变化自行调解自身的运行规则,技术本身仅能解决技术问题,智慧矫正的建设道路仍需人类的政治智慧来调和技术刚性。因此,区块链在应用范围应当持有谨慎态度,一些日常生活行为大可不必纳入记录范围。对于误传的信息,链上部门必须建立起一套完整的规章制度以方便纠正错误。社区矫正对象对数据真实性有疑问的,应当赋予其申辩和复议的权利。区块链的治理呈现刚性,必须建立起完善的柔性规章制度与其配套使用,彰显我国以人为本的人文关怀和"惩前毖后,治病救人"的惩戒理念。

(二)链上信任和链下伪造的关注

区块链只能够保障数据共享时数据的真实性,但是区块链技术无法保证原始数据上传时的真实性。区块链技术赋能的高度信任终究只能在数据交流传

① 高奇琦:《智能革命与国家治理现代化初探》,载《中国社会科学》2020年第7期。

播时起到作用,对于数据源提供的真伪辨认则无能为力。系统以外的数据失真和伪造风险仍然存在,区块链第一系统操作人员的道德违背所带来数据失真的隐患无法避免。退一万步讲,即便区块链数据上传的操作人员果真清正廉洁、刚正不阿,也不可避免地会出现数据上传时的操作失误,或者第一手数据信息本身就是错误的情形。数据本身准确可信是区块链技术在智慧矫正建设中发挥作用的前提和基础,否则其将成为数据失真和数据伪造行为的放大镜,只会加剧不信任的传播。因此区块链技术应用的同时,必须更加强调社区矫正工作系统内部的行政约束力,提升社区矫正工作人员的社会责任感,培养其操作区块链系统的技术素养和道德操守。在社区矫正对象及其相关人员对区块链记载的数据有疑问或者提起异议时,必须要有申诉渠道,相关部门应当对上传数据真实性负责,否则应当承担相应的法律责任。

(三)经济投入与矫正效果的考量

区块链可以对社区矫正对象的人身危险性提供动态评价,但是这种综合的评价必须建立在当地的个人信用评价系统之上。"社矫链"其实是佛山市政府运用区块链技术进行社会治理创新的第9个项目,这意味着"社矫链"并不是单独运作,而是各个项目相互联系,提供数据支持。因此,要真正发挥区块链的动态人身危险性评价,建立其个人信用评价库是必不可少的。"社矫链"的前期铺垫和运营成本资金需求量较大,目前国家财政的扶持力度较小,而地方财政近年来普遍紧缩,大多无力承担如此庞大的经费支出,若无长效稳定的经费保障支持,"社矫链"的试用和推行将举步维艰。"社矫链"作为新兴技术和管理方式,信息化程度较高,县、区级司法行政机关缺乏专业人才进行维护和操作,工作年龄较长的工作人员也难以把握智慧矫正建设发展方向,另外,信息化办公水平和操作机器设备准备不足,也是制约"社矫链"发挥效用的一大因素。国家财政在有可能的情况下,应设立专项经费支持各地进行"社矫链"的建设工作,购进设备,引进人才。各地应充分考虑经济发展水平和当地司法智能化程度,不能盲目为了区块链而区块链,缺乏应用条件的地区应当先把社区矫正政务协作和社区矫正多元治理作为工作的重点突破口,等到时机成熟的时候再考虑将动态评价引入社区矫正制度。

电子定位在社区矫正的适用研究

敬雪华

摘　要:随着社区矫正的深入推进,如何防控社区矫正对象违法违规行为以及掌握其行踪则是摆在理论界和实务界面前的一个难题。作为社区矫正发展过程中管控技术上的一个重大突破,电子监控技术的应用打破了对社区矫正对象管理中的"瓶颈"问题,其中手机定位技术运用还能发挥提供就业指导和行为教育的功能。电子监控的适用是在没有统一法律规定,也没有理论推动的背景下,从地方到国家层面逐渐推广的管控手段。《社区矫正法》出台以后对电子监控的适用程序、条件、期限以及相关责任义务做了专门规定。尽管电子监控技术适用有了法律的依据,但是仍存在手机定位运用的边界和客观评估的效度不清晰、适用的对象及期限不明确等问题,以及如何分类管理、优化矫正方案,如何规范电子监控证据取证程序、畅通社区矫正对象的权利救济渠道等,这些亟须理论和实践加以回应。

关键词:社区矫正　电子定位　电子监控　手机定位

随着社区矫正的深入推进,社区矫正对象逐年增长。据司法部统计,2012年年底社区矫正对象已达到56.4万人,2013年年底增长至68.1万人,从2015

年到2017年，社区矫正对象维持在69万人左右[①]，到了2020年社区矫正对象达到70万人。如何防控社区矫正对象违法违规行为以及掌握其行踪是理论界和实务界的一个难题，也是制约我国社区矫正纵深推进的"瓶颈"。随着数字化、智能化技术的发展，社区矫正发展过程中管控技术方面有了重大突破——电子定位的运用，在一定程度上打破了此"瓶颈"。根据司法部统计，从2006年开始试用定位手机，到2015年全国社区矫正对象已有49万多人适用定位手机，适用率达到71.49%[②]，到2020年上半年除了个别特殊人群不能适用定位手机之外，其余的矫正对象实现全员覆盖，定位手机适用率达到96%左右[③]，个别省市对所辖区所有社区矫正对象均佩戴定位手环或脚环，同时为了预防社区矫正对象越界，还在车站、码头等公共场所铺设"电子围栏"。2020年7月1日，《社区矫正法》颁布实施，对电子定位作了较为详细的规定，"电子定位"第一次被写进了法律，但由于法律的宏观性和原则性，仍有许多值得深入探究的地方，一方面定位技术的应用在一定程度上提高了社区矫正效果和质量，另一方面由于缺乏相应的制度保障，必然引出适用边界以及公民权利保障的争议。

一、电子定位的概念

电子定位，是利用现代技术强化社会管理、保护公共利益和保护特殊人群身心安全的重要手段。[④] 电子定位与电子监控是既相互联系又有区别的两个概念。电子定位侧重于对地理位置的定位和跟踪，在定位功能上等同于电子监控；而电子监控不仅有定位功能，还包括监视和监听，因此，电子监控的外延更大。

电子定位的概念可以从技术原理或功能定位等方面界定。电子监控是指通过计算机、电子观测、电话服务监听，以及其他基于磁、电子摄像和光学摄像系统传输标记、信号、文字、图像、声音、数据，通过设置大量的定位监控器、极大的数据传输带宽、海量的存储空间等形式，收集、储存、分析或报告关于个人信

---

① 司法部社区矫正管理局编：《全国社区矫正发展情况与数据统计》，法律出版社2017年版，第234页。

② 司法部社区矫正管理局编：《全国社区矫正发展情况与数据统计》，法律出版社2017年版，第298～312页。

③ 通过笔者调研13个省市的统计数据得出的结论。

④ 武玉红：《电子监控在我国社区矫正管理中的运用与优化》，载《青少年犯罪问题》2013年第3期。

息的技术。有学者依据其在刑事法领域的功能作用界定其内涵,如我国台湾地区学者许福生教授认为:科技设备监控[①](Electronic Surveillance),是透过电子科技远距离监控技术进行判断,以确定受监控者是否在预先所指定的时间、地点出现,在刑事司法活动中,它是为了在社区内监控犯罪者所使用的一种高科技手段。[②] 2019 年 9 月 30 日司法部发布的《社区矫正术语》(SF/T 0055 - 2019)中将电子定位监管定义为:借助电子设备,采用电子定位技术,掌握限制社区矫正对象的活动范围、加强监督管理的措施。

电子监控在刑事法领域运用广泛。在经法律授权的情形下,监控方式既包括对活动范围进行定位跟踪,又包括秘密监听与他人通话的内容,查看该人与他人微信,以及网络交友平台对话等内容[③]。如果作为对监控对象所处位置进行追踪和记录的一项技术,电子定位与电子监控几乎没有区别。电子定位包括手机定位、手环定位或者脚环定位,目前其主要运用于社区矫正领域。所谓定位监控是辅助社区矫正机构强化管控的技术,是指社区矫正机构利用手机、电子手镯、脚镯等定位设备对社区矫正对象进行动态管控和行为督导的措施。为表述便利,本文语境中定位监控、电子监控等同于电子定位的概念。

二、电子定位在域外的发展及评价

(一)电子定位的兴起

电子定位起源于美国的一项心理实验。1964 年,作为当时哈佛大学心理实验科学委员会的成员,苏威治贝尔为了实验在康桥及波士顿地区选取了一些生

---

① 在我国台湾地区,电子定位被称为"科技设备监控"。

② 许福生:《科技设备监控在性侵害犯之运用》,载《月旦法学杂志》第 166 期(2019 年 2 月)。

③ 在现代信息社会,定位监控被广泛用于各种社会活动。从使用主体分类,包括两类:一是民用;二是公用。第一类包括私人用于自家监控、防火、防盗等,或者实时监控家人安全活动的技术,还包括一些公司、企业主用于监控员工工作状况或者用于仓库、大型商场、购物街、社区监控等,这些多是基于盗防、数据采集(商场用于客流量的统计)以及督促员工工作。由于近几年虐童事件频发,对幼儿教师的监管越来越严,幼儿园经营者往往会在教室安装摄像头,以便家长和管理层实时监控教师的工作情况。使用的设备硬件主要有监控主机、硬盘录像机、远程视频终端设备包括手机或者电脑等,监控摄像头可以是监控摄像机,有枪机、球机和半球之分,主要通过视频流把实时拍摄的图像衔接起来,变成一段流畅的图像,但由于枪机的监视范围有限,录像范围是一定的,而球机和半机可以移动,半球机可以旋转 180 度,球机可以旋转 360 度,因而只要在视角范围内的图像均能拍摄记录下来。民用的还包括现在已在各大网站和商场出售的儿童电话手表,这类手表既可以作为家长与儿童的通信联络,同时也可以用来对小孩进行移动定位。如市面上热卖的步步高、360 儿童手表等。定位监控的重要用途还包括在一些厂区、银行、矿山等重要行业和领域用于防火防盗,以及监控日常运转情况。

活在该地区并自愿参与的假释犯、有心理疾病患者和普通调查者[①]。他在这些人身上安装了一个小型的接收器,该接收器在一定的空间范围内能接收到定位信号,实验者可以通过被实验者佩戴的接收器接收到一些信息,比如,被调查者的行程以及心率。由于技术条件限制,该实验并没有取得预期效果,但是这个实验却证明了通过该装置对假释犯进行跟踪管理在理论上是可行的。这项实验开启了定位监控应用于刑事法领域的先河。后来在一名叫罗弗的法官的主导和极力推动下,在一些电子设备公司的努力下,第一代基于 RF 技术的定位监控设备被研发成功,该设备适用于假释犯,并被写入判决书中。由于利用这种监控装置限制人身自由可以减少监禁率,再加之当时美国监狱拥挤、监狱暴乱的影响,因而定位监控的适用规模迅速扩张,而且在媒体报道后得到了民众的支持,许多州纷纷适用和改进该技术用于扩大缓刑和假释的适用。

(二)电子定位在域外的发展应用

1. 英国:电子定位在刑事法领域的普遍应用

电子定位技术在英国实现了与宵禁的完美结合,因此得到了普遍适用。电子定位在英国的英格兰及威尔士刑事司法活动中的普遍运用主要有两大原因:一是民间推动。新闻工作者汤姆·斯狄克(Tom Stacey)提倡利用电子监控作为替代监禁处遇的工具,并于 1981 年创立犯罪监控协会,这个协会(Offenders Tag Association)在积极推广电子监控技术运用中发挥了重要作用,并成功地引起了英国政府的高度关注。二是国外电子技术制造商的推动。美国电子监控设备制造商预见英国将是下一个开发定位监控系统的市场。英国早期的定位技术主要是支持在英格兰及威尔士部分区域针对犯罪人施予一般宵禁(non - electronic curfews)及追踪管理(tracking of offenders),该技术的运用很快受到了绝大多数观护人的欢迎。但矫正官和观护人一般更倾向适用于少年犯,反对用于成年犯,具体理由是当时的技术手段达不到监管要求的精度,无法有效监控受刑人是否遵守宵禁规定。他们普遍认为,除非改进远端监控的功能否则技术的定位形同虚设。基于此,1988 年英国政府绿皮书(Green Paper)列出政府对社区刑罚的理念及宵禁规定等建议,其中将定位监控归入特殊监控手段,同时告诉矫正部门及观护人其作用的有限性:“定位监控系统的发展能够强化受刑人

---

① 林顺昌:《破除“电子监控”之迷思——论回归实益性之犯罪者处遇政策》,载《亚洲家庭暴力与性侵害期刊》2009 年第 2 期。

居家监禁的控制,此方案施行于北美地区已久,除了鲜少的限制外,还能有效追踪受刑人的位置,但是定位监控系统本身却无法预防再犯,且无法完全地脱离监禁处遇的本质。"随后英国内政部于1988年推进定位监控试验计划,三个定位监控试验案例于1988年8月开始实行,由私人企业Chubb及Marconi提供监控设备,由安全人员担任监控者,保障保释人员不致脱管,由此为减少监禁率的"前门"政策提供选项,此试验的方向当时没有经过立法及议会程序,因而招致批评。在当时,尽管未能征得议会的支持,英国政府无法完全效仿美国将定位监控系统作为刑罚量刑的依据,或是作为"后门"政策的监控工具,但将定位监控经验性做法与宵禁命令相结合的试验却并未停止,英国政府是期待对此完善评估及试验后,正式引入宵禁式定位监控设备,作为管理及监控受刑人的处遇方式。由此可见,在客观上看,虽然最初引入定位监控系统是政治手段,即John Patten是推动1988年定位监控试验的主要推手,但是定位监控的司法运用仍然获得大众的青睐,它被视为在社区严厉处置受刑人的可靠途径,而且为政府购买服务下的观护活动的全盘私有化打下技术基础。当然,围绕社区刑罚执行中定位技术的经济成本、伦理道德等争议,也始终是如影随形。

1995年起,其他一些欧洲国家和地区将电子监控适用于监督管理服刑人员已是普遍实践,这也极大地推动了英国适用电子监控的计划。一些少年法庭尝试用电子监控手段替代监禁刑罚,适用在16岁及以上年龄的少年犯身上,而后几年将电子监控扩大适用于提前释放的宵禁罪犯,适用对象包括:盗窃犯及夜间侵入住宅盗窃者、酒后驾车者、强奸犯、涉毒罪犯等。

2. 澳大利亚:电子定位的扩张适用

与英国相同,澳大利亚也将电子监控运用到刑事司法领域。一方面,是政府管理层面的关注和支持;另一方面,是受到社会复归理论的深刻影响。基于监狱拥挤日趋严重的现实窘境,监禁刑又受到理论质疑与抨击。此时,即20世纪90年代后,基于远端沟通及控制的电子技术已趋于成熟,电子监控应用在刑事司法领域已无技术障碍,再加上考量经济成本以及私人企业的积极推动,将其作为折中的制裁方案,电子监控的司法应用走上了快车道。

目前,电子监控措施的实施主要集中于都市区域及西澳大利亚的某些地区。在南威尔士的法源中,虽然没有涉及电子监控系统适用的特别规范,但在其1999年的刑罚法案中已有与之相似的要求,法院在条件适当的情况下被赋予这样的权限,即可以针对特定犯罪人发出居家监禁的司法命令。因此,实际上,电子监控系统在这一区域也发挥了强化居家监禁制度的实际作用，其中电子监控技术运用与否是影响受刑人是否处以居家监禁的关键。如果在法院量刑期间受刑人或是其法定代理人能提出请求，那么受刑人接受居家监禁的概率会有所提升。同样，此机制也适用于对假释人员的社区矫正。

3. 法国：以立法形式推动电子定位的发展

在监狱极度拥挤的情况下，法国司法部门不得不考虑监禁刑的替代执行方式，电子定位的出现迎合了这一需求。早在1995年，作为监禁刑替代措施的电子定位就被法国司法部门作为重要的立法试行项目。1996年，电子定位就被纳入刑法之中，作为一种新型的行刑措施。1997年，电子定位被列入刑事司法规划方案，作为替代监禁刑的重要方式。这一时期定位技术的运用主要是检查服刑人员是否遵守禁止擅自外出规定。随着定位技术GPS的引进和推广，以及具备实时监控功能的电子设备的生产，2005年法国司法部门将电子实时监管设备引入行刑领域。通过给监控对象佩戴这种具有定位功能的电子脚镣，监控机关就能够实时在监控中心掌握监控对象是否离开划定的活动区域。根据法国刑法规定，监控对象只能在划定区域内活动，一旦离开，跟踪器就会报警，向监控中心和监控对象本人发出警告。法国政府部门不仅将这种电子监控行刑方式写进刑法，同时还通过新的立法将这种移动式电子监控方式的适用对象扩大。根据新的立法，电子监控不仅适用于假释犯、缓刑犯，还适用于刑满释放人员，如曾犯重罪的人、人格异常的人、性犯罪人等。虽然法国在2006年就已经开始进行移动式电子监控的试验，但由于电子监控直接限制人身自由，因此，立法者对适用范围及对象都持相对谨慎的态度，到目前为止该技术主要用于对重刑犯的行为管控。

（三）域外电子监控应用的评价

1. 电子监控的兴起和发展基于一项实验

电子定位并不是一开始就用于刑事领域。在美国兴起的电子定位技术得益于马萨诸塞州苏威治贝尔（Obert. K. Schwitzgebel）主持下进行的一项心理实验。美联邦及各州犯罪矫正机构将电子定位技术运用于预防犯罪，经过了长期的实践和探索，直到1983年新墨西哥州的一项刑事判决中要求被告人佩戴电子监控装置，电子定位才真正开始用于刑事法领域，这项技术因为经济便利且效果好，逐渐被欧美国家和地区接受并扩大适用范围。

2. 电子定位装置经历了漫长的发展过程

在电子监控适用初期,由于没有 GPS 定位系统,因此使用基于射频信号技术的定位装置对罪犯进行定位,设备主要由罪犯脚踝上的信号接收器、电话等部分组成。矫正管理机构可以通过终端电脑接收罪犯的位置信号,或者将罪犯的语音、视频等个人识别信息录入固定装置中,通过语音、视频比对判断罪犯是否存在人机分离或者发生位置移动。随着定位技术的进步,尤其是 GPS 定位系统成熟以后,无论英美等欧美国家,还是亚洲的一些国家,如韩国和日本等都开始使用电子脚环(手环)定位,这种装置多是佩戴在脚踝上或手腕上的不可拆卸的设备,适用对象不仅包括已决犯,还包括犯罪嫌疑犯。①

3. 与其他矫正措施搭配使用

一些发达国家,将电子定位与其他矫正措施搭配使用,以达到预防犯罪的目的。在美国,电子定位仅仅是技术手段,需要与其他监管手段结合起来才能起到震慑作用,于是在家庭监禁(也称家中拘留)中适用电子监控,这才使家庭监禁得以真正实现。② 英国则是将电子监控与自宅监禁、宵禁结合起来,电子监控装置则是佩戴在脚踝上的不能拆卸的设备,③电子监控除了与上述矫正措施相结合,同时还可与其他刑罚措施同时使用,如社区服务令、对被害人赔偿等。④

三、电子定位在我国的应用与发展

2008 年北京奥运会筹办时,奥运会安保部门借鉴雅典奥运会经验,加强奥运会期间的安全防范,除设置和运行覆盖全城、全天候的视频电子系统外,首次对在北京的社区矫正对象使用电子脚环,强化对其移动位置和行踪的掌握。具体做法是,“在接受社区矫正人员的脚踝上安装电子信息发射器,由‘区域信号控制器’接收信号,并经公用电话网传送到监管中心,监管人员就可随时掌握犯人在社区内的活动情况⑤”。这一做法并不是我国将定位技术引进社区矫正的

---

① 张崇脉:《欧美社区矫正中的电子监控》,载《中国监狱学刊》2011 年第 3 期。

② 武玉红:《电子监控在我国社区矫正管理中的运用与优化》,载《青少年犯罪问题》2013 年第 3 期。

③ Flynn, N. Organisation and Management: a Changing Agenda, in D. Ward, J. Scott and MLacey (eds) Probation: Working for Jus - tice. Oxford: Oxford University Press, 2002.

④ 武玉红:《电子监控在我国社区矫正管理中的运用与优化》,载《青少年犯罪问题》2013 年第 3 期。

⑤ 武玉红:《电子监控在我国社区矫正管理中的运用与优化》,载《青少年犯罪问题》2013 年第 3 期。

首例。在更早一些时候，利用手机联络和定位管理社区矫正对象，已在部分省市有所尝试。2006年，苏州市沧浪区司法局与联通苏州分公司、泰利特信息技术公司合作，以手机定位技术为载体，打造电子围墙，动态管控矫正对象。此后，二十多个省市司法行政部门先后采取该技术，强化对社区矫正对象的管理。随着科技的进步，定位设备也在不断改进和更新。2017年北京首印名都信息科技公司推出了一款定位式腕表（简称“定位腕表”，也称“电子手铐”），较好克服了以上定位设备的缺点。

（一）《社区矫正法》出台之前

到2020年7月1日《社区矫正法》实施之前，各省市司法行政机关使用的定位设备有：定位手机、电子脚环、电子手环等，定位手机已发展到第三代。由于第一、二代定位手机容易出现故障、待机时间短等缺陷，已被逐渐淘汰，现在普遍采用第三代定位手机。电子手环或脚环分为一体式和分体式两类，分体式由手环或脚环和手机组成，手环或脚环用于定位，佩戴于手腕或脚踝，不能自行脱卸，手机则作为接收信息装置。不同定位设备在监管及定位精确性、可靠性、社区矫正对象感受度、成本费用等方面有所不同。通过调研，笔者了解到各地区司法行政部门普遍选用的电子定位方式是手机定位，除了特殊人群之外，定位手机的使用是全覆盖，在个别地区，不仅对社区矫正对象适用定位手机，同时要求社区矫正对象佩戴定位手环（脚环），另外，在一些公共交通要道，如车站、机场设置“电子栅栏”，一旦社区矫正对象进入这些区域，司法行政机关的管理系统后台将报警提示该对象已到某区域，社区矫正工作人员将给矫正对象打电话核实情况，确认其是否有乘坐交通工具外出的意向，同时提醒该名矫正对象不能擅自离开所居住的地区，以预防社区矫正对象越界。

（二）《社区矫正法》实施以后

《社区矫正法》正式实施以后，电子定位的适用发生了很大的变化，重点是法律明确了电子定位的法律地位，同时对适用程序、适用对象、适用时间、适用中的权利救济作了较为详尽的规定。

1. 国家支持运用信息化技术解决监管实践难点。《社区矫正法》第5条规定：国家支持社区矫正机构提高信息化水平，运用现代信息技术开展监督管理和教育帮扶。社区矫正工作相关部门之间依法进行信息共享。第26条规定：社区矫正机构应当了解掌握社区矫正对象的活动情况和行为表现。社区矫正机构可以通过通信联络、信息化核查、实地查访等方式核实有关情况，有关单位和个人应当予以配合。社区矫正机构开展实地查访等工作时,应当保护社区矫正对象的身份信息和个人隐私。上述条款为电子定位适用提供了坚实的法律保障。

2. 限缩了适用对象。在《社区矫正法》出台之前,有些地区社区矫正对象全员佩戴电子定位装置。《社区矫正法》明确了电子定位的适用范围,仅对有以下五种情形的社区矫正对象才可以使用电子定位装置,具体包括:(1)违反人民法院禁止令的;(2)无正当理由,未经批准离开所居住的市、县的;(3)拒不按照规定报告自己的活动情况,被给予警告的;(4)违反监督管理规定,被给予治安管理处罚的;(5)拟提请撤销缓刑、假释或者暂予监外执行收监执行的。对上述五种情形之外的社区矫正对象,司法行政机关不能使用电子定位。

3. 确定了适用程序。社区矫正对象有上述五种情形之一的,须经县级以上司法行政部门负责人批准,才可以使用电子定位装置,即县级以上司法行政部门负责人经过核实和评估后,有权作出是否使用电子定位装置的决定。

4. 规定了适用时间。社区矫正对象有上述五种情形之一的,经相应程序决定后,使用电子定位装置的时间是 3 个月,3 个月以后经过评估,仍有必要的可以继续使用电子定位装置,但每次不得超过 3 个月。

5. 明确了电子定位装置的范围。电子定位设备包括定位手机、定位手环或脚环。根据《社区矫正法实施办法》的规定,电子定位装置是指不能拆卸的、具有防水等功能的设备,但不包括定位手机,把定位手机排除在电子定位装置之外。

6. 定位手机仍然是社区矫正监督管理的主要手段。《社区矫正法实施办法》将定位手机排除在定位装置之外,这给了司法行政机关继续适用定位手机管控社区矫正对象保留了较大空间。笔者在上海、山东、四川、重庆等地调研了解到,跟新法实施以前一样,司法行政机关使用定位手机对社区矫正对象进行定位监控、信息化核查、视频通信,遵循“全覆盖”原则,尽可能对所有社区矫正对象进行手机定位。经过笔者对山东等 14 个省市的调查统计,手机定位适用率达到 96% 以上,除了部分特殊类型的社区矫正对象未使用定位手机之外,其余的社区矫正对象全员携带定位手机。

(三)定位手机在我国社区矫正中保留适用的原因

除不能拆卸之外,定位手机与定位手环、脚环的定位原理基本相同,但《社区矫正法实施办法》将定位手机排除在电子定位装置之外是实际工作的需要。

经过调研访谈，笔者认为，保留定位手机的根据主要有以下方面：

1. 手机具有综合性

在通信、定位和信息化技术高度融合的现阶段，手机功能趋于综合性。在当今社会，手机已是极其普通的通信工具，因此，司法行政部门只需根据国家GIS系统建设的要求，选择国有电信运营商之一建立业务网，配置接受和处理信息的硬件设施和开发相应的软件即可。在社区矫正对象已有手机的情形下，只需绑定其基本信息，即可将其纳入定位平台。此项操作不仅时间短，而且见效快。由于建立和运行社区矫正信息化平台与各级政府建立的电子政务信息系统相同步，而且对其一次性投入和维持运行的费用在很大程度上可以作为业务网的专项建设，并计入政府电子政务信息平台建设的费用之中，因而降低了社区矫正的成本。据笔者到四川、重庆、山东、江苏等地调研得知，除支付软件开发费用外，司法行政机关只需向运营商支付每人每月相应的定位费和使用费即可。定位手机由社区矫正对象自备，每人每月支付18元至28元不等的通话套餐资费，再由司法行政机关支付30元左右的定位费即可启用手机定位。即使社区矫正对象通信资费全部由司法行政机关承担，其设计与运行成本仍然低于增设工作人员数目所需费用。在试行之初，有些省份司法行政机关不仅为社区矫正对象免费发放手机，还免去他们一定额度的通信费。有些省份要求社区矫正对象支付三十元左右的资费。就此笔者访谈过社区矫正对象，他们认为手机本身是自己的生活必备品，支付这笔费用未有不妥。

2. 手机更具有空间感

利用手机的成像、语音识别、通话及短信等功能，形成对社区矫正对象的活动轨迹，要比电子脚环的监测更直观，即更具空间感。借助国有运营平台启用手机定位，其成本低于使用电子手环或脚环。手机不仅能够适时发出个人越界活动的信息，而且能够自动发出警告。同时，当社区矫正对象未按时报告或未按时参与教育学习、公益活动时，工作人员可以要求他们即时发送个人所在位置，即带有地标性建筑的图像或者直接视频通话，以研判其真实性。至于人机分离、呼叫转移等违规现象，工作人员可以通过手机的前述功能予以防范。此外，定位平台可以储存多种方式和不同时段的记录信息，使违规、违法证据得以固定、保存甚至形成证据链，这就为制度的适时反应，包括跟进处罚提供了客观依据。

3. 手机功能强大

除通信功能外，手机还能够及时地获取相关的信息或资源。通过定位手机,社区矫正对象可以获取参加教育学习、公益活动的时间与地点的通知,了解法律法规的变化,在手机 App 上还可以了解到社区就业培训、办理医疗保险条件及程序、招聘招生等多样化信息,外出时可以通过定位手机及时汇报个人情况。此外,与其他电子定位方式一样,社区矫正工作人员可以借助于技术手段遥控社区矫正对象的行为,不致频繁干预其正常生活,放大犯罪人的标志,一定程度上减缓面对面管理的摩擦和冲突,减缓面对面管理带给社区矫正对象尤其是未成年矫正对象的心理压力,令其进一步接近和适应自由生活氛围。[①]

4. 适用手机定位的法律纷争小

手机定位引发的法律纷争以及个人抵触的概率可能相对小于使用电子腕带或脚环。从表象上看,社区矫正对象被要求 24 小时开机接受全天候管控,其活动状况在电子屏上却只是标出一个点,并非三维空间。笔者在四川、重庆、山东、江苏等地实地调研发现,手机定位只是对社区矫正对象的位置进行定位,并未包括监听通信内容,因而侵犯社区矫正对象隐私的理论顾忌目前未被制度实践所验证。与此同时,司法行政机关划定社区矫正对象的活动范围相对较大,在管束力度上明显低于国外对特定罪犯施予以小时为计算单位的家庭宵禁。在手机广泛普及的今天,手机本身不致形成明显的"罪犯"标签,进而严重干扰其社区生活。据笔者实地随访,尽管接受司法行政机关手机定位并非情愿,但是社区矫正对象普遍认为能够避免到监狱服刑,在社区中接受矫正已属不易,他们更愿意在社区接受定位监控,并且一般也不愿承担"逾界"的责任。

需要说明的是,手机定位并不排除其他技术监控手段的运用。手机可以作为一种较低的监控方式普遍适用于一般社区矫正对象。同时,不可分离性的电子跟踪器,如电子手环或电子脚环则可以适用于人身危险程度较高的特殊类型矫正对象,两者在系统规范的基础上附期限的适用,并不存在法理障碍。

5. 利用手机远程监控社区矫正对象的行为效果显著

手机远程监控不仅能够减轻社区矫正工作的强度,还可以明确地落实社区矫正对象需要履行的具体义务,进而提高社区安全的系数,减少再犯罪的概率。目前,利用手机远程监控社区矫正对象的推广和普及进度明显快于体制转型、立法跟进和相关制度完善。手机定位技术在短短几年的时间内迅速普及到全

---

① 王运生、严军兴:《英国刑事司法与替刑制度》,中国法制出版社 1999 年版,第 153 页。

国各个省市足以证明其适用效果好,可以说司法行政机关已经离不开这项技术。

四、电子定位应用中存在的问题及原因

(一)电子定位应用中存在的争议

在《社区矫正法》出台之前,对社区矫正对象适用电子定位技术始终处于争议中。在实践层面,一方面,行政机关依赖技术带来的便利和高效,同时也担心技术使用潜在的隐患;另一方面,电子定位技术是一项限制人身自由的措施,虽然各省市对电子定位的适用制定了较为详实的适用规则,但仍没有上位法的支持。

为了规范电子定位的应用,根据《社区矫正实施办法》、国家有关信息化建设规范和相关行业标准,2013 年 1 月 6 日司法部颁布《社区矫正管理信息系统技术规范》和《社区矫正人员定位系统技术规范》(以下简称"两个规范"),对社区矫正信息化建设作出了规定,促进了信息化手段在社区矫正对象管控中的运用。在适用定位手机时,各省市也都根据本省市的具体情况制定了相应的管理办法。以重庆市为例,《重庆市社区服刑人员定位管理办法》明确规定,严管类;适用禁止令的;社区矫正期限两年以上的;其他因监督管理需要的,均需佩戴定位手机。

在国外,电子定位技术正式适用刑事法领域始于 20 世纪 90 年代初,1991 年英国议会通过《宵禁法案》,规定将附期限佩戴电子监控设备作为特定人接受宵禁的具体方式,1997 年《刑事法案》将电子监控对象扩大到轻罪,以及可能用其替代监禁刑适用的未成年犯。1998 年美国新泽西州通过法案允许对性犯罪人、假释人员附时限的适用 GPS 定位装置,目的是有效防范其再度危害社会,降低经济及其他成本。据当年官方估测,该州维系监禁刑的费用是每天每人 45 ~ 125 美元,采用 GPS 技术后社区监管的费用是每天每人 2.5 ~ 12.5 美元。① 事实还证明,随着定位技术的成熟、普及和使用费用的降低,二者成本差距还在明显拉大。进入 21 世纪以后,电子监控技术在刑事法活动中的运用得到更多国家及地区法律的确认。芬兰为假释犯配备一部带有全球卫星定位系统功能的手机,利用通话方式和电子轨迹了解其所在位置,核实其活动情形。

---

① 孙培梁:《社区矫正信息化》,清华大学出版社、华中科技大学出版社 2013 年版,第 165 页。

电子定位技术作为刑罚执行的辅助手段,在我国法治环境下起步较晚,也存在诸多不完善,而且其本身的合理性和有效性一直备受争论[①]。电子定位技术自其产生就一直受到学者关注尤其是受到伦理学界的质疑[②]。利用电子定位限制个人的人身自由,不仅可能过度压缩监控对象的活动空间,不当侵犯隐私权,还有悖于社区矫正对象在自律和宽容的环境中回归社会的原理,由此可见,刑事法领域将该技术引进社区矫正也相当谨慎。由此可知,电子定位技术在当下的普及运用并非得益于理论的推动。由于电子定位使用的正当性和效果尚不明朗,在各地试行之初官方并未明确表态支持,可见,该技术普及适用亦非是自上而下执行改制方案的结果。电子定位技术在我国矫正活动中的初始运用和具体方式的调整,内生于社区环境下掌握特定人行踪和预防再犯罪的迫切现实需求,它的创制具有地方性,它的初期推广也具有地方性。在国家层面,利用电子定位技术限定社区矫正对象活动范围是基于特殊时期维系地域治安的一时之需。

不仅如此,一些省市司法行政机关推进和规制技术运用的力度都已明显走在司法部整体部署和理论研究的前面。但是,对电子定位技术运用效果尚待评估,同时顾忌电子定位技术运用有可能引发社会质疑和反感,各省市司法行政机关就电子定位监控的运用一直是“说得少,做得多”。目前采用电子定位的设备主要有:定位手机、电子手环、电子脚环等。在《社区矫正法》出台之前,不管是使用定位手机还是电子脚环、手环,都缺乏相关的法律依据。虽然司法部出台了“两个规范”,但是其仍未解决合法性的问题。一方面,“两个规范”出台较晚;另一方面,“两个规范”效力仅是部门规章,不是正式的法律规范。地方性法规与之不同,并在适用电子定位初期已经出台,这一现象说明其技术运用的探索仍然具有地方性。

(二)电子定位应用中存在的问题

1. 各地区定位技术发展不均衡

各地区电子定位设备参差不齐。东部城市使用电子定位技术较早,设备更新换代较快,大部分中西部城市则落后于东部地区。导致各地区定位技术发展不均衡的原因主要在于各地财政预算。尽管《社区矫正法》明确了对“五种类

---

① 王利荣:《信息时代的监狱管理模式创新》,中国检察出版社 2009 年版,第 168 页。

② 邵国松:《损益比较原则下的国家安全和公民自由权——基于棱镜门事件的考察》,载《南京社会科学》2014 年第 2 期。

型”的违法违规人员适用电子定位装置，但是各地使用的电子定位装置的设备型号、质量、定位的精准度、信号的稳定性等有较大差异。相比较而言，价格高的质量较好，定位精度高、稳定性好、出错率较少。

各地区的信息化水平不平衡，网络信息联通不畅。在国家政务系统办公信息化、数字化、智能化的推动下，各地司法行政机关相继搭建了本地区的信息化矫正系统，但由于各地的信息化程度不一样，即使同处一个系统，省市级与区县级司法局、基层司法所亦存在联通不畅的问题，更不用说建立跨省市司法行政部门的常规管理通道。

2. 过度依赖技术手段容易忽视矫正质量

技术的应用能提高矫正的效率，节约矫正成本，但过分依赖技术容易忽视矫正质量，不利于整体推进矫正工作。电子定位是通过电脑平台显示辖区内社区矫正对象闪烁的“光点”轨迹，如果发现闪烁的“光点”消失，工作人员就会拨通这名“缺席”的社区矫正对象的定位手机，但是有时会出现手机信号不好和失灵的情况。只要平台显示轨迹正常，平时偶尔联系的时候均能联系上，工作人员就会放松警惕。但对于蓄意逃避的，无行之有效的管理手段。可以预期的问题是：如果监控对象违反电子定位应遵守事项，如擅离居所或短暂匿迹、破坏电子通信器材、不接电话或刻意迟缓回电或虚假陈述等，甚至是已经再犯，那么这套监控机制便难以发挥作用。因此，定位手机本质上仅属于“知悉”的管理层面，难以达到“控制”的管理层面，更达不到矫正教育的功能。对社区矫正对象的分类矫正、精细矫正仍需要制定详细的矫正方案，需要面对面的教育矫正。

3. 定位手机的适用缺乏保障性制度

《社区矫正法实施办法》将定位手机排除在定位装置之外，这无疑是给司法行政机关再次开启了方便之门。但手机定位的适用自一开始就处于争议之中，对于社区矫正对象而言，手机定位犹如头上悬挂了一柄“达摩克利斯之剑”，使其时刻处于紧张状态，甚至有些矫正对象认为，“时时都处于监视之中”。因此，社区矫正对象对于使用定位手机对其定位始终处于抵触状态，同时也质疑其合法性和正当性。实务中，为了有效管控社区矫正对象以及掌握其违法违规行为，司法行政机关对社区矫正对象进行手机定位的适用率达到96%以上，而且适用于社区矫正对象的整个矫正期间。但适用程序的法律依据仅仅只有司法部和地方司法行政机关的规范性文件，且各具特色。

4. 电子定位设备的技术更新滞后

尽管各省市都搭建了信息化平台、智慧矫正系统,但是信息化、智能化仍处于较低水平,而且部分地区电子定位设备更新滞后。通过到四川、重庆等地调研,笔者了解到,定位手机不必要的功能多,故障频发,待机时间短(一般为一天),人为损毁手机,恶意欠费,人机分离现象常见,同时,定位系统有时也会出现误报越界、信号漂移等问题。这些既影响了移动定位的效果,也有损执法的权威。

5. 电子定位的适用边界模糊

电子定位在人权保障和刑罚执行之间没有清晰的边界。根据现有技术,通过定位手机或者定位装置能对社区矫正对象进行监听或监控,甚至监视,且随着信息化技术的更新升级,一些未开发的功能可能会侵犯到个人隐私和个人信息。根据《刑事诉讼法》的规定,除了侦查机关有权对犯罪嫌疑人等基于案件侦查需要进行监听和监控之外,不得对公民进行监听和监控。从《刑法》和《社区矫正法》的角度来讲,通过电子定位对社区矫正对象进行位置移动的监控,是法律赋予的应有之义。但除了位置移动的定位监控之外,社区矫正执法机关不能侵犯社区矫正对象的其他权利,且不允许监听,也不允许将监控对象扩至其家庭成员,并需要保护监控对象的隐私和未成年人的相关信息,要告知其权利义务,尊重其知情权。通过调研,笔者了解到,凭借移动通信公司的现有技术不仅能观察到社区矫正对象的位置移动轨迹,也能掌握到社区矫正对象的通信通话内容。但目前在多大程度上和以何种方式保护其隐私权,以及如何给予行政和司法救济都需要进一步作出解释和规范。这既是执法管理的风险,也是法律规定的漏洞。

6. 证据收集缺乏规范的程序,权利救济途径缺失

社区矫正对象的违规违纪证据大多来源于电子定位方面的证据固定。这些证据通常都是社区矫正机构工作人员在工作中自行收集取得。当社区矫正对象发生人机分离,未经请假擅自外出,越界等违规违法行为时,社区矫正机构工作人员在发现后会及时固定证据,并与社区矫正对象进行核实。社区矫正对象因其行为及其附随证据而将承担相应的法律后果。根据违法行为情节轻重,社区矫正对象或被决定警告、或被适用电子定位装置,甚至可能承担治安处罚、撤销缓刑、假释等后果。然而,这些证据的收集却没有明确、规范的法律程序,也没有相应的权利救济途径。

五、规制电子监控技术运用的框架性思路

(一)明确划定监控对象,实施分类管理

对社区矫正对象应根据人身危险性和社会危害性程度分类管理,而不宜对所有社区矫正对象进行电子定位,即使是手机定位也不例外。在社区矫正对象中,假释犯人身危险程度一般高于其他类型矫正对象,对其适用手机定位并附期限定位监控是必要的。对假释犯中刑期五年以上的暴力犯罪人、性犯罪人以及惯犯等,设置电子定位的具体方案,以及相对合理的管理层级,有利于有效维护社会安全,引导假释犯顺利回归社会。结合我国的矫正实践来看,因过失(主要是交通肇事)或危险驾驶等行为获罪并被宣告缓刑的社区矫正对象应否列为电子定位的对象,值得细致研究。据笔者到四川、重庆、山东等地的实地调查,目前针对上述假释犯、缓刑犯都配发定位手机,并对其进行定位监控。就其再犯罪危险程度的一般性研判,为他们配发手机主要目的是便于管理,换言之,掌握所有社区矫正对象自备手机的号码或者向其配发手机,并非都是为了定位监控,对处于矫正后期或者人身危险性明显较小的社区矫正对象来说,手机的主要功能是实现与社区矫正机构的有效联络和沟通,此时定位不应当是手机的功能,至少不是其首要功能。

(二)明确定位对象活动范围

在矫正实务中,定位监控的时限一般短于执行期限是明确的,但划定社区矫正对象活动范围的要求较为模糊。合理设定监控程度还是法律"盲区",且一些制度尝试须经理论质证。比如,在上海首例适用电子监控的判决中,法官事先取得监控对象同意且要求其做出相应承诺,宣告其缓刑一年,接受电子实时监控三个月。监控期限的规定明确且合理,只是该判决引出三个有待清晰解答的问题:其一,如何理解被监控者"同意"的法律性质?对于一个有着正常智识的人而言,无论接受何种方式的监视都是违背意愿的。如果社区矫正对象面对的处罚要么是接受监禁处遇,要么是接受定位监控,那么他们自然会两者取其轻。这里所指的同意具有特定的含义,是指监控对象必须签署协议,即以遵守特殊义务包括维护定位终端正常运行的义务等承诺获得社区矫正的机会。其二,对于监控对象活动范围及被告知的程度,相关公开报道言之不详,判决书能否和应否言尽其详,也都是存疑的。司法行政部门如何划定其活动范围才是可行和合理的,如何控制成本和提高效果,都有待跟进评估。其三,在地理性定位监控期满之后,原手机号码仍为监控对象所使用,司法行政部门在其矫正期间

仍会借此施予联络性的定位,因此,监控对象对运营商是否按期自动终止地理性定位的服务,司法行政部门是否实际结束了手机定位等情况,都应当拥有知情权。若跟进相应的法律程序,无疑需要规制司法行政部门的行为。

基于管理便利的考虑,绝大多数省市根据区县一级司法行政部门管辖范围设定监控对象的活动范围。由于该级行政管辖区域较大,一般可以覆盖监控对象的活动范围,基本能满足监控对象生活和工作的需求。但是,随着现代交通工具的普及和城镇化进程的加速,社会成员的活动范围逐渐扩大,硬性的、统一的划出社区矫正对象的活动范围可能不尽合理,毕竟社会成员不是根据行政区域形成自己的生活轨迹。如果严格按照行政区域划定社区矫正对象的活动范围,可能会不当干预监控对象的生活、工作或者就学,阻扰其融入社会生活。在北京、上海、重庆等超大城市,社会成员跨区上班或者就学已是常态现象。另据笔者在四川省阆中市的调查,居住于两市交界地区的社区矫正对象,常因亲属或家庭成员突发变故而未请示逾界探视,对此司法所工作人员处置的一般规则是:外出前书面请假,说明事由、出行时间及地点;外出过程中及时报告活动情况;按规定时间返回,并要求其进行电话销假或者赴所报告。至于监控对象在紧急状态下不得不逾界后说明情况的行为,有关部门经查证属实后通常也不以违规行为追究责任。需要说明的是,按行政区域划定监控对象活动范围的主要作用是掌控其活动行踪,对于那些需要特别监控的人员,目前手机定位的功能难以实现监控的针对性和有效性。就活动规律和空间而言,一般社会成员的主要活动轨迹是居所周边,以及居所与工作、就学地点之间的线性距离。针对这一活动范围设定禁区,并明确要求其禁止进入那些易诱发犯罪,或易引发与被害人及其家属冲突等区域,显然更合理,也更具针对性。

还须看到,如果以现有监控范围为一般标准,对不得不跨界就业或就学的社区矫正对象做特例处理,就须对其跨界活动进行有效监控。否则,监控对象脱管和漏管概率将可能明显升高,再犯罪风险随之加大。要做到根据个人正常社会交往的需求和生活轨迹画出活动范围,则对司法行政部门的管理水平和软件设计都提出了较高要求。做到这一点,不仅要求社区矫正机构根据社区矫正对象的具体情况,提出划定活动范围和轨迹的具体意见,还须考虑监控对象因谋生、就学等特殊需要而不得不变动生活空间的情形,对其监控范围也要及时作出调整,甚至更改。根据上述特殊要求,软件开发商和网络运营商需要提供相应的服务。这样一来,整个技术监控系统的开发和运行成本都可能有所增大。

（三）明确司法行政部门职能，限定监控力度，清晰定位边界

根据现有科技水平，司法行政部门对社区矫正对象实现手机定位的同时，监听其通话内容已经不是难事，这就引出了对监控部门权限予以法律约束的正当要求。一直以来，基于对个人通信权的保护，地方司法行政部门没有要求，运营商也没有为其提供监听社区矫正对象通话内容的业务。在调查中，笔者没有发现监听通信内容的个例。但如果没有法律明确设限，这个禁区很容易因各种理由而被突破。值得注意的是，在司法部下发的《智慧矫正　移动应用技术规范》（SF/T 0057－2019）涉及通话管理的内容中明确了以通话录音形成历史记录是一项技术要求。这里的通话录音究竟是指社区矫正机构工作人员与监控对象的通话录音、社会工作者及其他志愿者与监控对象的通话，还是指监控对象与其他人的通话，须予以合理解释。否则，可能造成执法意识偏差尤其是区县级司法行政部门的误读。笔者认为，通话录音应当被限定在矫正关系主体即社区矫正机构工作人员与监控对象的通话录音范围，除非基于紧迫防范重大犯罪的现实需要，并在具有技术侦查的条件下，否则社区矫正对象与他人的通信内容不受监听，其通信权与普通公民应无差异。

（四）与社会调查评估同步进行，体现量刑与行刑的良性互动

适用电子定位与适用缓刑、假释一并经过审前调查评估，目前已是刑事法的明确要求。经修正的《刑事诉讼法》明确规定，侦诉审部门都必须对未成年人刑事案件展开社会调查，该法还明确规定，暂予监外执行适用条件之一是犯罪人没有再犯罪危险，这表明对此社区矫正部门须向有关部门提交调查评估报告。《刑法修正案（八）》中规定，缓刑适用的条件之一是不致对社区安全产生重大不良影响，假释的适用条件之一是不致对社区安全产生不良影响。显然，对于这两类人的人身危险性及程度，法官同样是在参考社区矫正部门审前调查评估调查结论的基础上作出判断。这就打破了过去很长一段时间量刑与行刑各行其是的惯例，初步显现了量刑权与行刑权的良性互动。

至于做出审前调查评估的主体，目前理论与实务界对于承担审前调查评估的权力归属已经达成共识，即司法行政部门。司法行政机关做出审前调查评估的部门应当是与基层法院同级的区县一级社区矫正部门。

（五）针对不同程度违反特定义务的行为，制定相应的法律制裁措施

社区矫正机构执行个案矫正原则，根据社区矫正对象个人情况，制定相应

的矫正方案,并根据重返社会的进程和自律程度,适时调整方案,从宽或加大监督力度。在监控程度方面,社区矫正机构可以根据社区矫正对象违法违规情形,适度扩大或缩小其活动范围。对不同程度违反监控协议的行为,社区矫正机构可以分别设置警告、延长监控时间、缩小活动范围、予以中间监禁处分和撤销假释等处罚等级,由此有效约束社区矫正对象的行为,实现预防重新犯罪的目标。

目前《社区矫正法》没有规范电子监控的内容,同时,相关技术规范是用于调整软件开发商与司法行政部门之间的协作行为,因而亦未涉及监控对象及其承担的义务。各省市矫正部门对于如何签订这样的协议存有不同的理解,做法也不一致。对此,全球最大的安保公司 G4S 公司提供的相关协议格式具有样本意义。该协议在注明使用设备的型号和签署日期的基础上,用格式合同方式写明"我声明接受如该协议注明的电子设备的监控。我了解任何对设备的毁损或破坏都可能导致进入刑事诉讼程序。我将保证并接受电子定位。我了解任何违反该监控的行为都有可能结束缓刑(假释)阶段,而且根据处罚规则还可能导致进一步强制执行更严峻的惩罚。我确认已被告知有关电子监控使用及维护的所有细节,包括保持电量、不移除、不毁损"。

显然,只要这类协议投入使用,相应的法律后果就应当予以兑现。目前,有些省市的相关规范性文件已经涉及相关处罚,比如,《四川省社区矫正实施细则(试行)》第 78 条第 2 款明确规定,"社区服刑人员故意不携带、不开机或者故意丢失、损坏定位手机等监控设备,造成人机分离、定位失效、通信中断的,司法所可以提请县级社区矫正机构给予警告。"受到三次警告仍不改正的,或者启用定位装置定位程序,或者启动提请撤销假释的程序。有些省市司法行政部门直接将上述不配合的行为定性为违反特定义务的行为,交由公安机关予以治安处罚;社区矫正对象再度违反协议,社区矫正机构可以提请撤销假释,撤销缓刑,撤销暂予监外执行、收监执行的工作。

(六)确定技术优化路径,升级定位信息系统

根据需要和可能改进定位技术,重点监控假释犯。我国对假释犯的行为监督不同于一些国家采取的家庭式监禁。由于假释是提前附条件不执行刑罚的活动,假释犯的活动范围不宜限制地狭窄,但在其因就业、就学需求而划定的活动区域可能分布着一些禁止其进入的地域和场所,因此,针对性开发相应的软件,在监控地图中明确形成禁止进入的区域,提高划定监控地域的精确度,根据

监控要求区分不同的监控等级，减少技术的误差率，有助于形成外部约束，督促假释犯履行特定的义务。

优化技术路径，升级定位信息系统。一方面，形成联通司法部、省市司法厅局直至乡镇司法所的社区矫正管理平台，通过加大执法透明度和明确矫正责任，显示转制的效果。另一方面，积极探索社区矫正信息系统与社区警务信息系统、检务信息系统的有效联通，实现预防再犯罪信息资源的共享，提高整个社区防控犯罪的综合能力。

社区矫正工作新的认知、现实矛盾与破解路径

连春亮

摘　要:《社区矫正法》是契合我国进入新时代中国特色社会主义社会形态和社会结构的一部法律。从2012年列入国务院立法工作计划,到2019年12月法律颁布,先后经历了提出立法项目、审议法律草案、公开向社会征求意见、一审稿、二审稿、三审稿等多次反复,历时7年多时间,足见立法之谨慎。因此,如何认知《社区矫正法》的内在立法精神,并在法律规范之下构建新的社区矫正工作体系,就成为摆在我们面前的急迫问题。笔者以剖析《社区矫正法》的新目标、新理念、新特征、新要求等作为出发点,对社区矫正工作的新变化做出新的判断,剖析社区矫正工作面临的现实矛盾,期望不断寻求新的破解路径,在法律规制下使社区矫正工作有新的作为。

关键词:社区矫正　新认知　新判断　新表达

一、《社区矫正法》的内在法理阐释

《社区矫正法》的颁布实施,昭示着社区矫正工作的每一个环节都由法律来规制。笔者依据《社区矫正法》的立法价值取向和内在立法精神,剖析《社区矫正法》所蕴含的新理念和新特征。

（一）《社区矫正法》立法目标的学理化阐述

自2020年7月1日起正式实施的《社区矫正法》，站在我国国家治理体系和治理能力现代化的新高度，对社区矫正工作目标、工作机制、工作要求、工作流程、工作理念、工作性质、管理制度和教育模式等进行了顶层制度设计和法律规制，充分昭示了对社区矫正的新的立法目标。

1. 认知《社区矫正法》的新高度

《社区矫正法》是在新时代中国特色社会主义背景之下出台的一部法律，是对我国社会治理制度创新的法律建构，必然和新时代中国特色社会主义的社会形态紧密契合。一是《社区矫正法》在立法的政治视角上，是站在总体国家安全观的政治新高度，把社区矫正工作作为国家安全的重要组成部分，立法的价值取向着眼于社会的安全与秩序。二是《社区矫正法》在立法的社会结构上，是站在我国国家治理体系和治理能力现代化的高度，把社区矫正作为新时代社会治理体系的重要组成部分，把社区矫正工作总的发展目标定位于社区矫正工作法治化和现代化。这既是社区矫正工作的核心任务，也是社区矫正工作深化改革和转型提质的要求。三是《社区矫正法》在立法的法理技术上，是站在我国刑事司法制度的总体设计与安排的高度，既要彰显刑事司法制度惩罚犯罪、保护人民，维护社会秩序的总目标，也要充分体现社区矫正工作开放性、综合性、福利性的特点，彰显新时代我国刑事法律的谦抑性和人文性特质。只有这样，才能使社区矫正工作者摒弃以刑罚惩罚为核心的重刑主义、监管主义倾向，真正领悟《社区矫正法》所内蕴的社会治理价值和对于法治化建设的意义，克服社区矫正工作从试点到全面推行时期所形成的“监狱是封闭的社区，社区是开放的监狱”思维定式，充分认知《社区矫正法》不仅是规范司法行政部门开展社区矫正工作的法，而且是规范社区矫正工作所有参与者的法，即“社会法”。

2. 认知《社区矫正法》的新特征

《社区矫正法》一经颁布，就彰显了新时代中国特色社会主义的新特征。从总体上来看，它是一部人性化管理的“柔性法”和“谦抑法”，是体现社会公众对社区矫正对象关爱和包容的“宽容法”，是以人为中心、充满人文关怀特性的“人文法”，是内含良法善治的“善良法”，是社会力量道德教化、以文化人的“育人法”，是社会公众共同承担犯罪治理责任的“社会法”。《社区矫正法》的新特征具体表现在：

第一，立法基础的实践性。《社区矫正法》颁布实施之前，社区矫正工作进行了长达十七年的实践探索,积累了大量的实践经验,创设了社区矫正的工作制度和工作流程,探索了分类教育、风险管理、个别化教育、心理矫正、行为矫正、智慧矫正等管理和教育的方式方法;形成了比较成熟的北京模式、上海模式、浙江模式、江苏模式等管理模式;修订了《刑法》《刑事诉讼法》《监狱法》等法律法规;出台了《社区矫正实施办法》等部门规章和规范性文件。

第二,价值取向的人文性。《社区矫正法》在价值取向上,充分体现了现代人文主义精神。一是《社区矫正法》回归了社区矫正工作的本源特质。社区矫正本质上就是"由社区来矫正",而不是行刑空间转换的"放在社区来矫正",重点在于关注人的社会群体需求。二是摒弃"物格化"的价值追求,树立以"人格化"为核心的价值取向。"物格化"的价值追求以对犯罪人的报应性打击为出发点,以剥夺为手段,通过物理控制的方式来保卫社会安全和秩序。"人格化"的价值取向强调保卫社会安全和秩序要以人的改变为出发点,以实现社区矫正对象回归社会为目标。

第三,法律地位的独立性。《社区矫正法》具有独立的法律地位,确立了我国刑事执行法律的双轨制。《社区矫正法》和《刑法》《刑事诉讼法》《监狱法》一样,立法的依据是宪法,四部法律之间具有同等位阶,没有派生关系,只有衔接关系,调整的法律关系是刑事执行法律关系。所以,从《社区矫正法》的性质和任务来看,它是刑事执行法的有机组成部分。由此确立了我国刑事执行以监狱的封闭执行为特征的监狱制度和以社区刑事执行为特征的社区矫正制度。

第四,内在结构的逻辑性。《社区矫正法》的立法目的和立法总体思路明晰。从立法目的上看,《社区矫正法》第 1 条规定:"为了推进和规范社区矫正工作,保障刑事判决、刑事裁定和暂予监外执行决定的正确执行,提高教育矫正质量,促进社区矫正对象顺利融入社会,预防和减少犯罪,根据宪法,制定本法。"除了延续原有的"提高教育矫正质量""预防和减少犯罪"等立法目的外,"促进社区矫正对象顺利融入社会"成为新的价值追求。在立法的总体思路上,《社区矫正法》所蕴含的社区矫正性质不能仅仅局限于刑罚执行,即立法并未强调对社区矫正对象的惩罚性,并未赋予社区矫正工作人员警察身份和刚性监管措施、风险防控手段及处罚手段。

第五,参与主体的法定性。突出体现在社会力量参与社区矫正的法定化。《社区矫正法》对充分调动社会各方面力量参与社区矫正工作作了明确规定,倡导多元主体共同治理犯罪以及国家和社会双本位犯罪预防模式的理念,强调社区矫正主体“多元性”。关于社会力量参与社区矫正工作的规定多达9条，涉及社会工作者、基层组织、参与人员、参与组织、义务教育、就业帮扶、辅助机构、监护责任、权利保护、工作要求等。在参与的社会力量上，国家鼓励和支持企业事业单位、社会组织、志愿者等社会力量参与社区矫正；居委会、村委会可以引导志愿者和社区群众充分利用社区资源参与社区矫正；共青团、妇联、未成年人保护组织和其他社会有关组织等有义务共同做好社区矫正工作。在参与方式上，可以采用多种形式进行必要的教育帮扶；社区矫正机构可以通过公开择优购买服务、项目委托的方式来委托一些社会组织提供心理辅导、社会关系改善等方面的专业化帮扶，以不断提高矫治质量。

第六，立法元素的本土性。最突出的特点是以中国立法元素体现中国特色。社区矫正源自国外，可以说是“舶来品”，但《社区矫正法》在立法过程中，立足中国的土壤和生态，采取了先实践、后立法的方式，将中国法律元素融入其中，不仅没有简单照搬照抄他国的做法，而且注意把握新时代中国特色社会主义社区矫正的规律与时代特征，始终坚持在全面推进依法治国的大格局下认识社区矫正工作，紧密结合我国社区矫正实践，抓住主要矛盾，把《社区矫正法》作为完善刑事执行、推进国家治理体系和治理能力现代化的一项制度，系统构建起具有中国特色的社区矫正制度。

3. 认知《社区矫正法》确立的新目标

从《社区矫正法》所确立的具体工作目标看，《社区矫正法》第1条的规定，明确了社区矫正工作的五大立法目的：推进和规范社区矫正工作；保障刑事判决、刑事裁定和暂予监外执行决定的正确执行；提高教育矫正质量；促进社区矫正对象顺利融入社会；预防和减少犯罪。其中“促进社区矫正对象顺利融入社会”被第一次写入法律，成为立法目的的亮点。很显然，《社区矫正法》淡化了传统的对罪犯进行“惩罚和改造”的观念，强调矫正教育、修复和恢复被犯罪所破坏的正常社会关系，关注社区矫正对象内在潜能的开发和融入社会后的生存与发展问题。

从宏观上看，社区矫正工作的总目标是社区矫正法治化，这是我国法治国家、法治政府、法治社会一体化建设的内在要求，也是现代刑事法律的本质特征。《社区矫正法》所确立的社区矫正工作法治化的目标，主要体现在：一是社区矫正法治化以保障社区矫正对象的权利为本位。在处理社区矫正工作权利与权力之间的关系上，从社区矫正工作层面上看，严格规定以保护社区矫正对象合法权利为中心,禁止公权力侵犯社区矫正对象的权利;在社区矫正对象参与社会生活层面,强调权利平等、机会平等、规则平等;反对特权,反对差别对待,反对歧视。二是突出社区矫正工作法治化的良法善治。既要体现刑事法律对犯罪行为的"以恶治恶",彰显社会的公平正义,更要强调追求对社区矫正对象的个别正义,从这一意义上看,《社区矫正法》是追求个别正义之法,以矫正教育为核心是以善治恶的良善之法。

《社区矫正法》立法目标具有自身的特质。立法目标是指在制定法律时,法律设定和实施的行为想要达到的境界或标准。在这里,依据刑事立法目标的性质,可将立法目标分为"恶性"目标和良性目标。所谓"恶性"目标,是指立法者的刑事法律行为设定和实施,只是单纯地追求对违法犯罪行为的报复性或报应性打击。因此,刑事立法的"恶性"目标是以彰显刑事法律的威慑性、严厉性为基础的。所谓良性目标,是指立法者的刑事法律行为设定和实施,不仅追求刑事法律所张扬的社会公平正义,还出于社会的远景发展目标,追求对违法犯罪人的个别正义,即追求复合正义。笔者认为,《社区矫正法》的立法目标,既立足我国社会发展的现实状况,又前瞻我国未来社会发展的整体趋势,在对社区矫正行为的设定中,不仅要维护法律的尊严和张扬社区矫正行为预设的社会公平正义,而且大力倡导《社区矫正法》所追求的对社区矫正对象教育帮扶的个别正义。正如学者们所言:"法律的目的不是废除或限制自由,而是保护和扩大自由①。""人进入社会并不是要使自由的处境比以前更坏,也不是要使自己具有的权利比以前更小,而是要让那些权利得到更好的保障②。""从最大的机构到最小的单位,社会体制将会得到调整,从而使人类行为并不总是无益地为镇压所威慑而被不知不觉地导向非犯罪的轨道上,为在最小限度地导致暴力滋扰和违法机会的条件下发挥个人能力和满足个人需要留下充分的余地③。"因此,《社区矫正法》站在保障社区矫正对象人权的高度,在维护公共利益和社会秩序的同时,设定适度监督管理和教育帮扶为社区矫正的工作核心,打破了传统刑事法律"刚性"特质,更多地体现出《社区矫正法》所具有的宽容性,彰显了新时代中国特色社会主义的新特征。

---

① [英]洛克:《政府论》(下册),叶启芳、瞿菊农译,商务印书馆1982年版,第636页。

② [英]潘恩:《潘恩选集》,马清槐等译,商务印书馆1981年版,第142页。

③ [意]恩里科·菲利:《犯罪社会学》,郭建安译,中国人民公安大学出版社1990年版,第81页。

笔者从不同的视角，将社区矫正立法目标内在的特质解读为：第一，在预设监督管理的行为规范上，它是一部人性化管理的“柔性法”和谦抑法；第二，在社会优良品质的塑造上，它是追求社会公众对社区矫正对象关爱和包容的“宽容法”；第三，在立法的价值取向上，它是以人为中心充满人文关怀特性的“人文法”；第四，在社区矫正治理体系和治理能力现代化的建构上，它是内含良法善治的“善良法”；第五，在矫正教育和社会帮扶的立法精神上，它是社会力量道德教化、以文化人的“育人法”；第六，在刑事立法的社会品性上，它是社会公众共同承担社会犯罪治理责任的“社会法”。

（二）《社区矫正法》新规定的学术化表达

《社区矫正法》摒弃了从试点到推行阶段的一些做法，广泛征求了社会公众的意见，吸纳了诸多国际刑事执行中的先进经验，使《社区矫正法》的规定，从理论基础到制度设计，呈现出诸多新的样态，发生了新的变化。

1. 社区矫正工作的新理念

《社区矫正法》顺应新时代中国特色社会主义的内在要求，以社区矫正对象回归社会为核心，确立了社区矫正工作新理念。笔者认为，《社区矫正法》的颁布实施，使社区矫正工作理念发生了重大转变。

第一，社区矫正工作理念在方向上的转变。社区矫正工作理念由过去的“刑”“罚”“管”“教”转变为“控”“矫”“育”“帮”。具体来说，在社区矫正工作由试点到全面推行阶段，社区矫正工作定性为非监禁刑罚执行方式，以“徒刑”为基础和依据，以刑罚惩罚作为对犯罪的报应性打击方式，以严格监管为社区矫正的工作手段，以矫正教育和社会帮扶为辅助措施。《社区矫正法》颁布实施后，所确立的社区矫正工作新理念，是以危险控制和适度监管为社区矫正工作手段，以矫正教育为核心，以德育人、文化育人为形式，以社会救助为辅助措施，以实现社区矫正对象回归社会为目标。笔者由此延伸出两种理论预设：一是社区矫正立法价值新取向的“西天取经”理论：社区矫正工作就像唐僧取经，社区矫正对象就如“孙猴子”，我们的目的不是不断地念“紧箍咒”让其感受痛苦，以体现惩罚性，而是通过矫正教育，使社区矫正对象修成正果，回归社会。二是社区矫正工作新定位的“麦田守望人”理论：社区矫正工作就像守望成熟的麦田，有人偷窃或破坏时及时制止，制止无效时及时报警。从这个意义上说，社区矫正工作者犹如社会安全的守望者和社会危险成员的管控者。关于这一点，从《社区矫正法》第1条、第3条的规定就可以明显看出。据此，对社区矫正工作而言,在新的价值理念主导下,《社区矫正法》就成为培育价值取向、调和价值冲突、达成价值共识的价值引导。

第二,转变“刑罚执行”理念,确立“社区本位”理念。在社区矫正工作由试点到全面推行阶段,由于法律规制的缺位,将社区矫正工作定位于非监禁刑罚执行活动,在实务工作中进行了诸多探索和尝试,在工作理念和工作要求上,强调刑罚执行和严格监督管理,应该说都有其合理性。但是,《社区矫正法》将社区矫正定位于“刑事执行”活动,只要求对社区矫正对象进行“适度监管”,对社区矫正对象的矫正教育走上核心地位,在这样的立法精神指导下,政府在社区矫正中扮演“元治理”的角色,社区矫正工作是社会所有成员的共同责任。政府制定社区矫正的方针路线、整体发展规划,把握社区矫正的正确方向,依照社区矫正的发展要求设立矫正项目和矫正内容,控制社会参与程度、社会工作者的执业条件以及专门机关与有关部门关系的合理定位,提供社区矫正所需要的财政经费。司法行政机关是这项工作的“掌舵者”和主导者,扮演的主要角色是社区矫正规则制定者、社会力量参与社区矫正工作的提供者、社会安全与秩序的维护者、社区矫正环境共建共治共享的促进者。法定参与的社会力量才是社区矫正工作的“划桨者”,即社区矫正具体工作的承担者。社区矫正机构是社区矫正工作中政府与社会相互结合的工作平台,是政府与社会有机联系的桥梁和纽带。这样,拥有丰富社会资源的社区就走向了社区矫正工作的前台,成为社区矫正工作的基本单元和基本支撑,社会力量的广泛培育和介入成为立法后社区矫正工作的重点。

第三,秉持社会工作价值理念。如前所述,过去我们将社区矫正工作定位于非监禁刑罚执行活动,背离了社区矫正工作的价值追求。严格地说,社区矫正工作是社会工作的有机组成部分,是社会工作向社区矫正对象矫正教育领域的延伸和拓展。为了全面贯彻落实党的十九届四中全会提出的系统治理、依法治理、综合治理、源头治理的战略构想,在颁布实施的《社区矫正法》中,涉及“社会工作”这一概念有 4 次,涉及“志愿者”概念有 3 次,涉及“社会组织”概念有 7 次,涉及“社会力量”有 3 次。由此可见,社会力量参与社区矫治工作成为《社区矫正法》的重点内容,它立足于社会工作的逻辑预设,将社会工作的尊重、平等、接纳、保密、价值中立等价值理念贯穿于社区矫正工作的始终。同时充分应用社会工作的专业价值理念、理论和技术,与社区矫正对象建立良好的专业关系,充分发掘社区矫正对象的优势,帮助社区矫正对象自助自立,给予他们鼓励和支持，协助他们回归社会。

2. 社区矫正工作的新变化

第一，确立社区矫正制度成为真正意义上的刑事法律制度。《社区矫正法》是我国刑事执行双轨制的法律依托。传统上，我国的刑事执行制度是以监禁刑为主导的单一制。在历史发展过程中注重监禁刑的威慑、惩罚效应和社会价值，而非监禁刑事执行常常被忽略。《社区矫正法》的颁布实施，使社区矫正制度以法律的形式固定下来，这既是历史的必然，也是我国社会管理制度创新在刑事执行制度层面的体现。从《社区矫正法》所具有的刑事执行法的实际意义来考察，确保刑罚实施和实现的刑事执行法，它应当与《监狱法》一同居于与刑事实体法和刑事程序法相同的国家基本部门法的地位。以《社区矫正法》和《监狱法》为主体，共同构成了我国的刑事执行法律体系。自此，从法律意义上讲，《社区矫正法》既是刑事执行法的有机组成部分，也是我国刑事法律体系的重要组成部分。我国刑事执行制度就形成了监狱监禁执行和社区矫正的双轨制。《社区矫正法》成为社区矫正这一刑事执行方式的法律依托和支撑。

第二，重新界定了社区矫正的性质问题。在社区矫正工作由试点到全面推行时期，关于社区矫正的性质，不仅有刑罚执行、社区刑罚、社区刑罚执行、社会处遇、监督救助等社区矫正的单一性质之争，而且还有刑罚执行和社区活动、刑罚执行活动和矫正教育活动、刑罚执行属性和社会工作属性等复合性质之争。工作实践中，我们一直把社区矫正工作定位为一项“非监禁刑罚执行制度”。由于这一问题直接牵涉整个社区矫正制度设计，颁布实施的《社区矫正法》规避了争议，明确将社区矫正工作定位为“刑事执行”。从被判处管制、宣告缓刑、裁定假释和决定暂予监外执行这“四类”社区矫正对象的法律地位、法律义务来看，这样定性更为符合刑法罪刑法定、罪责刑相适应的原则。

第三，将“社区矫正对象”作为法定名称。《社区矫正法》颁布实施前，对社区矫正对象的称呼比较混乱，在很多正式文件中用了“罪犯”“社区矫正人员”“社区服刑人员”等概念。《社区矫正法》将这一名称确定为相对中性的“社区矫正对象”，避免了标签效应所带来的负面影响，有利于社区矫正对象的矫正教育和顺利融入社会，凸显了《社区矫正法》追求个别正义的价值取向。

第四，规范了执行地的认定机关和认定方式。《社区矫正法》第 17 条规定：“社区矫正决定机关判处管制、宣告缓刑、裁定假释、决定或者批准暂予监外执行时应当确定社区矫正执行地。社区矫正执行地为社区矫正对象的居住地。

社区矫正对象在多个地方居住的,可以确定经常居住地为执行地。社区矫正对象的居住地、经常居住地无法确定或者不适宜执行社区矫正的,社区矫正决定机关应当根据有利于社区矫正对象接受矫正、更好地融入社会的原则,确定执行地。本法所称社区矫正决定机关,是指依法判处管制、宣告缓刑、裁定假释、决定暂予监外执行的人民法院和依法批准暂予监外执行的监狱管理机关、公安机关。"关于社区矫正执行地的规定,确立了执行地为社区矫正对象的居住地,社区矫正决定机关"应当确定"社区矫正对象的执行地。如果社区矫正对象有多个地方作为居住地的,可以确定经常居住地为执行地。在特定情况下,社区矫正对象的居住地、经常居住地无法确定或者不适宜执行社区矫正的,根据有利于社区矫正对象接受矫正、更好地融入社会的原则,由社区矫正决定机关确定社区矫正执行地。这一规定极大地缓解了长期以来关于执行地认定的困境。

第五,明晰了参与主体的职责和分工协作。《社区矫正法》规定司法行政部门主管社区矫正工作,人民法院、人民检察院、公安机关和其他有关部门依照各自职责,分工负责、相互配合、相互制约,依法开展社区矫正工作。这样,从国家法律层面厘清了各方职责义务,使社区矫正执行工作的衔接配合问题法定化。其主要表现在:一是社区矫正决定机关确定执行地。从《社区矫正法》颁布实施前的"核实"到"确定",意味着义务的转化,即社区矫正执行地的确定将交由决定机关负责。这样规定的积极意义,是避免了因居住地核实造成的"入矫难"的问题。二是社区矫正对象收监执行的送交主体与执行受理机关的转变。《社区矫正法》重新对送交主体进行了规定,即第48、49条分别规定:"人民法院裁定撤销缓刑、假释的,公安机关应当及时将社区矫正对象送交监狱或者看守所执行";"人民法院、公安机关对暂予监外执行的社区矫正对象决定收监执行的,由公安机关立即将社区矫正对象送交监狱或者看守所收监执行";"监狱管理机关对暂予监外执行的社区矫正对象决定收监执行的,监狱应当立即将社区矫正对象收监执行。"这样,从法律层面上讲,将送交收监执行的主体全部更改为"公安机关"或"监狱",有效解决了司法行政机关送交收监执行难的问题,也更为符合"社区矫正机构"的"执行"性质。三是人民法院新增确定执行地、决定逮捕等职责,提请社区矫正对象减刑的法院由居住地中级人民法院变为执行地中级以上人民法院,提请撤销缓刑、撤销假释的法院由原裁判人民法院变为原审人民法院或者执行地人民法院。四是人民检察院监督的依据、范围更加规范,同时取消了社会调查的委托权和收监执行建议的前置程序。这样,人民检察院依照法律规定的权限、程序和规范依法独立行使检察权。五是公安机关新增逮捕、移送、现场处置、追捕等职能。《社区矫正法》第31条规定了对社区矫正对象正在实施违反监督管理规定的行为或者违反禁止令等违法行为，制止无效的，由公安机关到场处置的职责；第47条规定，"被提请撤销缓刑、假释的社区矫正对象可能逃跑或者可能发生社会危险的，社区矫正机构可以在提出撤销缓刑、假释建议的同时，提请人民法院决定对其予以逮捕……决定逮捕的，由公安机关执行……"；第48条第3款规定了撤销缓刑、撤销假释的社区矫正对象由公安机关负责移送的职责；第50条规定，"被裁定撤销缓刑、假释和被决定收监执行的社区矫正对象逃跑的"，由公安机关实施追捕的职能。六是明确规定了对社区矫正对象实施考核奖惩，以及提请减刑、撤销缓刑、撤销假释、执行收监等情形时的衔接配合程序。七是在监督管理中，也明确了社区矫正机构、公安机关和有关单位及个人的衔接配合。

第六，明确了社区矫正对象的权利义务。《社区矫正法》第4条对社区矫正对象权利义务进行了规定："社区矫正对象应当依法接受社区矫正，服从监督管理。社区矫正工作应当依法进行，尊重和保障人权。社区矫正对象依法享有的人身权利、财产权利和其他权利不受侵犯，在就业、就学和享受社会保障等方面不受歧视。"第34条规定了社区矫正对象的法定权利："开展社区矫正工作，应当保障社区矫正对象的合法权益。社区矫正的措施和方法应当避免对社区矫正对象的正常工作和生活造成不必要的影响；非依法律规定，不得限制或者变相限制社区矫正对象的人身自由。社区矫正对象认为其合法权益受到侵害的，有权向人民检察院或者有关机关申诉、控告和检举。受理机关应当及时办理，并将办理结果告知申诉人、控告人和检举人。"第23条规定了社区矫正对象的法定义务，"社区矫正对象在社区矫正期间应当遵守法律、行政法规，履行判决、裁定、暂予监外执行决定等法律文书确定的义务，遵守国务院司法行政部门关于报告、会客、外出、迁居、保外就医等监督管理规定，服从社区矫正机构的管理"。另外，在日常管理、执行地变更、电子定位、禁止令执行等方面规定了社区矫正对象的应尽义务。

第七，关于时效的规定更加细化、统一和具体。由于《社区矫正法》是刑事执行中实体法和程序法的统一，因此，社区矫正工作的各个环节就必然涉及时效的规定。在《社区矫正法》出台之前，关于社区矫正的时效，规定的特别混乱，不仅存在省、自治区、直辖市规定的不一致，也存在一些地级市的文件规定与最高人民法院、最高人民检察院、公安部、司法部的规定冲突的情况，在具体执行中，常常产生矛盾甚至各行其是的问题。在这次出台的《社区矫正法》中，对此统一进行了规范，可以说这也是《社区矫正法》的亮点之一。《社区矫正法》第20条将通知和文书送达的时间分别规定为5日和10日。“社区矫正决定机关应当自判决、裁定或者决定生效之日起五日内通知执行地社区矫正机构，并在十日内送达有关法律文书，同时抄送人民检察院和执行地公安机关……”第21条将社区矫正对象报到移送的时效规定为10日。第33条将人民法院裁定是否减刑的时效规定为30日。第47条规定人民法院对被提请逮捕的社区矫正对象作出是否逮捕的决定期限是48小时，逮捕后的羁押期限不得超过30日。第48条规定了人民法院对于是否撤销缓刑、假释作出裁定的时间是30日。第49条规定了社区矫正决定机关对于暂予监外执行的社区矫正对象作出是否收监执行的决定的期限是30日等。这些规定对社区矫正参与主体起到了统一的规范作用。

第八，关于电子定位问题进行了严格的限制性规定。《社区矫正法》第29条关于电子定位的规定，由过去的电子定位普及化控制手段转变为限制性控制措施。同时规定了电子定位适用的条件、批准程序和期限等内容。从这一法律规定的价值取向上看，电子定位是限制人身自由措施，严格限制使用这一措施是社区矫正法治化的内在要求。

第九，明确规定了社区矫正的工作原则。《社区矫正法》第3条规定了社区矫正工作坚持监督管理与教育帮扶相结合原则、专门机关与社会力量相结合原则、分类管理原则、个别化矫正原则等；第4条规定了尊重和保障社区矫正对象人权原则等。

(三)《社区矫正法》新要求的体系化剖析

《社区矫正法》规定的新变化，对社区矫正工作提出了新的要求，必须对传统的工作方式方法进行合法性审视，把社区矫正工作规制在法律的框架内。

1. 要求明晰社区矫正的法律关系

《社区矫正法》的颁布实施，意味着社区矫正法律关系的产生。社区矫正法律关系属于社会关系中法律关系的范畴。社区矫正法律关系是指社区矫正法律法规所调整和规范的社区矫正主体之间的权责义务关系，包括社区矫正机构因社区矫正活动而形成的社区矫正机构与社区矫正对象之间，社区矫正机构与公安机关、检察机关、审判机关、监狱等机关之间，社区矫正机构与社会团体、村

（居）委会等组织或公民之间的权利义务关系。由此可见，社区矫正法律关系定位于以下三个层次：一是社区矫正法律法规所调整和规范的社会关系，即根据社区矫正法律规范而产生的主体之间的特定的权利义务关系。二是基于社区矫正机构对社区矫正对象实施执行刑罚、监督管理、矫正教育、社会帮扶等活动而产生的社会关系。三是社区矫正机构与社区矫正对象、参与机关、参与组织或公民之间产生的社会关系。具体来说，必须明晰社区矫正的以下法律关系：

第一，社区矫正行刑关系。社区矫正刑罚执行机构依照刑事判决或者裁定、决定对社区矫正对象执行刑罚过程中所产生的权利义务关系。执行刑罚是社区矫正法律关系产生的法律前提，社区矫正法律关系中的多重法律关系基本都是围绕社区矫正刑罚执行机构的刑罚执行活动而发动、开展、变化、变更和消灭的。其中主要包括：因适用假释、缓刑、暂予监外执行等而形成的社区矫正刑罚执行机构与社区矫正对象之间的权利义务关系；因社区矫正对象的接收所形成的社区矫正机构与监狱机关、人民法院、人民检察院、公安机关、社区矫正对象等之间的权利义务关系；因社区矫正对象违规违纪、又犯罪、有余罪和出现法定事由需要收监执行而形成的社区矫正刑罚执行机构与社区矫正对象之间的权利义务关系；因处理社区矫正对象申诉、控告、检举及减刑等而形成的社区矫正机构与监狱机关、人民法院、人民检察院、公安机关、社区矫正对象等之间的权利义务关系；因社区矫正对象回归社会而形成的社区矫正机构与公安机关、政府和社区矫正对象等之间的权利义务关系；因禁止令的执行而形成的社区矫正刑罚执行机构与社区矫正对象之间的权利义务关系。

第二，监督管理关系。监督管理关系是社区矫正中的主导关系之一，是指社区矫正机构对社区矫正对象实施监督管理行为而形成的、与参与各方之间的权利义务关系。监督管理是社区矫正工作中最基本的工作方式，贯穿于社区矫正对象社区矫正的自始至终，在其地位上是刑罚执行和矫正教育的中间媒介，体现于社区矫正工作的各个方面。主要包括社区矫正宣告、设立矫正小组、建立矫正档案、日常检查与定期走访、学习管理、请假与销假、迁居管理、会客管理、考核奖惩、报告与审批、信息通报、危险控制、公益活动、禁止令执行等。社区矫正机构在日常监督管理活动中和社区矫正对象，以及其他参与者依法形成的权利义务关系，都属于监督管理关系范畴。

第三，矫正教育关系。矫正教育关系是指社区矫正机构对社区矫正对象实施矫正教育行为而形成的、与参与各方之间的权利义务关系。社区矫正的核心价值就在于将社区矫正对象置于社区之内,广泛应用丰富的社区资源,对社区矫正对象开展全方位的矫正教育,以实现社区矫正的目的。所以,矫正教育是社区矫正工作的主导内容,在社区矫正法律关系中居于支配地位。社区矫正的矫正教育活动主要包括形势政策教育、法律教育、道德教育、行为矫正、心理矫治、个案矫正、社会态度教育、社会技能培训、就业指导与设计、社会生活指导、危机干预等。社区矫正机构在矫正教育活动中所形成的与社区矫正对象,以及其他参与主体之间的权利义务关系,都属于矫正教育关系范畴。

第四,社会帮扶关系。社会帮扶关系是指社区矫正机构对社区矫正对象实施社会帮扶行为而形成的、与参与各方之间的权利义务关系。社会帮扶是对社区矫正对象的救济行为,目前主要有法律帮助、就业就学帮助、医疗救助、生活救助、社会保障、危机干预、社会生活指导等。社区矫正机构在社会帮扶活动中所形成的与社区矫正对象,以及其他参与主体之间的权利义务关系,都属于社会帮扶关系范畴。

第五,组织管理关系。组织管理关系主要是指社区矫正机构与参与社区矫正工作的相关国家机构之间的关系;社区矫正机构内部之间的层级管理关系;社区矫正机构平级之间的横向协调关系;社区矫正机构与行使刑罚执行权的警察之间的关系;社区矫正机构与社区矫正工作者之间的行政隶属关系等。

2. 要求强化对社区矫正对象权利的保障意识

《社区矫正法》第 4 条和第 34 条等规定了社区矫正对象的权利,把尊重和保障人权作为社区矫正工作的基本原则。社区矫正对象的法定权利包括依法享有的人身权利、财产权利、就业权、就学权、享受社会保障权、不受歧视权、申诉、控告和检举权,以及其他权利等。

在这里,笔者认为,在社区矫正对象的权利理解上,还应该在更高的层面上和宪法、民法、知识产权法等法律规范结合起来。从理论上讲,社区矫正对象的法定权利包括两大部分:一是社区矫正对象的一般权利,包括生命健康权、人身自由权、人格权、住宅权、通信权、婚姻家庭权、财产权和继承权、知识产权、政治权利、宗教信仰自由、获得国家赔偿权、获得物质帮助权、批评、建议、申诉、控告、检举的权利等,除此之外,社区矫正对象依照宪法和法律还享有劳动的权利、受教育的权利、文化娱乐的权利,以及各种诉讼的权利等。总之,凡是社区矫正对象未被依法剥夺或者限制的权利都是其应该享有的权利。二是社区矫正对象的特殊权利,是指社区矫正对象在社区矫正过程中特别享有的权利。包括社区矫正对象享有依法接受刑事处罚的权利，在社区矫正过程中的知情权和依法获得减刑的权利。此处特别强调的是社区矫正对象的辩护权、就学和就业权、享受社会保障权、不受歧视权、依法获得减刑权、未被依法剥夺或者限制的权利等权利①。

3. 要求把信息化建设和信息技术应用作为智识支撑

信息化建设既是我国国家治理体系和治理能力现代化的重要举措和标识，也是我国社会现代化建设的必然结果。《社区矫正法》第 5 条对信息化建设和共享作出了规定："国家支持社区矫正机构提高信息化水平，运用现代信息技术开展监督管理和教育帮扶。社区矫正工作相关部门之间依法进行信息共享。"在原有的刑事司法机关等参与主体信息化建设中，各个主体是自成体系，互设壁垒，严重阻碍了信息的互联互通，导致实务工作中相互扯皮，效率低下。《社区矫正法》的这一规定从法律层面打破了原有的信息化建设条块分割格局，为信息化建设和共享一体化奠定了法律基础，因此，信息化建设和信息技术的应用将成为社区矫正工作主要措施和手段。但是，我们必须看到，参与主体的惯性思维或者是思维定式，在相当长的一定时间内，还会成为信息化建设和共享的障碍，因此，建议对社区矫正的信息化建设和信息技术的应用进行专门的规定，进一步细化，成为对各个参与主体的刚性要求。

4. 要求分类管理教育和个案矫正规范化和精准化

《社区矫正法》第 3 条确立了"采取分类管理、个别化矫正"的原则，并在监督管理与教育帮扶两章中进一步作出具体规定。《社区矫正法》第 24 条规定："社区矫正机构应当根据裁判内容和社区矫正对象的性别、年龄、心理特点、健康状况、犯罪原因、犯罪类型、犯罪情节、悔罪表现等情况，制定有针对性的矫正方案，实现分类管理、个别化矫正。矫正方案应当根据社区矫正对象的表现等情况相应调整。"第 36 条第 2 款规定："对社区矫正对象的教育应当根据其个体特征、日常表现等实际情况，充分考虑其工作和生活情况，因人施教。"依据这些规定可以看出，分类管理教育和个案矫正是矫正社区矫正对象不可或缺的重要手段，这是因为：

第一，是《社区矫正法》的内在立法要求。《社区矫正法》不仅确立了"采取分类管理、个别化矫正"的原则，而且明确规定了社区矫正对象顺利回归社会的

---

① 吴宗宪主编：《社区矫正导论》，中国人民大学出版社 2011 年版，第 139 ~ 140 页。

目的。这样,社区矫正对象的矫正教育就被置于核心地位。为实现立法目的,除了传统的矫正教育方法、教育内容外,充分应用现代信息技术,不断改进和探索分类管理教育和个案矫正是必然的选择。

第二,分类管理教育是矫正教育精准化、规范化的体现。分类管理教育是基于社区矫正对象的类别差异而进行的差别化管理和矫正教育。由于社区矫正对象存在家庭出身背景、文化知识水平、社会阅历、工作性质、个人爱好、社会交往、成长经历、犯罪原因、犯罪行为、犯罪危害结果、认知水平等方面的差异,所以,在社区矫正管理和矫正教育方面,就需要依据类同性原则,按照一定的标准,分为不同的类型,进行区别对待和类型化处理,采取不同的管理措施,实施有针对性的矫正教育项目和矫正教育内容,实现最佳的管理效益和矫正教育效果。

第三,个案矫正是矫正教育科学化的体现。个案矫正,主要体现在矫正方案个别化,在分类处遇的基础上,针对不同的社区矫正对象的犯因性问题,制定个别化、针对性的矫正方案。个别矫正方案是以社区矫正对象的"个性化"的犯因性问题为基础的,每一个社区矫正对象的矫正方案都具有自身的独到性,就像医生治病一样,一病一策。同时,根据社区矫正的进程和矫正效果的变化,适时对个别矫正方案动态调整,以保证个别矫正措施的有效性。

总之,分类管理教育和个案矫正具有针对性强的特点,在以社区矫正对象的矫正教育为中心的背景下,必将发挥重要作用,必将成为社区矫正工作的新动能。

二、社区矫正工作的新判断

《社区矫正法》《社区矫正法实施办法》的相继颁布实施,必然对社区矫正工作产生重大影响,要求社区矫正工作都必须规范在法律法规之下,对于社区矫正工作从试点阶段到全面推行阶段的工作流程、体制机制、管理制度、教育模式等,进行法治化审视。据此,笔者从宏观层面和具体工作层面,按照"政治引领""法治保障""德治教化""自治强基""智治支撑"的基本路径①,对社区矫正工作的发展趋势作出新的判断,以便于树立社区矫正工作新理念,适应《社区矫正

---

① 参见陈一新:《加快建设更高水平的平安中国助推"中国之治"再创新奇迹》,载民主与法制网,http://www.mzyfz.com/html/1527/2020-10-26/content-1444634.html。

法》的新变化，努力实现《社区矫正法》确立的新目标。

（一）社区矫正工作进入法治化时代

从社区矫正发展的历史进程来看，社区矫正试点、试行、推行的时代是政策主导时代，主要依靠规范性文件和上级部门的规定、实务部门的工作要求从事社区矫正工作。因此，整体制度设计具有随意性、实用性和探索性特征。客观地说，这只是社区矫正工作的过渡阶段。

《社区矫正法》的颁布实施，确认了社区矫正法治化的理念，是社区矫正法治化的逻辑起点，为依法开展对社区矫正对象的监督管理和矫正教育提供了明确而又具体的法律依据。社区矫正工作从程序到内容由法律来规制，真正进入了法治化时代。可以说，《社区矫正法》为依法进行社区矫正提供了实在法的依据，使社区矫正工作进入了有法可依、有章可循的法治化时代。

社区矫正法治化的根本在法治。“法治最基本的前提是有法之治”①，规则之治，良法善治。仅有社区矫正法治的理念，没有实在法的确认；仅有依法进行社区矫正的要求，没有严格的程序规范；仅有保障矫正对象人权的意识，没有法律的宣言，那么，这一切都是枉然②。社区矫正法治化对社区矫正工作提出了新的要求：一是要真正领悟社区矫正法治的内涵，树立法治理念。法治是包含了民主、自由、平等、人权、理性、秩序、正义、效益与合法性等诸多社会价值的综合观念③。只有深刻领悟社区矫正工作的法治精神，才能把法治理念贯穿于社区矫正的自始至终。二是要把握社区矫正法治的要素。有学者认为，法治应包含以下要素：法律至上、规则之治、敬畏法律；良法善治；制约公权；保障私权；司法机关依法独立行使职权④。要实现社区矫正法治化，把握这些要素是十分必要的。三是必须树立法律的权威。对于我国的社区矫正法治化来说，“法”要求我们必须建设中国特色社会主义法律体系，“治”要求我们必须树立法律的权威⑤。习近平总书记曾经指出：“法律是什么？最形象的说法就是准绳。用法律的准

---

① 周介昆、陈柏安：《监狱法的法律地位及价值评估》，载法律图书馆网 2005 年 4 月 19 日，http://www.law-lib.com/lw/lw_view.asp? no=5121。

② 周介昆、陈柏安：《监狱法的法律地位及价值评估》，载法律图书馆网 2005 年 4 月 19 日，http://www.law-lib.com/lw/lw_view.asp? no=5121。

③ 张文显：《法哲学通论》，辽宁人民出版社 2009 年版，第 370 页。

④ 参见孙谦：《走向法治——关于法治问题的几点思考》，载《人民检察》2020 年第 1 期。

⑤ 参见孙谦：《走向法治——关于法治问题的几点思考》，载《人民检察》2020 年第 1 期。

绳去衡量、规范、引导社会生活,这就是法治”[①]。只有这样,才能克服重刑主义思想,克服强调惩罚功能的监管中心主义,避免把社区矫正当成“开放的监狱”,避免将社区矫正工作泛化为全民专政的“惩罚社区”。

(二)社区矫正对象人权保障法定化

《社区矫正法》是社区矫正对象人权保障的“大宪章”。在社区矫正工作中,一是社区矫正工作者必须强化社区矫正对象人权保障的意识,树立人权保障的理念。社区矫正对象的人权同样应受到法律的尊重与保护。“犯人首先是一个人,然后才是一个犯人。”[②]犯人也享有作为一个人所应享有的权利,“法律也应当尊重其作为人本身的价值,尊重其语言、交流、观察、推理、想象和创造的能力”。[③] 二是要恪守“公权法定原则”。要使每一个社区矫正工作参与者明白,在公权力的行使上,法律的红线不可逾越,如果侵犯社区矫正对象的合法权益,必然受到法律的制裁。三是《社区矫正法》规定的社区矫正对象人身自由权保护更加规范具体。在《社区矫正法》颁布实施前,《社区矫正实施办法》第 36 条仅仅规定了社区矫正对象的合法权益不受侵犯,并未对人身自由权进行详细规定。《社区矫正法》加大了对社区矫正对象人身自由权保护的力度,涉及社区矫正对象人身自由权的条款有 3 个:第 4 条第 2 款规定,“……社区矫正对象依法享有的人身权利、财产权利和其他权利不受侵犯,在就业、就学和享受社会保障等方面不受歧视”;第 34 条规定“……社区矫正的措施和方法应当避免对社区矫正对象的正常工作和生活造成不必要的影响;非依法律规定,不得限制或者变相限制社区矫正对象的人身自由。社区矫正对象认为其合法权益受到侵害的,有权向人民检察院或者有关机关申诉、控告和检举。受理机关应当及时办理,并将办理结果告知申诉人、控告人和检举人”;第 61 条规定,“社区矫正机构工作人员和其他国家工作人员有下列行为之一的,应当给予处分;构成犯罪的,依法追究刑事责任:……(三)体罚、虐待社区矫正对象,或者违反法律规定限制或者变相限制社区矫正对象的人身自由的……”等。

从上述三个条款可以看出,无论是社区矫正对象人身自由权保护原则,还

---

① 中共中央文献研究室编:《习近平关于全面依法治国论述摘编》,中央文献出版社 2015 年版,第 8 ~ 9 页。

② 杨江:《犯人首先是人》,载全球品牌网,https://www.globrand.com/2009/126125.shtml。

③ 周介昆、陈柏安:《监狱法的法律地位及价值评估》,载法律图书馆网 2005 年 4 月 19 日,http://www.law-lib.com/lw/lw_view.asp?no=5121。

是监督管理以及追究责任，分别对人身自由权提出了明确规定，这是《社区矫正法》颁布实施前后执行依据中最大的一项不同。

（三）监管形式由“强制性”规范转变为“选择性”规范

从《社区矫正法》的规定来看，这是一部充满人文精神和宽容精神的“柔性法”，主要体现在监管形式由“强制性”规范转变为“选择性”规范。

第一，管理依据由以刑事政策和行政命令为主导，转变为以法律规范为主导，强化社区矫正对象人身自由权的保护。在重刑主义思想主导下，社区矫正的刑事政策和行政命令往往从实用主义出发，体现的是强制性的一面。《社区矫正法》的“人性化管理”理念，是以人权保护为中心的。例如，在安保维稳等特定时期，应当充分考虑社区矫正对象的自由权。无论在制定相关工作规定过程中，还是在实务工作中，都不能违背法律的规定①。

第二，拓展社区矫正对象的活动领域，扩大活动空间。一是放宽外出请假标准。《社区矫正法》第 27 条规定，对于因正常工作和生活需要经常性跨市、县活动的，可以根据情况，简化批准程序和方式。二是监督管理措施合理、必要。比如，《社区矫正法》第 34 条规定，社区矫正的措施和方法应当避免对社区矫正对象的正常工作和生活造成不必要的影响。在这里，监督管理措施的实施，是以社区矫正对象的正常工作和生活为前提的，也就是说，只要存在对社区矫正对象的正常工作和生活有影响的因素，这些措施和方法就必须暂缓实施。三是社区矫正对象对收监具有提出申辩的权利。《社区矫正法》第 48 条规定，人民法院拟撤销缓刑、假释的，应当听取社区矫正对象的申辩及其委托的律师的意见。由此可见，《社区矫正法》是以保障社区矫正对象为出发点的“柔性法”。

第三，监管措施由“刚性”转变为“柔性”。2012 年《社区矫正实施办法》第 15 条、第 16 条分别规定，社区矫正人员应当参加教育学习活动，每月参加教育学习时间不少于八小时。有劳动能力的社区矫正人员应当参加社区服务，每月参加社区服务时间不少于八小时。这是对社区矫正对象监督管理的具有强制性的“两个八小时”，也是社区矫正对象在社区矫正中必须履行的法定义务。而在《社区矫正法》中取消了强制性的“两个八小时”，同时取消了“社区服务”，新增“公益活动”。没有使用“公益劳动”的概念。《社区矫正法》第 36 条、第 42 条

---

① 参见邹屹峰：《〈社区矫正法〉实施前后社区矫正工作对比分析》，载《中国司法》2020 年第 4 期。

分别规定:“社区矫正机构根据需要,对社区矫正对象进行法治、道德等教育……”对社区矫正对象的教育应当“因人施教”。“社区矫正机构可以根据社区矫正对象的个人特长,组织其参加公益活动……”这样,监督管理的“两个八小时”由原先的要求社区矫正对象“必须参与”的强制性规范,转变为“鼓励其积极参与”的选择性规范,由社区矫正对象应当参加教育以及社区服务的硬性规定,转变为社区矫正机构组织开展教育及公益活动的“选择性”权利,即强制性的要求变为根据社区矫正实际情况开展工作的需要,体现了义务与权利的转变。这就要求我们以矫正教育为根本出发点,采取更为灵活多样的方式方法,挖掘社区矫正对象的主观能动性,充分发挥矫正教育的治本引导作用,通过公益活动培育社区矫正对象的社会责任,修复被犯罪所破坏的社会关系,将这项工作变成社区矫正工作的亮点。

(四)“服务”成为社区矫正工作的核心内容

《社区矫正法》明确了“促进社区矫正对象顺利融入社会”,将社区矫正工作从以刑罚执行、严格监督管理为中心,转变为以矫正教育为核心,其本身就彰显了“以人为中心”的服务理念。在这里,应从广义上理解“服务”的内涵,即“为集体(或别人的)利益或为某种事业而工作”[①]。从这个意义上来讲,在社区矫正工作中,对社区矫正对象的矫正教育、经济困难救助、帮助就业、帮助就学、职业培训、心理干预、心理咨询、帮助就医、法律帮助、民事调解等都是服务活动。甚至可以延伸和拓展到风险管理和控制,这些也是服务,是更深层次、更高层次的提升社区矫正对象社会品格的服务。所以,为社区矫正对象提供全方位的服务,将是社区矫正工作的新形态。

(五)社区矫正信息技术应用常态化

近年来,利用现代信息技术不断探索的以互联网、物联网、智能化、大平台、大数据、大统一为特征的“智慧矫正”以及建设信息共享应用服务平台是各地在社区矫正实践中的创新经验,《社区矫正法》把这些成功做法提升为制度成果,将“国家支持社区矫正机构提高信息化水平”,“社区矫正工作相关部门之间依法进行信息共享”等内容写入总则,还就信息化核查、使用电子定位装置等作出了专门规定,为运用现代信息技术加强对社区矫正对象的监督管理提供了明确

① 中国社会科学院语言研究所词典编辑室编:《现代汉语词典》,商务印书馆1979年版,第333页。

的法律依据。这就昭示着现代信息化建设将成为常态化工作，现代信息技术应用将成为社区矫正工作的重要技术支持。因此，要求社区矫正工作者要有服务意识，以服务促进社区矫正对象的转化。

（六）委托调查评估普遍化

《社区矫正法》和《社区矫正法实施办法》都规定社区矫正决定机关可以委托社区矫正机构或者有关社会组织对被告人或者罪犯进行调查评估。社区矫正决定机关包括人民法院、公安机关和监狱管理机关。与2012年《社区矫正实施办法》相比，由于人民检察院不是社区矫正决定机关，所以，没有规定人民检察院的委托调查评估权。在这里可以预见的是，随着社区矫正对象的增多，社区矫正决定机关为了有效控制和预防社区矫正对象的社会危险性，规避潜在的风险，委托社区矫正机构调查评估将具有普遍性，呈现常态化，社区矫正机构调查评估的工作量将大大增加。与此同时，调查评估报告的整体要求向规范化、精准化发展，其在社区矫正决定机关决定是否实施社区矫正中的权重将会加大。

在这里，需要说明的是，最高人民法院、最高人民检察院、公安部、国家安全部、司法部《关于适用认罪认罚从宽制度的指导意见》中，规定了人民检察院对于认罪认罚案件的委托调查权。“36. 审查起诉阶段的社会调查。犯罪嫌疑人认罪认罚，人民检察院拟提出缓刑或者管制量刑建议的，可以及时委托犯罪嫌疑人居住地的社区矫正机构进行调查评估，也可以自行调查评估……”同时规定，社区矫正机构具有调查评估的职责。“38. 司法行政机关的职责。受委托的社区矫正机构应当根据委托机关的要求，对犯罪嫌疑人、被告人的居所情况、家庭和社会关系、一贯表现、犯罪行为的后果和影响、居住地村（居）民委员会和被害人意见、拟禁止的事项等进行调查了解，形成评估意见，及时提交委托机关。”这就预示着，社区矫正机构的调查评估工作将面临更多的对象。

（七）电子定位由普遍采用的“监管手段”变为严格限制使用的“惩罚性措施”

根据各地电子定位实施监督管理的规定，司法行政机关可以决定实施电子定位监管且初次使用电子定位监管的期限不受限制。在《社区矫正法》实施之前，电子定位监管是普遍采用的“监管手段”。

《社区矫正法》第29条规定：“社区矫正对象有下列情形之一的，经县级司法行政部门负责人批准，可以使用电子定位装置，加强监督管理：（一）违反人民法院禁止令的;(二)无正当理由,未经批准离开所居住的市、县的;(三)拒不按照规定报告自己的活动情况,被给予警告的;(四)违反监督管理规定,被给予治安管理处罚的;(五)拟提请撤销缓刑、假释或者暂予监外执行收监执行的。前款规定的使用电子定位装置的期限不得超过三个月。对于不需要继续使用的,应当及时解除;对于期限届满后,经评估仍有必要继续使用的,经过批准,期限可以延长,每次不得超过三个月。社区矫正机构对通过电子定位装置获得的信息应当严格保密,有关信息只能用于社区矫正工作,不得用于其他用途。”这与之前的规定相比发生了重大变化:一是由司法行政部门主要负责人或分管矫正工作的负责人批准使用电子定位装置;二是每次使用不得超过三个月;三是设定了经批准可以延长期限的规定,但是延长期限依然是每次不得超过三个月;四是提出了保密要求。

由《社区矫正法》的这一规定可以看出,电子定位由过去的普及化使用的“监管手段”,转变为严格限制使用的“惩罚性措施”,并规定了电子定位适用的条件、批准程序和期限等内容。

三、社区矫正工作面临的现实矛盾

《社区矫正法》和《社区矫正法实施办法》确立了社区矫正工作新的目标、新的理念,和《社区矫正法》颁布实施前相比较,从社区矫正试点到全面推行阶段所积累的相对成型的工作制度、管理措施、操作流程、矫正教育模式等都发生了重大变化。这样,就使社区矫正工作不得不面对现实问题,如何构建新的工作机制,解决现实工作中新的矛盾和冲突,寻求新的突破路径,就成为社区矫正工作必须面对的新的挑战。

(一)重刑监管与教育帮扶的矛盾

《社区矫正法》不仅是一部体现人文管理和人文关怀的“柔性法”,更是内涵以社区矫正对象矫正教育为核心的“教育法”。其中,矫正教育就成为社区矫正工作的特质,这是对监管中心主义的彻底摒弃,也是新型矫正教育理念的确立。这样,社区矫正工作就产生了以强调刑罚惩罚和严厉监督管理为重点与以法定矫正教育和社会帮扶为中心的现实矛盾。

在法治传统上,中国古代崇尚严刑峻法,用重典治乱世。中华人民共和国成立之后,为了保卫新生政权,维护社会安全和秩序,也采取了严厉的刑事政策,打击和惩罚各类犯罪。改革开放之后,为了创建良好的发展经济的社会环境，自1983年开始，进行了多次“严打”，即严厉打击犯罪的专项治理活动。因此，重视刑罚的惩罚作用成为治理犯罪的重要手段，认为对付犯罪的最好措施就是打击犯罪、惩罚罪犯，应用严厉的监管手段，使社会免遭犯罪的危害。正因如此，我国监狱押犯数量已由1982年的62万人增加到2002年的154万人，20年间增长了近2.5倍……[①]关押监管罪犯才能维护社会的安全与秩序成为惯性思维。

我国自2003年开展社区矫正试点工作以来，一直将社区矫正定性为非监禁刑罚执行活动，强调社区矫正中要严格执行刑罚，通过严厉的监管手段和措施，达到刑罚执行的目的。为了体现社区矫正的刑罚属性，为了在执行刑罚和监督管理过程中拥有行刑权，先后创造了“借调用警”模式、“延伸用警”模式、“授权用警”模式等。甚至在社区矫正立法阶段，关于社区矫正机构直接用警问题，也成为立法争议的焦点。由此看来，在社区矫正工作从试点到推行的长达17年的时间中，重刑监管一直是社区矫正的支配形态。这样重刑监管的思维定式和社区矫正17年来的实践基础，就成为贯彻《社区矫正法》以矫正教育为核心这一立法精神的障碍，也是社区矫正工作重刑监管与教育帮扶现实矛盾产生的原因。

（二）社会力量依赖与社会发育不良的矛盾

社区矫正工作是依赖社会力量而开展的工作。社区矫正的基本单元和力量支撑在社区，是以社会力量的广泛参与为特征的，是社会资源的有效利用。依照《社区矫正法》的立法精神，政府只是社区矫正工作的“主管”和“主导”者，路线方针和政策的制定者，资金的供给者和社区矫正工作成效的评估验收者。

首先，社区矫正的“划桨者”——社会力量走向前台。在颁布实施的《社区矫正法》中，不仅确立了社会力量参与社区矫正的主体地位，而且很多条文之中都涉及社会力量参与社区矫正的具体规定，其中，在《社区矫正法》中“社会工作”出现4次，“志愿者”出现3次，“社会组织”出现7次，“社会力量”出现3次。从这一意义上，《社区矫正法》不仅是大力倡导和规范社会力量参与社区矫正工作的“法”，而且是具有前瞻性和顺应新时代中国特色社会主义共建、共治、共享的，社会治理责任共同承担的“法”，社会力量由此走向了社区矫正工作的前台，成为社区矫正这艘大船的“划桨者”。

---

① 王琼等：《行刑社会化（社区矫正）问题之探讨（上）》，载《中国司法》2004年第5期。

其次,理想与现实的尴尬:社会力量的发育不良。社会力量的发育依赖成熟的社区环境。社会经济越发达,社区环境越成熟,以社会组织、社会团体等为代表的社会力量才会分布广泛、种类齐全、专业完备。《社区矫正法》倡导社会力量参与社区矫正的制度设计建立在理想化基础之上,是以社会力量的发育成熟为前提的。但是,就目前来看,我国社会力量的整体发育水平存在结构性和功能性缺陷。“什么是成熟的社区环境?它除了包括社区组织机构健全,社会成员具有较高的适应现代社会要求的素质,接受过现代教育,社区设置符合人们社会生活的基本需要等,还必须具备社会结构均衡、社会系统良性运行、民主法治、公平正义、诚实友爱、充满活力、安定有序、互相协调,人与人之间相互友爱、相互帮助,社会成员各尽其能、各得其所,人与自然协调发展,和谐相处。”① 依照这样的标准来考察我国社会力量的发展状况,存在的结构性和功能性缺陷包括:

第一,社会力量发育的不均衡。从地域分布看,我国东中西部的社会力量发育存在重大差异。社会力量发育与社区发育状况、社会经济发展、文化教育水平、公民整体素养等因素直接相关。从东中西部地区的状况来考察,东部地区社会力量发育最优,中部次之,西部最差。由于社会力量发育不足,极大地限制了社会力量的参与水平。从经济发展状况看,社会力量发育状况和经济发展紧密相关,经济发达地区社会力量发育相对成熟,政府购买社会服务的体制机制比较完善,社会力量种类繁多,参与社会活动热情高,专业化程度高。经济欠发达地区、不发达地区,社会力量发育迟缓,政府财政匮乏,无力购买社会服务。从城乡差异看,城市的社会力量发育水平,要远远高于我国广大的农村地区。从社区矫正的社会实践看,社会力量参与社区矫正,不仅存在资金的不足,更重要的是具有专业化水平的专业资源匮乏,即使足够的资金支撑,也难以购买到专业社会组织的专业化服务。

第二,社会力量的专业化程度低。一是我国社会力量的组织形式只是具备了基本要素,社会服务内容以“大类别”为标志,以社会组织、社会团体等为代表的社会力量服务内容泛化,缺乏专业化分工。二是在社会力量性质的社会组织和社会团体中,从业人员良莠不齐,待遇水平低,缺乏真正具有专业化水平的高素质人员。三是社会力量提供的服务质量低质化,长期在低水平层面运作,社

① 连春亮:《社区矫正的社会支持系统及其作用》,载《山东警察学院学报》2010 年第 1 期。

会信誉度不高。

第三,社会力量中的社会组织、社会专业性团体的规模小,融合性、协调性差。其主要表现为:一是社会组织、社会团体等为代表的社会力量不仅规模小、人员少,而且经济实力薄弱,设备落后。二是在为社会提供服务过程中,往往是自成一体、各行其是,缺乏彼此之间的协调合作、取长补短,难以形成合力。三是社会组织、社会团体等社会力量区域特征明显,常常是以行政区域为势力范围,以政府扶持项目为主,不能形成有效的竞争实力和竞争环境。

第四,非营利性、公益性社会团体和社会组织少。在社会组织、社会团体等社会力量发达的国家和地区,非营利性和公益性的社会组织、社会团体等是主导力量,活跃于社会生活的各个领域。从我国目前的社会力量整体构成看,大多是营利性社会组织和社会团体,这就导致这些社会力量自身的品质定位较低。

(三)矫正需求广泛性与矫正项目匮乏性的矛盾

《社区矫正法》要求对社区矫正对象实施分类教育和个别化矫正。社区矫正对象对矫正教育的形式、内容等,有着不同的需求,这就要求我们在对社区矫正对象的矫正教育中,应依据不同的需求和类别,依据不同的社区矫正对象个体,设置与之相匹配的矫正方案、矫正项目和矫正内容。

第一,社区矫正对象的需求多元化。社区矫正对象的生活区域环境、专业学历背景、个人兴趣爱好、经济状况等不同,对自己的职业生涯设计和职业选择有很大差异。从生活的区域看,生活在城市和农村的社区矫正对象差别最大,生活在城市的社区矫正对象大多选择美容美发、饭店宾馆、物流配送、设备维护、电器维修等服务业;而生活在农村的社区矫正对象选择养殖业、种植业、建筑业等居多。从个人兴趣爱好看,年龄大的中老年社区矫正对象喜欢自己熟悉的职业;青少年社区矫正对象往往选择具有现代特质的职业。社区矫正对象成分的复杂性,决定了职业选择的多元化。

第二,矫正项目的资源稀缺。不同的矫正项目具有自己的专业化特质,需要专业机构中的专业人士运用专业知识和技术来设置,所以,矫正项目和专业社团的发展水平紧密相关。只有具有各种专业技能的社会团体、社会组织和相关的专业机构,才能设置建造出独具特色的矫正项目。目前,我国社区矫正的相关社团处于起步阶段,不仅数量和规模少、专业人员匮乏,而且专业化水平相对较低,还没有设置建造针对性强的矫正项目,不能够满足社区矫正对象多样化的需要。我们对社区矫正对象的矫正,基本立足于简单分类型矫正,并通过社会力量的“粗放”参与来完成,存在形式单一、内容简单、竞争力差等缺陷。

(四)智慧矫正与人文教育的矛盾

智慧矫正是以现代信息技术为基础而建立起来的新型矫正教育模式,是现代信息技术在社区矫正领域的应用。人文教育是以人为中心,关注人的需要,关注人的发展,挖掘人的潜能,培育人的智识的教育活动。这样,如何平衡智慧矫正与人文教育的关系,摆正二者之间的位置就成为社区矫正工作面前的现实矛盾。

第一,智慧矫正解决现实问题。近年来,随着现代信息技术的迅猛发展,智慧矫正成为社区矫正工作的发展方向和追逐的热点,在实务工作中,智慧矫正也确实给社区矫正工作带来了便捷和高效。

社区矫正工作面临人员不足、设备落后、工作量急剧增加等问题,使社区矫正工作者整天处于繁忙的事务性工作,严重挤占了对社区矫正对象的矫正教育时间。为了寻求走出困境的路径,寄希望于配备高端硬件、应用现代信息技术,来提高工作效率。这样,社区矫正工作就把智慧矫正放在了重要的地位。智慧矫正以现代信息技术弥补了社区矫正工作的现实缺陷,期望现代信息技术的应用倒逼社区矫正体制机制的完善。正因如此,现代信息技术使社区矫正工作由传统的以人为中心转向了以技术为中心,带来了现代传媒技术的矫正教育形式和以大数据为核心的监管技术。

第二,智慧矫正指向智能化。智能化是智慧矫正的必然结果,智慧矫正硬件技术应用是多种新兴技术的结合,目的是获取、存储、传递、处理分析信息,将社区矫正中的各种信息转换为可用信息。依据 2019 年 1 月司法部办公厅印发的《关于加快推进全国“智慧矫正”建设的实施意见》,智慧矫正是集互联网、物联网、云计算、大数据、人工智能、区块链等现代信息技术为一体,使社区矫正工作更高效,建设社区矫正工作基础信息管理、业务流程管理、应急突发事件处置、电子定位监控、远程教育学习、远程视频督察等一体化大平台,使社区矫正工作实现便捷化、可视化。社区矫正工作的未来发展方向必然是智能化。智能化是智能技术的广泛应用,使社区矫正的专业设备具有感知能力、思考能力和决策能力。其中,智能机器人、智能感知、识别技术与普适计算等通信感知技术的应用,使智慧矫正逐步走向高端化。

(五)制度“内卷化效应”与社区矫正创新的矛盾

制度“内卷化”“作为一个学术概念,‘内卷化’表现为一个社会或组织,既没有突变式的发展，也没有渐进式的增长，而是处于一种不断内卷、自我复制与精细化的状态。因此，'内卷化'又译为'过密化'，用来解释政治、经济、文化和社会发展中表现出的'滞缓性'与'反复性'等特征"①，"从词源学上看，它主要用强调变迁过程中所存在的过去和现在的密切关系，表达演化过程中复杂的退缩力量。'内卷化'虽然也是一种革新的形式，但这种革新的目的在于保存现有的结构，通过修补解决问题。"笔者将社区矫正制度"内卷化"界定为："随着《社区矫正法》的颁布实施，使社区矫正工作在价值取向、法律规制、目标导向、功能定位、逻辑预设、制度规范等方面发生了变化，对社区矫正制度创设造成相对固定化的内源性障碍，导致社区矫正工作在国家治理现代化的背景下，难以进入社区矫正法治化的新型发展状态，只是不断重复已有的工作形态，制约着社区矫正制度的转型、升级和提质。"②

制度"内卷化效应"阻却社区矫正创新。制度"内卷化效应"是社会发展的形态定式和结构固化。社区矫正制度的建构一经产生，就决定了它的制度"内卷化"特征。《社区矫正法》的颁布实施，要求对社区矫正工作的开拓创新，建构新的和《社区矫正法》相适应的社区矫正制度形态。这样，社区矫正制度"内卷化效应"与社区矫正创新之间的矛盾冲突，就成为必须解决的问题。

社区矫正制度"内卷化效应"除了典型的对社区矫正工作的方式方法低水平的模仿和复制之外，被学界公认的"内卷化效应"还包括无意义的精益求精；简单问题复杂化；严重偏离法定目标；在同一个问题上无休止的挖掘研究；为了免责，被动地应付工作等。笔者也曾将社区矫正制度"内卷化效应"的特质和表现归纳为目标偏移、自我固化、功能定式、模板复制、自我退化、内在结构的弱质平衡、话语"霸权"的泛化等。③ 在社区矫正实际工作中，"内卷化效应"的表现主要有：低水平的相互模仿和复制工作制度、工作模式，各部门都要求报数据、报指标，不断地考核、验收、评比；过分强调矫正方案规范性，矫正档案、谈话记录和工作台账的完整性；刻意强调工作"留痕"，把留痕材料作为工作成果；对矫正教育工作的要求上，片面强调台账建立率、社区矫正对象见面率、重点社区矫正对象谈话率、个案矫正覆盖率，以及总结报告与重新犯罪率的多少等。正是这一问题的存在，使社区矫正工作低效率、无价值的重复，严重偏离了社区矫正

---

① 黄丽萍：《我国社会治理中的"内卷化"风险及其规避之道》，载《理论导刊》2015年第7期。

② 连春亮：《我国社区矫正制度的"内卷化"及其破解之道》，载《犯罪研究》2020年第6期。

③ 连春亮：《我国社区矫正制度的"内卷化"及其破解之道》，载《犯罪研究》2020年第6期。

的目标追求。

四、社区矫正工作现实矛盾的破解路径

(一)社区矫正理念转型、法律规制和情景塑造

第一,社区矫正的理念转型和法律规制。解决重刑监管与教育帮扶的矛盾,首先是社区矫正理念的转型,由原先的刑罚执行转向刑事执行;由以严格监督管理为中心转向以矫正教育和社会帮扶为中心。其次,在《社区矫正法》的规制下,社区矫正工作由原先的以政策规范和行政规章为依据,转变为以法律法规和行政规章为依据,遵循法律原则和立法内在精神,将社区矫正工作规范于社区矫正的法治化建设之下。

第二,明确教育帮扶的法定目标。《社区矫正法》第 1 条规定了社区矫正的目标是推进和规范社区矫正工作,保障刑事执行工作,提高教育矫正质量,促进社区矫正对象顺利融入社会,预防和减少犯罪。其中"促进社区矫正对象顺利融入社会"内含了对社区矫正对象的"全人教育",即适应现代社会的健全人格教育,矫正教育成为社区矫正工作的核心目标。因此,依照《社区矫正法》所确立的"提高教育矫正质量,促进社区矫正对象顺利融入社会"的法定目标,就需要建构以矫正教育为核心的社区矫正工作架构和矫正教育体系,并通过社会帮扶的辅助手段,实现社区矫正的法定目标。

第三,教育帮扶的情景塑造。社区矫正教育帮扶情景塑造的核心是矫正教育。从社区矫正对象矫正教育的过程来看,入矫教育、矫中教育、解矫教育,每个阶段都要创制不同的矫正教育情景;从矫正教育的内容来看,要围绕"顺利回归社会"的目标,强化心理健康教育、行为规范矫正、法治精神教育、社会适应教育、人际关系教育、公民意识教育等;从矫正教育的方式来看,可采取针对性的集中分类教育、个性化的个案矫正教育、多样化的网上教育等。尤其是随着现代信息技术的发展和广泛应用,矫正教育的情景模式将会更加智能化。

(二)社会力量的模式建构和理性培育

社会力量作为社区矫正工作的主导力量,要使其在社区矫正工作中发挥重大作用,就需要依据社会的经济发展水平、文化教育状况、社会成员的素养等情况,培育社区矫正所需要的专业队伍,构建适合于社区矫正的社会力量参与模式。笔者结合目前社会力量参与的形态和发展状况,认为应强化或者构建以下几种模式:

第一，政府主导型模式。“政府主导型，又称行政推动型，主要是指由政府利用行政资源优势，号召、发动社会力量参与社区矫正工作的参与方式。这一模式具有明显的行政推动力。”[①]这一模式是目前社区矫正工作中运用比较多的模式，从参与社区矫正工作的效果来看，是需要进一步强化的模式类型。在实际工作中，政府主导型模式又衍生出政府购买型、政府资助型、政府培育型三个亚型。政府购买型主要是依照《社区矫正法》的规定，政府以购买社区矫正服务或者购买服务项目的形式，与提供专业服务的社会团体、社会组织等社会力量签订服务合同，专业组织依据合同要求完成双方约定的服务内容，这是政府和社会力量协作的典型模式。政府资助型主要是政府为了提高社会力量参与社区矫正的专业化水平，资助具有实力的社会团体、社会组织等，培育社区矫正专业人员为社区矫正服务。政府培育型主要是在社区矫正机构内，政府以合同制的形式，招募社区矫正工作者从事社区矫正工作。

第二，社区主导型模式。“社区主导型，是指在社区基层组织的主导下，发动社会组织、社会公众、社会团体等社会力量参与社区矫正工作，运用自己的优势资源，为社区矫正对象提供服务的参与方式。”[②]这一模式是以社区居民委员会、村民委员会等社区自治组织为主导，组织社区内的社会团体、社会组织、社区人员，以社会志愿者形式参与社区矫正工作。

第三，互助合作型模式。“互助合作型，一般是指行政机关和社会企业、非营利组织、社会团体等相关机构，按照双方达成的协议，形成一定的权利(权力)义务关系，共同为社区矫正工作提供支持的参与方式。如社会企业在政府的资助下建设经营社区矫正基地、技术培训基地等。”[③]这一模式在我国处于正在建立过程中，虽然存在不同地区的发展不均衡，但是发展的趋势向好，未来培育发展的主要方向是提高专业化、规范化水平。

第四，精英主导型模式。“精英主导型，是指社会精英应用自身所具有的资源，为社区矫正工作提供支持的参与方式。如社会知名企业家对家庭困难的矫

---

① 连春亮：《社会力量参与社区矫正的模式选择》，载《河南司法警官职业学院学报》2019 年第 3 期。

② 连春亮：《社会力量参与社区矫正的模式选择》，载《河南司法警官职业学院学报》2019 年第 3 期。

③ 连春亮：《社会力量参与社区矫正的模式选择》，载《河南司法警官职业学院学报》2019 年第 3 期。

正对象的帮扶行为、安置就业行为、捐助行为等。"[①]这是社会发育成熟形态下普遍具有的一种模式。目前,这一模式在我国处于起步阶段,尽管国家出台了相关的优惠和扶持政策,但是精英阶层少有介入这一领域的意识和愿望,导致该模式不仅发展缓慢,而且举步维艰。

(三)社区矫正的协作共赢

要满足社区矫正对象对矫正教育的需求,最根本的途径还是要依靠社会力量创设建构具有针对性的矫正项目,要达到这一目的就必须建构社区矫正机构和社会力量的合作平台。

第一,社区矫正机构要培育专业化的社团组织,充分开发社区资源。社区矫正机构可通过购买服务的方式,重点培育规模大、实力强的专业社团组织专司社区矫正服务,由专业社团组织为社区矫正机构提供各种类型的矫正项目。

第二,设置矫正项目的专业化种类。就目前来说,需要开发的矫正项目种类包括劳动技能培训类项目、社会交往技能类项目、情绪控制类项目、家庭矫正类项目、生活能力帮助类项目、戒毒类项目、暴力类防治项目、心理矫治类项目、认知行为矫正类项目、家庭关系辅导项目、危机干预项目、人身危险性评估和控制项目、重返社会项目、性犯罪控制项目等。只有这样,才能满足不同社区矫正对象群体的需要。

第三,制定社团组织为社区矫正对象矫正项目服务的指标体系,使每一个矫正项目都有相对固定的内容,明确服务项目应达到的质量和数量,为矫正项目的评估验收提供量化和质化的依据。

第四,建立矫正项目的科学评估验收机制。社区矫正机构依照矫正项目的指标体系,组织专家或者第三方对专业社团组织的服务质量和数量进行评估验收,并据此作为双方合作的实效和支付服务费用的依据。

(四)人文教育的应然选择:以人为先而非技术为重

1. 一种理念:用技术应对人的困境

社区矫正的本质是培养、教化、培育社区矫正对象的人文素养。社区矫正工作者和社区矫正对象是矫正教育双方的共同行动者,是"命运共同体"。对社区矫正对象的矫正教育是以人为中心的人文教育过程,社区矫正活动的主体在

---

① 连春亮:《社会力量参与社区矫正的模式选择》,载《河南司法警官职业学院学报》2019 年第 3 期。

于人，现代信息技术只是介体，只在于辅助开展社区矫正工作。实践证明，无论多么先进的现代信息技术都无法改变社区矫正工作者与社区矫正对象之间的互动关系，即人与人之间的心理互动关系。

人始终是社区矫正工作的主体与核心。社区矫正工作所面临的矛盾和困境，本质上是人的困境。现代信息技术的广泛应用，最终体现在社区矫正对象的矫正教育质量和与社会的有机融合上。

2. 一种抉择：人的不可替代性

社区矫正是对人的教化，是以人文、人性为基础的心灵的沟通和内化，必须遵循教育的原则和规律，关注人的需要。智慧矫正是现代信息技术的产物，能够给社区矫正工作带来便利、效率，但是，无论智慧矫正的智能化程度发展到何种阶段，永远不可能替代"人"这一主体。

对社区矫正对象的人文教育，不仅需要针对社区矫正对象的犯因性问题，而且要依据个性化的特征，而不是以提前设计的"固化"的、全面的交互为特征的多功能杂糅的智慧矫正。这就造成了对社区矫正对象矫正教育的个性化与自主发展的矛盾和冲突。

为了克服智慧矫正的过度泛化而产生的人文教育的僵化，就必须强调以人为先而非技术为重。如果说当下的智慧矫正引领了一条社区矫正高科技信息技术之路，那么，倡导建构"人对人"的交流沟通平台，则充分体现了社区矫正的实用原则，即智慧矫正的高科技硬件建设填补了人员、设备、资金等的不足。而建构以人为中心的"人对人"的交流沟通平台，并非因循守旧原有的工作模式，更不是排斥现代信息技术的应用。反之，是传统矫正教育技术在充分应用现代信息技术的基础上的转型、提质和升级。

在智慧矫正面前，我们必须明确一个核心问题：现代信息技术不管智能化程度有多高，都不能淡化或者边缘化作为主体的人，不能替代人，更不能凌驾于人之上，人的因素永远都是首位的。

（五）参与主体的逻辑预设

破解社区矫正制度"内卷化效应"的核心，在于社区矫正事务的层次化、明晰化，通俗地说就是"政府的归政府，社会的归社会，市场的归市场"，政府应该行使的权力，由政府部门来行使；由社会力量来做的事情，让社会力量放开去做；由市场调节的事务，让市场来调节。各个参与主体按照职责分工，各尽其责，各享其利。这才是现代社会犯罪治理的应有逻辑思路。

第一,压缩社区矫正的权力逻辑。《社区矫正法》是规制社区矫正所有参与者的法。依照多元参与主体的职责和法律地位,政府是处于社区矫正工作的第一层次。其中,政府部门中直接参与社区矫正工作的有社区矫正委员会、公安机关、人民法院、人民检察院、司法行政机关、社区矫正机构、监狱管理机关等,间接参与的政府部门有人力资源和社会保障部门、教育部门、民政部门、财政部门等。社区矫正委员会"负责统筹协调和指导本行政区域内的社区矫正工作";公安机关、人民法院、监狱管理机关在各自的职责范围内行使刑罚执行权,以及委托调查评估等伴生权力;人民检察院行使法律监督权;司法行政机关主管社区矫正工作;社区矫正机构负责社区矫正工作的具体实施。关于政府部门中直接参与的部门的职责,《社区矫正法》有具体的规定,间接参与的政府部门主要是协作部门。对于政府部门来说,除了法定职权之外,要遵循"公权法定""法无授权不可为"等现代社会治理的原则,树立为社区矫正对象服务的理念,不得以任何理由肆意自我扩权,不得将权力延伸到自治组织或者政府不得参与的领域。

第二,拓展社区矫正的自治逻辑。社区矫正的本质意义在于"由社区来矫正",对社区矫正对象的矫正教育、社会帮扶、危机干预、恢复性司法等是由社区自治的。社区矫正机构应遵循"社区的事务归社区"的自治逻辑,以村民委员会和居民委员会为基本支撑单位,将妇联、共青团、志愿者协会、关心下一代协会等社会团体纳入辅助力量之中,和专业社团、经济组织有效合作,共同建构社区矫正联合体。

第三,开放社区矫正的市场逻辑。《社区矫正法》大力倡导社会组织、社会团体、非营利性组织、专业的社会服务机构等介入社区矫正工作,特别是倡导政府"通过公开择优购买社区矫正社会工作服务或者其他社会服务,为社区矫正对象在教育、心理辅导、职业技能培训、社会关系改善等方面提供必要的帮扶。社区矫正机构也可以通过项目委托社会组织等方式开展上述帮扶活动。"由此可见,对社区矫正对象进行教育帮扶可以通过市场交易模式择优购买服务。这样,社区矫正机构所需要的服务项目、社会服务机构可以提供的矫正项目,就可以通过市场交易的平台,依据互利共赢的交易合意,达成矫正教育和社会帮扶的共同体。

社区矫正专业建设改革的思路与举措

吴艳华

摘　要:随着《社区矫正法》的颁布实施,我国社区矫正队伍建设就进入了专业化、职业化、规范化的阶段,这就需要有更多的具有专业化知识的人才充实到社区矫正工作队伍中。但从目前来看,我国对社区矫正专业人才的培养工作还存在诸多问题。本文拟就社区矫正专业建设改革问题做一简单的探讨,以期起到抛砖引玉的作用。

关键词:社区矫正　专业建设　改革

我国的社区矫正工作从试点到现在的全面推进,已经历了17个年头。社区矫正工作队伍也从无到有,从就地取材到招聘具有相关专业知识的人才而初步建立起来。他们为我国社区矫正工作的探索、开展、推进、发展发挥了不可磨灭的作用。2019年12月28日中华人民共和国第十三届全国人民代表大会常务委员会第十五次会议通过了《社区矫正法》并于2020年7月1日起施行。《社区矫正法》的颁布实施,标志着我国社区矫正工作真正进入了法制化、制度化、职业化、规范化的时代。这就要求必须建立一个专业化程度较高、执法水平、政策水平更高的社区矫正工作队伍。为适应此形势发展的需要,社区矫正专业人才培养工作必须及时跟进,以满足社区矫正工作队伍专业化、职业化的需要,以不断提高我国社区矫正工作的质量。

一、社区矫正行业现状及发展趋势

社区矫正起源于欧美,而后在一些经济发达国家迅速发展,特别是在美国、英国、法国、加拿大、澳大利亚、德国、日本等国家,社区服刑人数都已远远超过在监狱服刑的人数。社区矫正制度在西方国家已发展的比较成熟和完善,绝大多数国家设有专门的或者相应的机构负责社区矫正的执行、监督和管理,配备专门的人员、专门的法规和管理制度。这些机构尽管在不同国家有不同的称谓,但在隶属关系上,多数国家是由司法行政部门管理,属于司法行政部门下设的一个专门机构。我国于2003年开始了社区矫正的试点工作,经2005年扩大试点,2009年在全国全面试行,到2014年全面推进,已在全国范围内开展,且发展迅速。据《中国法治建设年度报告(2020年)》显示,截至2020年全国新收社区矫正对象53万人,办理解除社区矫正对象55.8万人,现有社区矫正对象64.5万人。随着社区矫正工作的法治化发展,社区矫正对象的数量必将稳步增长,社区矫正行业发展态势向好。随着《社区矫正法》的贯彻落实,我国的社区矫正工作已经进入了法治化的新时代,其法制化、专业化、职业化、规范化的程度必将逐步提高,对社区矫正工作人员的素质及能力要求势必也会提升。

二、社区矫正行业(机构)人才结构及其需求状况

(一)人才结构现状

1.人员结构

多数国家社区矫正的工作队伍是由专业人员和志愿人员两部分构成。这些专业人员被称为缓刑官、假释官、保护观察官等,但都可以统称为社区矫正官。专业人员是罪犯管理系统的核心。从身份来看,他们是受雇于社区矫正管理机构的工作人员,如缓刑服务机构的工作人员,假释委员会中负责对假释犯进行监督的人员以及专门负责社区矫正执行机构中的人员。绝大多数国家的社区矫正专业人员属于政府雇员,如加拿大、英国、日本和瑞典等,资质和待遇与监狱矫正官相同,由政府提供薪水和其他待遇。

从目前我国社区矫正工作队伍人员结构来看,主要由社区矫正机构工作人员、选派的监狱戒毒人民警察、社区矫正社会工作者、社会志愿者四部分人员组成。他们分别在司法行政机关、社区矫正机构、司法所从事社区矫正工作。其中社区矫正机构工作人员、选派的监狱戒毒人民警察的身份是国家公务员,而社区矫正社会工作者一般为政府通过购买服务引进的公益岗位人员。

2. 学历结构（或任职资格）

从学历结构（或任职资格）来看，一些国家规定了社区矫正官需要具备本科及以上的学历水平。目前我国对社区矫正机构工作人员招录的学历要求一般也是本科及以上学历。根据笔者调研，社区矫正工作人员中本科学历所占比例最高，其次是专科学历。如河北省邯郸市社区矫正工作人员中本科学历占45%左右，专科学历占38%左右，其他占17%左右。当然，各省在招录时的做法也不一致。大部分省份是招录本科及以上学历水平，但也有部分省份招录专科学历，如安徽、四川等省份在2019年司法局、司法所招录社区矫正工作人员时，有部分岗位大专以上即可。然而，大部分省份对社区矫正社会工作者的学历要求为大专或高中毕业学历，如浙江省社区矫正社会工作者有93.67%是专科学历①。

3. 专业结构

从专业结构来看，一些国家要求社区矫正专业人员需要具有社会学、心理学、教育学、法学等专业背景。我国的社区矫正工作人员主要是法学类专业背景，如吉林省长春市的工作人员中法学类专业背景的占70%左右，社会学、教育学、心理学等其他专业背景的占30%左右；河北省邯郸市的工作人员中法学类专业背景的占56%；其他专业背景的占44%。由此可见，我国的专职社区矫正工作人员从学历和专业背景看，主要是本科及以上的法学类毕业生，因社区矫正专业属于法律执行类，其他专业很难被纳入其中。

（二）人才需求状况

自社区矫正制度实施以来，在没有专门政法专项编制的情况下，司法行政机关通过采取内部调剂，抽调监狱、戒毒人民警察延伸到司法所等方式，探索建立专群结合的社区矫正工作队伍。总体上看，社区矫正工作力量，尤其是专职工作人员严重不足，缺口很大。社区矫正机构工作人员长期处于超负荷工作状态，任务非常繁重。就如何解决社区矫正工作人员缺口问题，司法部官方强调："各地根据社区矫正的行刑社会化特征，在加强正规化、职业化、专业化队伍建设的同时，积极协调民政、人社、工青妇等部门给予政策支持，培育孵化社区矫

---

① 数据来源于2019年社区矫正专业教学标准制定组对河北、山西、河南、山东、浙江、安徽、新疆、云南、吉林、湖南、四川11个省、自治区的298个社区矫正机构（其中包括2个省司法厅社区矫正管理局）；该调研是在2019年社区矫正专业教学标准制订组对全国15所政法类院校的社区矫正专业学生进行的调研。（调研院校见图8－1，图8－2）

正社会组织,采取政府购买公益岗位、聘用社区矫正社会工作者、招募志愿者等方式,大力发展社区矫正社会工作力量,鼓励和引导社会力量广泛参与社区矫正工作。但从社区矫正工作的刑罚执行属性和执法要求及长远发展看,必须配备与社区矫正工作性质任务相适应的执法人员①。"可见,从构建正规化、职业化、专业化队伍的角度来说,社区矫正工作人员无论是专职的还是辅助的都很缺乏。

(三)岗位设置和知识、能力、素质需求

一些国家社区矫正行业岗位群是社区矫正官。多数国家社区矫正工作岗位是执法、监督和管理三类岗位。工作人员在任职前必须进行岗前培训,培训内容包括学写社会调查报告、学习法规、熟悉各项政策与工作程序、培训个案管理技能、控制犯罪行为技能、与社区服刑人员面谈技巧以及具备出庭、风险评估经验等。在澳大利亚,还需要选修一些矫正项目培训。在日本,新任职保护观察官必须到刑事设施(刑务所、拘留所、少年刑务所、少年院等)进行实务培训。

根据《社区矫正法》的相关规定,我国社区矫正职业岗位群是专职的社区矫正工作人员和社区矫正社会工作者。社区矫正工作岗位主要是监督管理和教育帮扶岗位。其典型工作任务是拟适用社区矫正前的调查评估、矫正接收、监督管理、教育帮扶、矫正解除和终止。社区矫正职业岗位群、典型工作任务及工作人员所需要的知识、能力和素质情况(见表8-1)。

---

① 参见刘振宇:《社区矫正立法还有"最后一公里"》,载司法部官网,www.moj.gov.cn/news/content/2018-03/12/bnyw_16902.html。

表 8－1　社区矫正工作职业岗位群的典型工作任务及具体任务分解

职业岗位群	典型工作任务	具体任务分解	知识	能力	素质
社区矫正机构工作人员/社区矫正社会工作者	调查评估	1. 接受委托并登记备案 2. 组建调查小组 3. 制定调查方案 4. 开展具体的调查工作 5. 形成调查评估意见 6. 制作调查评估意见书并提交委托机关	1. 社会学 2. 心理学 3. 犯罪学 4. 社区矫正文书制作 5. 法学 6. 社会工作 7. 演讲与口才 8. 调查方法 9. 文件检索	1. 收集、分析、处理信息的能力 2. 良好的语言表达、沟通能力 3. 访谈能力 4. 危险评估能力 5. 规范性文书制作能力	依法、严格、规范、公正、科学、文明
	矫正接收	1. 登记接收 2. 核实法律文书及相关材料和矫正对象居住地 3. 送达回执 4. 法律文书流转及建立档案 5. 开展入矫宣告 6. 组建矫正小组 7. 开展首次入矫谈话 8. 确定管理等级 9. 制定矫正方案 10. 通报相关国家机关	1. 社区矫正基础理论 2. 刑法 3. 刑诉法 4. 社区矫正管理实务 5. 信息技术 6. 矫正文书制作	1. 与各部门衔接协调能力 2. 执法能力 3. 矫正文书制作能力 4. 谈话教育能力 5. 现代化信息技术应用能力	依法、严谨、规范、耐心、细心、尊重
	监督管理	1. 日常监督管理 2. 特殊情况下的监督管理 3. 日常考核与奖惩 4. 年终考核与奖惩 5. 矫正的解除与终止	1. 管理学 2. 法学 3. 社区矫正基础理论 4. 社区矫正管理实务 5. 社区矫正文书制作 6. 社区矫正信息技术与应用 7. 突发事件应急处置	1. 监督管理能力，公益活动、社会帮扶的组织管理能力 2. 安全隐患排查、突发事件应急处置能力 3. 考核奖惩能力 4. 矫正文书制作能力 5. 信息技术应用能力	依法、严格、规范、公正、科学、文明、敏锐

续表

职业岗位群	典型工作任务	具体任务分解	知识	能力	素质
社区矫正机构工作人员/社区矫正社会工作者	教育帮扶	1. 入矫教育 2. 日常教育 3. 解矫教育 4. 需求评估 5. 对矫正对象的帮扶	1. 教育学 2. 社会工作 3. 教育矫正个案矫正 4. 心理矫治 5. 社区矫正信息技术应用 6. 法学 7. 心理学 8. 社区矫正管理实务 9. 社会工作	1. 集中与个别教育能力 2. 心理辅导、心理矫治与心理危机干预能力 3. 个案矫正能力 4. 信息技术应用能力 5. 矫正对象需求评估能力 6. 沟通协调能力 7. 帮扶实施能力 8. 团队合作能力 9. 创新能力	依法、规范、文明、细致、耐心、真诚、尊重、公正、严谨
	矫正解除和终止	1. 撰写期满鉴定 2. 开展解矫教育 3. 制作解除矫正证明书 4. 开展解矫宣告 5. 发放解除矫正证明书 6. 对终止的矫正对象登记备案	1. 社区矫正管理实务 2. 教育矫正 3. 心理矫治 4. 个案矫正 5. 矫正文书制作 6. 信息技术	1. 文书制作能力 2. 教育矫正能力 3. 与各部门衔接协调能力 4. 组织能力 5. 危险评估能力 6. 信息技术应用能力	依法、严格、规范、公正、科学、文明、严谨

行业普遍认为,社区矫正工作者应具有遵守宪法与法律的法律理念,具有忠于职守、秉公执法、严守纪律、清正廉洁的职业操守,掌握社区矫正基础理论、法理基础与宪法、刑法、刑事诉讼法、司法行政工作概论、社会工作概论、犯罪学、基础心理学等专业基础知识,具备从事社区矫正管理实务、教育矫正、心理矫治、个案矫正、信息化技术应用与维护、矫正文书制作等核心职业能力以及具备语言表达、沟通协调和公文写作能力、防卫与控制技能等。特别强调政治素

质是第一位的，要求具有敏锐的政治洞察力，强烈的纪律和服从意识，高度的敬业精神和职业忠诚度，高尚的奉献乃至牺牲精神。

综上可见，社区矫正行业对人才质量的要求是比较高的，尤其需要政治素质高、执法能力强、业务精湛的高素质技术技能人才。

三、我国社区矫正专业建设的现状

（一）高校开设社区矫正专业情况

截至2020年，开设社区矫正专业的院校共有18所，其中本科院校1所，即中央司法警官学院（该专业还未招生），专科院校17所。具体情况见表8－2：

表8－2　全国开设社区矫正院校一览表

序号	院校名称
1	中央司法警官学院（本科）
2	新疆兵团警官高等专科学校
3	甘肃警察职业学院
4	云南司法警官职业学院
5	四川司法警官职业学院
6	湖南司法警官职业学院
7	广东司法警官职业学院
8	海南政法职业学院
9	浙江警官职业学院
10	江西司法警官职业学院
11	江苏联合职业技术学院
12	山西警官职业学院
13	河南司法警官职业学院
14	山东司法警官职业学院
15	河北司法警官职业学院
16	河北政法职业学院
17	黑龙江司法警官职业学院
18	吉林司法警官职业学院

（二）社区矫正专业招生就业情况

为了进一步了解社区矫正专业招生就业情况，受司法部行指委委托，社区矫正专业教学标准制定组于2016—2018年对15所设置社区矫正专业的学校进行了调研。[①] 其调研结果如下：15所院校社区矫正专业有在校生共3968人；其中13所院校社区矫正专业有毕业生共1481人。具体情况见图8－1和图8－2。

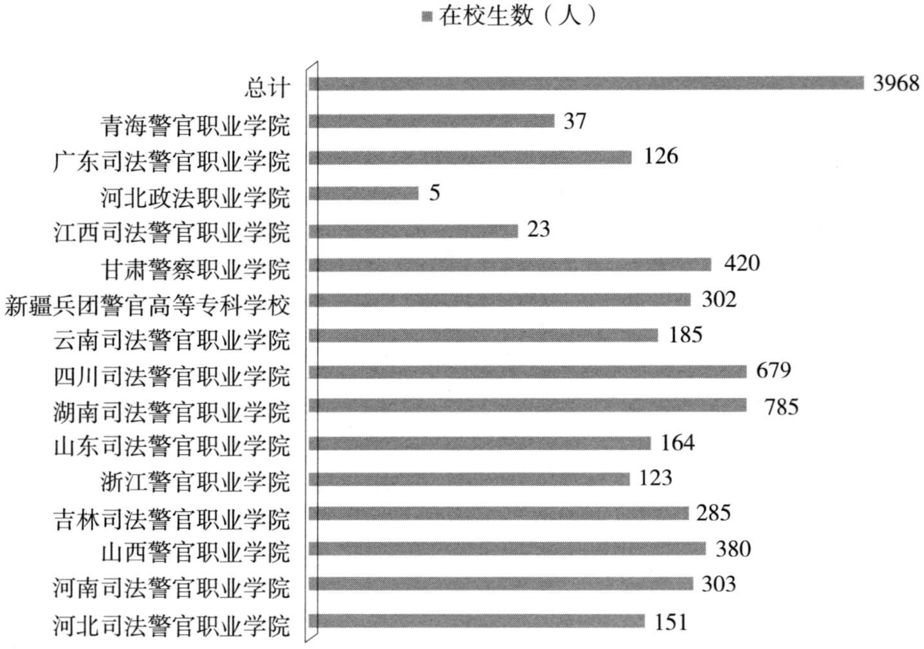

图8－1　2016—2018年部分院校社区矫正专业在校生数

① 该调研是在2019年社区矫正专业教学标准制定组对全国15所政法类院校的社区矫正专业学生进行的调研。（调研院校见图8－1和图8－2）

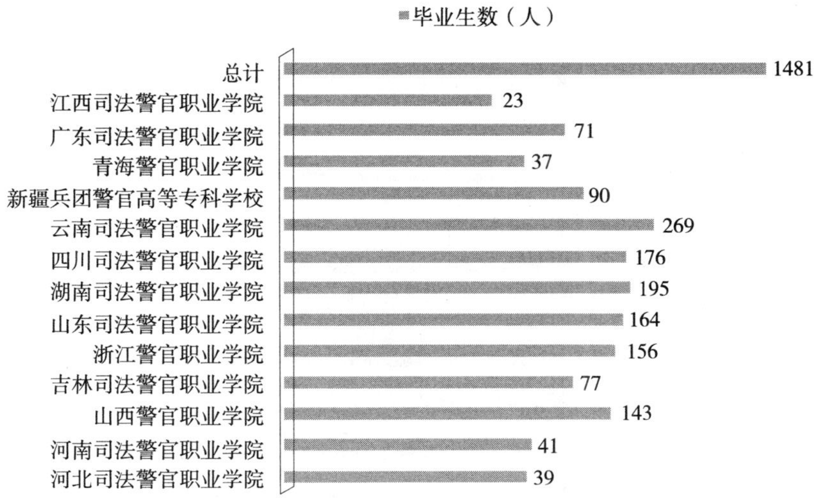

图 8－2　2016—2018 年部分院校社区矫正专业毕业生

从调研情况看,93% 的院校社区矫正专业生源充足、质量较高。在调研中发现,有毕业生的院校中,总就业率为 89%,对口就业率为 22%。具体情况见图 8－3和图 8－4。

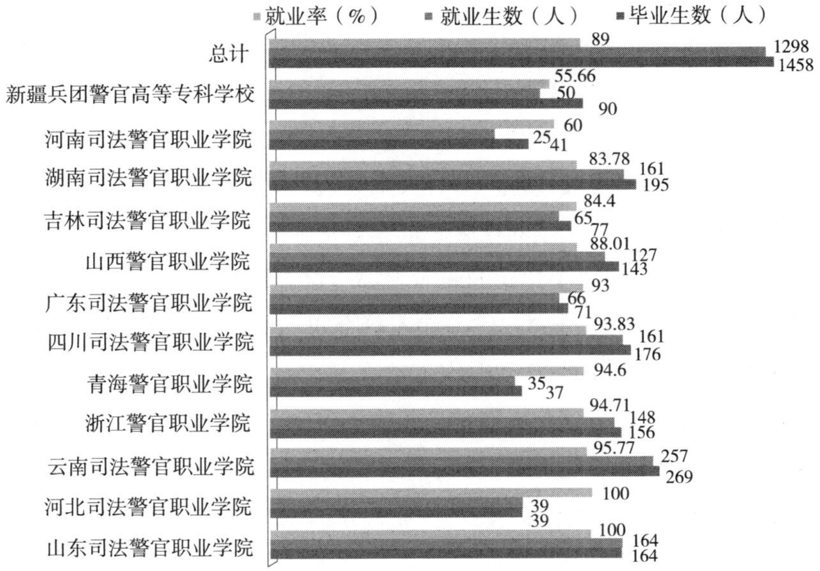

图 8－3　2016—2018 年部分院校社区矫正专业毕业生就业

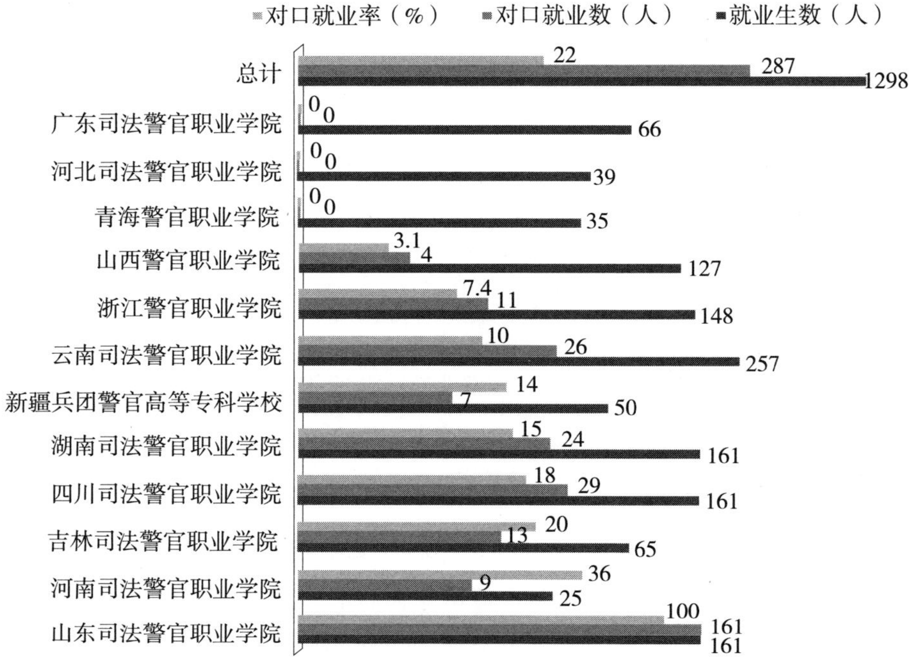

图 8-4　2016—2018 年部分院校社区矫正专业毕业生对口就业率

综合上述社区矫正专业的开设及学生就业情况,可以说,社区矫正专业学生学历偏低,就业面偏窄,就业渠道不畅,导致对口就业率偏低。从现有设置该专业的院校来看,除未招生的中央司法警官学院外,均为专科院校。根据各地司法行政机关招录从事社区矫正专职工作的人员条件看,大部分要求的都是本科及以上学历,所以专科院校的社区矫正专业毕业生的就业之路基本就被堵死了;再有,各地司法行政机关招录的专业大部分都是法律类,而社区矫正专业在教育部目录中属于法律执行类,根本就不符合报考条件。可见,无论是从学历看还是从专业类型看,这些毕业生均不符合从事社区矫正工作招录人员的条件,故该专业毕业生无法报考从事社区矫正工作的公务员,以致出现以下情况:一方面,社区矫正行业发展态势良好,前景广阔,特别是随着假释比例的提高,到社区接受矫正的罪犯会越来越多,行业人才需求量较大,且专业人才缺口较大;另一方面,出现社区矫正专业的毕业生又无法到本行业就业的矛盾现象。此外,由于该专业的专业性极强,以致该专业毕业生就业面偏窄,除去报考司法行政机关从事社区矫正工作的公务员之外,只能从事社区矫正社会工作者的岗位,但根据我国目前社会工作者的人数看,各地这一岗位缺口不大。基于以上原因，社区矫正专业毕业生对口就业率偏低。

（三）社区矫正专业建设情况①

1. 人才培养目标制定情况

根据调研得知，各院校都制定了人才培养方案并严格执行。但各院校人才培养方案中的培养目标设计差异较大，模糊不清，且职业面向也定位不明确。人才培养目标定位主要有：社区矫正专职工作人员，基层司法行政机关和社工组织、事业单位的人员，社区矫正工作一线岗位人员，非监禁刑执行领域、社区服务管理部门工作人员，社区矫正基层执法领域、社区康复机构、监狱、戒毒所工作人员，社区矫正基层一线和监狱、戒毒所工作人员，基层司法行政部门工作人员，甚至有的培养目标只表述为"能够胜任社区矫正工作的德、智、体、美等全面发展的高素质法律执行人才"，可谓"五花八门"。同时，有的院校将职业面向定位为司法行政机关、社工组织、事业单位；有的定位为社区矫正基层执法岗位、社区戒毒康复机构和监狱、戒毒所；有的定位为基层司法行政单位与社区矫正机构工作人员；有的定位为社区矫正执法人员、社区矫正专职社会工作者、社区矫正辅助工作人员、社区街道社会工作者、基层法律服务人员以及监狱管教人员等。

究其原因在于缺乏全国统一的专业教学标准，不仅导致社区矫正专业的人才培养目标模糊，职业面向定位不准，而且也造成其核心课程设置混乱，人才培养的知识、能力、素质与社区矫正职业岗位群的匹配度并不高。

2. 课程建设情况

在设有社区矫正专业的院校中，社区矫正专业已建成省级骨干专业（或重点专业）院校有 2 所，省部级精品课有 2 门，部级精品资源共享课有 1 门，国家级资源库课程有 3 门。课程建设小有成就。

3. 课程体系建设情况

从调研情况看，各院校课程设置比较混乱，课程结构比例科学性不强。由于国家级专业教学标准尚未出台，所以，各院校社区矫正专业核心课程的开设也没有统一的标准，数量不均，有 4 门、5 门、6 门、7 门的区别，而且课程名称也不统一，具体情况见表 8－3。这使人才培养过程中的知识、能力、素质要求与社区矫正行业的职业岗位群不相适应。

---

① 社区矫正专业建设情况中的数据均来源于 2018 年调研的数据。

表8-3 部分院校开设的社区矫正专业核心课程一览表

序号	学校	专业核心课程	门数
1	湖南司法警官职业学院	社区矫正基础	7
		社区矫正社会工作	
		社区矫正执法实务	
		社区矫正教育	
		刑法原理与实务	
		社会工作实务	
		社会工作综合能力	
2	吉林司法警官职业学院	社区矫正法务处理实务	6
		社区矫正管理实务	
		社区矫正教育实务	
		警察防卫与控制技能	
		心理咨询与矫治	
		矫正社会工作原理与实务	
3	四川司法警官职业学院	社区矫正基础理论	6
		社区矫正实务	
		社区服刑人员教育实务	
		社区服刑人员心理干预	
		社区矫正文书制作与使用	
		刑事法律原理与实务	
4	山西警官职业学院	社区矫正工作流程	5
		社区服刑人员教育实务	
		社区服刑人员个案工作	
		社区服刑人员心理干预	
		社区矫正信息应用	

续表

序号	学校	专业核心课程	门数
5	新疆兵团警官高等专科学校	社区矫正工作流程	5
		矫正人员个案工作	
		社区矫正人员教育实务	
		社区矫正人员心理干预	
		社区矫正人员再犯防控	
6	河北司法警官职业学院	社区矫正实务	5
		社区服刑人员个案矫正技术	
		社区服刑人员心理矫正	
		社区服刑人员教育矫正实务	
		现场应急处置	
7	浙江警官职业学院	社区矫正工作流程	4
		社区服刑人员教育实务	
		社区服刑人员心理干预	
		社区矫正信息化应用	
8	云南司法警官职业学院	社区矫正实务	4
		社区服刑人员个案矫正	
		社区服刑人员教育矫正实务	
		社区服刑人员心理干预	
9	河南司法警官职业学院	民法原理与实务	4
		刑法原理与实务	
		服刑人员个案矫正技术	
		社区矫正理论与实务	
10	河北政法职业学院	社区矫正法律制度	3
		社区矫正监管实务	
		社区矫正案例研习	

4. 师资队伍建设情况

各院校师资力量能够满足基本的教学需要，但大部分院校师生比严重不足，实践技能型教师匮乏，不符合“双师”素质教师的要求。在调研院校中，有 5

所院校生师比高达35∶1,有 60% 的院校生师比达不到教育部规定的 18∶1。同时,大多数“双师”素质教师是只具有某些职业资格,而非实践工作经验,真正有社区矫正工作经验的教师是少之又少。

5. 校行合作情况

各院校普遍建立了与行业的合作机制,但实质性不够。根据调研得知,95% 以上的院校都建立了“产教融合”“工学结合”“校行合作”的育人机制,但合作的深度、力度、广度不够,仍滞留在形式化合作层面。学生到本行业内顶岗实践的比例并不高,且学校与行业合作的“三全育人”机制并不健全,实习实训基地的利用率不高。

6. 教学实施情况

各院校建立了一套行之有效符合本院校实际情况的教学管理体制机制,教学管理制度齐全,运行良好,能够保障社区矫正的正常运行。但在教学实施方面仍存在诸多不足,具体表现为:

(1)教材使用混乱。在教学实施过程中,各院校教材使用混乱,有的是自编教材,有的是规划教材,有的是本科用教材,可以说是“五花八门”,难以满足专业人才培养的知识、素质及能力需要。进言之,社区矫正专业的核心课程尚未明确,其教材体系也尚未建立,部分核心课程的教材处于空白,进而导致教学质量参差不齐,亟须开发。

(2)教学设施设备落后。教学设施设备落后,不能满足现代信息化技术与教学有机结合的要求,50% 的院校没有实现 WiFi 全覆盖。

(3)教学理念落后,没有实行学分制。80% 的院校没有引入学分机制,导致学生不能实现对课程的重修,只能参加补考,而学生对补考多持消极应对的态度,进而影响对人才的培养质量。这既有院校本身的教学理念落后问题,也与当地教育部门要求不严格有关。

(4)实践教学效果不理想。由于受行业特点的限制,大部分院校无法大规模组织学生到社区矫正行业一线顶岗实践,顶岗实习的规模较小,因此,实践教学效果不理想。根据调研来看,70% 以上的院校社区矫正专业的学生未能实现到社区矫正机构顶岗实习的全覆盖。同时,受繁重工作压力的影响,行业的积极性、主动性不足,难以实现“全员、全过程、全方位”参与专业人才培养工作,因此,产教融合的深度不够,不能真正实现工学结合、产教融合的职业教育教学理念。

(5)没有职业技能证书的引领。根据教育部发布的职业技能等级证书的种类、适应专业,到目前为止社区矫正专业特别是专科层次的社区矫正专业,缺乏职业技能证书考核方面的引领,没有职业技能等级证书可考取,无法贯彻落实1 + X证书制度。这也直接影响了该专业学生的就业竞争力。

7. 人才培养质量保障情况

各院校基本开展了常态化的教学评价工作。例如,采取院系督导评教、学生评教、师生互评等方式进行教学评价。大部分院校对毕业生也都进行了跟踪反馈,但形式单一,机构单一,没有采取多元的评价机制。仅47%的院校建立了由第三方评价机构参与的毕业生评价机制,53%的院校对毕业生缺乏第三方评价机构参与的多元化评价机制。

四、我国社区矫正专业建设改革的思路与举措

为更好地适应行业发展的需要,社区矫正专业建设改革势在必行,否则难以满足社区矫正行业对专业人才的需求。根据社区矫正专业建设中存在的问题,现提出以下改革的思路与举措。

(一)尽快打通职业教育的专科—本科—研究生的教育通道或尽快推动落实职普融通政策

为满足不同层次的人才需求,特别是为满足公务员招考的条件要求,国家应尽快打通专科—本科—研究生的职业教育通道。一方面,为专科生提升学历层次提供良好的平台;另一方面,为职业教育提升学历层次,以满足社区矫正行业对高层次人才的需要。通过学历层次的提升,以提高毕业生的对口就业率。同时,这也是加大人才培养力度,以满足行业对人才需求的重要举措。

2021年习近平总书记对职业教育工作作出重要指示强调,“在全面建设社会主义现代化国家新征程中,职业教育前途广阔、大有可为。要……建设一批高水平职业院校和专业,推动职普融通,增强职业教育适应性,加快构建现代职业教育体系,培养更多高素质技术技能人才、能工巧匠、大国工匠”。据此,社区矫正主管部门及司法警官类院校进一步加强与教育部门的沟通,尽快推动落实职普融通,加快实现提高职业教育人才培养质量,提高毕业生对口就业率的目标。

(二)尽快出台科学、规范的专业教学标准

科学、规范的专业教学标准是搞好专业建设、提高人才培养质量、建立科学

的课程体系的基础,是明确人才培养目标、确定职业面向的关键。根据目前院校社区矫正专业设置的现状以及行业特点、职业岗位群的需求,社区矫正专业的职业面向主要应为:基层一线的社区矫正机构工作人员和社区矫正社会工作者。据此,根据社区矫正专业所属专业大类、专业类、对应行业、职业类别及主要岗位群或技术领域,其人才培养目标应确定为:培养理想信念坚定,德、智、体、美、劳全面发展,具有一定的科学文化水平,良好的人文素养、职业道德和创新意识,精益求精的工匠精神,较强的就业能力和可持续发展的能力;掌握本专业的知识和业务技能,面向司法行政行业的其他法律、社会专业人员、社会工作专业人员等职业群,能够从事社区矫正工作的高素质技术技能人才。其人才培养规格应突出强调社区矫正机构工作人员和社区矫正社会工作者的职业道德与职业素养的新要求,德技并修,全面发展,具体表现在以下几个方面:

1. 知识方面

通过社区矫正专业学习,掌握必备的思想政治理论、科学文化基础知识和中华优秀传统文化知识;法理基础与宪法、刑法、刑事诉讼法等法律知识;司法行政工作概论、社会工作概论等基本知识;针对社区矫正对象开展教育矫正、个案矫正、心理矫正等基本知识;社区矫正文书制作相关知识。通过社区矫正专业学习,熟悉与本专业相关的环境保护、安全消防等知识;公文写作、信息技术、外语、创新创业、军事理论等相关知识;行政法与行政诉讼法、治安管理处罚法、民法原理与实务、婚姻家庭法等法律知识;社区矫正基础理论、犯罪学、基础心理学等专业知识。

2. 能力方面

通过社区矫正专业学习,具备良好的语言文字表达能力和沟通能力;分析问题、解决问题的能力;创新创业和团队合作能力;社区矫正执法事务处理能力;运用现代信息技术对社区矫正对象进行监督管理能力;对社区矫正对象的教育帮扶能力;对社区矫正对象开展心理矫治的能力;对社区矫正对象开展个案矫正能力;社区矫正文书制作的能力;数字技能,适应数字经济发展新需求的数据分析能力;安全隐患排查、突发事件应急处置等社区矫正安全防范基本能力。

3. 素质方面

通过社区矫正专业学习,坚定拥护中国共产党领导和我国社会主义制度,在习近平新时代中国特色社会主义思想指引下,践行社会主义核心价值观,具有深厚的爱国情感和中华民族自豪感；崇尚宪法、遵法守纪、崇德向善、诚实守信、尊重生命、热爱劳动，履行道德准则和行为规范，具有社会责任感和社会参与意识；忠于党、忠于国家、忠于人民、忠于法律，坚守职业道德准则，遵守职业行为规范；具有规范执法意识、质量意识、环保意识、安全意识、信息素养、工匠精神、创新思维；勇于奋斗、乐观向上，具有自我管理能力、职业生涯规划的意识，有较强的集体意识和团队合作精神；具有健康的体魄、心理和健全的人格，掌握基本运动知识和一两项运动技能，养成良好的健身与卫生习惯、良好的行为习惯；具有一定的审美和人文素养，能够形成一两项艺术特长或爱好。

在上述知识、能力与素质要求的基础上构建科学合理的课程体系。根据职业岗位群的典型工作任务及需要具备的知识、能力和素质，该专业的课程体系应确定为公共基础课和专业课两大模块，其中专业课又包括专业基础课程、专业核心课和专业拓展课程。课程体系的开发设置应以职业岗位群的工作流程为载体，找出各工作流程的典型工作任务以及为完成这些典型工作任务所需要具备的知识、能力、素质而开发设置，并最终实现社区矫正专业的人才培养目标。具体开发路径见图 8 –5：

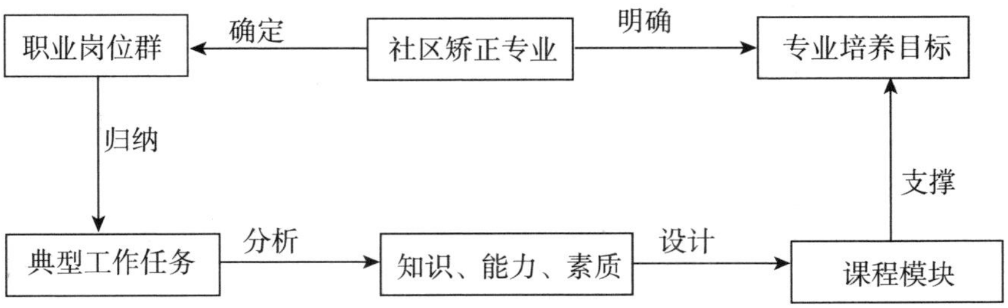

图 8 –5　课程体系开发路径示意图

（三）加快师资队伍建设，提高人才培养质量

习近平总书记在全国教育大会讲话中强调，教育工作是塑造灵魂、塑造生命、塑造人的工作。教师是立教之本、兴教之源。教师担负着培养德、智、体、美劳全面发展的社会主义事业接班人的历史使命。党和国家事业发展需要一支政治素质过硬、业务能力精湛、育人水平高超的高素质教师队伍。只有高素质的教师队伍才能培养出高素质的社会主义事业接班人。习总书记的讲话为新时代教师队伍建设提出了要求，指明了方向。

从调研情况来看，社区矫正专业教师队伍建设不尽如人意。不仅生师比严重不足，而且具有一线实践经验的教师也严重缺乏。这必然影响该专业对高素质技术技能人才的培养。所以应加快对本专业师资队伍的建设。一是,各院校应根据生师比的比例要求,尽快构建起一支职称、年龄、学历、技能(实践经验)等科学合理的专兼结合的教学团队;二是,尽快提高教学团队成员的“双师”素质比例,应达到60%以上。具体路径有二:一方面,就地取材,对现有专业教师进行业务培训、顶岗实践、学历层次提升等,以提高其专业素质和实践经验;另一方面,通过岗位交流或调动的方式,让具有丰富实践经验的一线工作人员到高校任教,以提高专业教师队伍的“双师”素质比例,解决现有专业教师一线实践经验不足的缺憾。高校教师通过交流到一线岗位工作,既可以提高一线工作人员的专业化程度,又可以使教师增加一线实践经验。

(四)高度重视教学实施,提高人才培养质量

1.尽快编写规范的国家规划教材

教材是人才培养的基础。当务之急是尽快改变各院校教材使用混乱的状况。为提高教材质量,司法部行指委应尽快组织编写“十四五”规划教材,以提高各院校使用教材的质量和规范性;同时,鼓励各院校编写高质量的活页式教材,校行(企)双元合作开发的立体式新形态教材等。

2.加快数字化校园建设的进度,改善教学设施设备落后状况

2021年3月教育部发布了《关于加强新时代教育管理信息化工作的通知》(教科信函〔2021〕13号)。该《通知》指出,要利用新一代信息技术提升教育管理数字化、网络化、智能化水平,推动教育决策由经验驱动向数据驱动转变、教育管理由单向管理向协同治理转变、教育服务由被动响应向主动服务转变。到2025年,基本形成新时代教育管理信息化制度体系,信息系统实现优化整合,一体化水平大幅提升,数据孤岛得以打通,多元参与的应用生态基本建立,教育决策科学化、管理精准化、服务个性化水平全面提升。由此可见,教育管理信息化时代已经来临。各院校需要围绕上述通知要求,更进一步加快数字化校园建设的速度,改善教学设施设备落后的状况,提高现代信息技术与教学的融合速度。

同时,随着智慧矫正在社区矫正领域的应用与深化,要求从事社区矫正的工作人员掌握现代信息技术。这也要求我们院校在人才培养时,推进信息化教学手段的运用,与时俱进地重视学生运用现代信息化技术能力的培养。

3.贯彻落实新发展理念,开创新发展格局

教育理念是教育质量的前提。各院校要更新落后的教育理念,尽快引入学分制,提高学生对学习的重视程度,提高人才培养质量;同时,建议司法部行指

委和各院校高度重视 1 + X 证书制度的落实，特别是司法部行指委应与教育部沟通协调，将相关职业技能等级证书适用专业的范围扩大到社区矫正专业，使该专业学生能有机会参与相关职业技能等级证书的考取，以提高就业创业的竞争力，从而提高就业率。

4. 健全多元化办学格局，推动行业深度参与协同育人

健全多元办学格局，细化产教融合、校企合作是新时代职业教育发展的政策指向。设置社区矫正专业的院校要积极探索符合职业教育特点的、科学的评价方法，不断提高教学质量。同时，各级各地社区矫正主管部门要鼓励本行业、本系统积极支持职业教育，深化产教融合、校行（企）合作的力度，健全多元办学格局，推动行业深度参与协同育人，并建立起一套行之有效的长效合作机制，让行（企）业在人才培养过程中全员、全方位、全过程参与进来，并按照行（企）业的需求培养人才。在行业的参与下，各院校要积极探索现代学徒制的人才培养模式，注重学生技术技能的培养，充分发挥校外实习实训基地的作用，提高本专业学生在行业内顶岗实习的覆盖面，提高行业对本专业毕业生的认可度，进而提高毕业生的对口就业率。

（五）健全人才培养质量保障体系

人才培养是高校的根本任务，人才培养质量是高校的生命线。建立科学长效的人才培养质量保障体系是高校生存与发展的必然要求。只有建立多元化的人才培养质量保障体系，才能将教育引向良性循环发展道路，才能实现教育现代化的目标。

1. 建立多元质量标准体系。具体包括：学生在各阶段应具备的品德、知识、技能、能力和态度等基本要求；教师的能力标准；教学资源标准、教学管理标准、经费投入标准等；课程标准、课程设置标准、教材使用标准、实习实训标准、教学标准等。

2. 建立监测评估机构。建立独立的监测评估机构，运用大数据、云计算、互联网 + 等现代信息技术，客观、科学的对人才培养质量进行评估监测。

3. 建立由第三方评价机构等多方参与的多元化评价机制，对毕业生进行跟踪反馈。对跟踪反馈的结果要及时使用到质量评估中，对发现的问题及时改正，以促使人才培养质量的提升。

美国社区矫正中药物成瘾矫治的模式与措施

曹兴华

摘　要:由于药物滥用相关犯罪的大量存在,药物滥用成瘾的治疗在美国社区矫正中有着重要的地位。美国社区矫正中罪犯药物滥用成瘾治疗早期发展并不顺利,近几十年来才逐渐引起重视。美国社区矫正中提供药物成瘾治疗转向矫治的基础主要是RNR理论模式,其典型实践服务供给模式主要包括精神卫生法庭、药物法庭和TASC计划等,常见的具体治疗措施包括认知行为疗法、正念疗法、社会技能培训、药物介入治疗和戒烟治疗等。

关键词:社区矫正　药物成瘾　转向矫治　矫治方法

一、导言

美国人口比例中监禁和监管人口占比数量是世界上最高的,[①]根据美国司法部公布的统计数据,这部分人口数量中有大约三分之二是受到各种类型社区矫正制度的监督监管。[②] 不过需要注意的是,社区矫正这一术语在美国不同场

① Walmsley, R. (2003). Global incarceration and prison trends. *Forum on Crime and Society*,3(1),65 –78.

② U. S. Department of Justice; Bureau of Justice Statistics. (2018). Correctional Populations in the United States, 2016 (NJC Publication No. 251211). https://www.bjs.gov/content/pub/pdf/cpus16.pdf.

合或领域其所指内涵并非一致。在药物滥用和精神卫生研究领域，社区矫正其实是一个涵括面非常广泛的术语，旨在归类那些个人被允许留在社区生活但同时要接受法律监管的各类监管模式。美国司法部和美国国家司法研究中心都将社区矫正的涵括范围严格限制为缓刑或假释这两种类型的刑罚执行方式。但是，在非正式的研究报告中，这一术语的定义都要宽泛得多，在美国不同司法管辖区之间差异很大，也可能会被仅用来指代那些不属于缓刑或假释的社区监管模式。基于本文研究主题所需，本文所称社区矫正是指罪犯在监狱之外的社区内接受法律监管的方式，其范围实际上要宽于我国法律上的社区矫正概念。这些处于社区监管的罪犯往往是涉及毒品犯罪等低风险犯罪，并且其中也有不少常常处于等待审判或量刑的过程。社区矫正对象或机构内矫正人员相较于一般人群，一般往往都具有较高的药物滥用率、精神疾病率、创伤性脑损伤率和自杀率。这些疾病的共存可能是导致美国惩教系统中受刑人群高再犯率（45%～65%）的重要诱因。[①] 从历史上看，美国惩教系统其实并不注重罪犯矫治，而是侧重于通过施加更重的量刑来遏制未然之罪。当然，高监禁率和高再犯率的存在证明了美国以前这种严罚化路径并没有奏效。因此，过去二十年来，美国惩教系统已经开始将其重点转移到了转向矫治模式。这一模式的目标是识别低风险罪犯的矫治需求，并在将其从监狱或拘役所等机构内转向社区监管的同时提供矫正治疗资源。由于这部分人群的药物滥用率很高，几乎所有的矫治模式都强调成瘾问题的评估与治疗，但不同的治疗模式中还会包括心理治疗、社会技能培训、职业技能恢复和教育等，所有这些矫治措施都已经被实证能够降低犯罪和再犯。本文的目的就是要解释美国社区矫正中的对于药物成瘾的矫治措施的演变及其目前仍然在使用的模式和技术，我们将着重分析美国社区矫正中广泛使用且广受欢迎的那些矫治服务供给模式，如 TASC 计划、药物法庭

---

① United States Sentencing Commission, (2016). Recidivism Among Federal Offenders: A Comprehensive Overview. https://www.ussc.gov/sites/default/files/pdf/research-andpublications/research-publications/2016/recidivism_overview.pdf.

(Drug Court)[①]、精神卫生法庭(Mental Health Court)[②]等,以及美国社区矫正中已经广泛采用或正在呼吁广泛采用的各种具体矫治技术措施(前者如认知行为疗法、正念疗法、社会技能培训等,后者如药物辅助治疗、戒烟治疗等)。

二、美国社区矫正中药物成瘾矫治的历史变迁

(一)严罚时期社区矫正中的药物成瘾矫治

在美国历史上很长一段时间内,降低受刑人非法药物滥用的方式一直是在提供极少治疗资源与机会的同时采取施加更为严苛的刑罚。为了预防和威慑犯罪,相关立法和政策越来越严苛。这类立法和政策中非常著名的例子就包括尼克松提出的"毒品战争"、20 世纪 80 年代的毒品"零容忍"政策、20 世纪 90 年代的"三振出局法案"等。总体上看,这些类似的严苛立法导致了对物质滥用犯罪者更高的定罪率以及更重的量刑要求。从 20 世纪 90 年代开始,犯罪开始逐渐减少,特别是暴力犯罪的减少更为明显,但是毒品犯罪的逮捕率和定罪率却在继续上升。这些比率多年来一直居高不下,并因此导致监禁率至今也一直处于高位。这些稳步上升的药物相关犯罪的监禁率表明美国的严罚政策并不能有效威慑犯罪,但是立法者却仍旧不断努力创设更为严苛的法律。同时,随着药物相关犯罪量刑增加,为矫治这些罪犯的治疗工作所提供的资金却很少。早期针对药物成瘾的一些治疗措施,例如,超验冥想(Transcendental Meditation),已经初步显示了一些成效,但是这些努力缺乏资金支持。马丁森法官 1974 年在《什么有效?——关于监狱改革的问题与答案》这一著名文献中探讨了不同矫治模式对受刑人改造的有效性,并得出了"什么都没用"(noting works)的结论,而这一结论对美国刑罚理论的发展影响深远。[③] 马丁森法官的这篇文章揭示了罪犯可以矫治的观点,不仅对犯罪认知科学领域产生巨大影响,而且也深刻影

---

① "Drug Court"一词国内学者常译作毒品法庭(例如,宋英辉、李瑾:《美国毒品法庭的透视与思考》,载《兰州学刊》2015 年第 12 期),但本文在此译作药物法庭,因为其实美国 Drug Court 涵盖的范围比较宽泛,这里的"Drug"一词并不能等同于国内的毒品含义,因此,本文认为采用药物法庭的译法更为符合原意。

② Mental Health Court 本文采取国内学者较常见的译法"精神卫生法庭"(参见李钢琴、宋辉、胡泽卿:《美国精神卫生法庭及对我国的借鉴》,载《证据科学》2017 年第 1 期)。但也有学者译为精神健康法庭(参见董丽君:《美国精神健康法庭及其借鉴》,载《湘潭大学学报(哲学社会科学版)》2013 年第 1 期)。

③ Martinson, R. (1974). What Works? —Questions and Answers About Prison Reform. *The Public Interest*,35,22 – 54.

响了此后二十五年的刑事政策制定和惩教制度发展。在矫治观念日趋被弃置的背景下，药物滥用相关犯罪被逮捕的比率越来越高，在 20 世纪的大部分时间内政府并没有真正努力想要去矫治这些罪犯。

（二）转向矫治模式兴起后的药物成瘾矫治

如今，转向矫治模式将罪犯从机构矫正机制内转移到社区，并提供多样化的治疗方法，几十年来首次降低了再犯率。这些模式中最有影响和最有名气的当属“风险—需求—响应”模式（Risk – Need – Responsivity model，RNR），经常也被称作 RNR 模式。RNR 模式最初源自加拿大，但是由于它的效果显著，很快被美国广泛采用，并成为美国社区矫正中降低再犯率的主要模式。RNR 模式有三个主要组成部分和流程：“确定可以从服务中受益的个人→确定罪犯的需求→调整治疗以满足这些需求。”RNR 模式先评估与犯罪行为和再犯密切相关的八个因素，即反社会行为（antisocial behavior）、反社会人格模式（antisocial personality patterns）、亲犯罪条件（procriminal condition）、反社会伙伴（antisocial associates）、药物滥用（substance abuse）、家庭/婚姻关系（family/marital relationships）、学校/工作（school/work）和亲社会娱乐活动缺失（lack of prosocial recreational activities），然后将个人转移到适当级别的社区监督，并根据上述这些因素制定个体化的治疗建议。RNR 模式提供的治疗建议因项目而异，但这种模式下提供的治疗措施往往比典型的心理治疗更全面，这主要是因为在这部分人群中通常能够更为准确观察到症状的严重性以及多种共病。用以评估罪犯的矫治需求的是加拿大 Don Andrews 和 Jams Bonta 博士 1995 年设计的水平评估量表（Level of Service Inventory – Revised，LSI – R），这是一种包括动态与静态因子于一体且可提供具体建议的标准化评估工具。RNR 模式从产生至今都非常受欢迎，至今仍是美国社区矫正领域最受欢迎和最有影响力的转向矫治模式。目前，RNR 模式在美国刑事司法领域的典型实践主要有 TASC 计划、药物法庭、精神卫生法庭等服务供给模式。

三、美国社区矫正中药物成瘾矫治的服务供给模式

（一）TASC 计划

最初被称为“街头犯罪的治疗替代方案”（Treatment Alternatives to Street Crime）的 TASC 计划由美国联邦政府于 1972 年发起，其旨在解决药物滥用与犯罪活动之间的联结。今天，缩写词 TASC 代表着多种不同的项目。TASC 计划

的最初目标是减少非法药物的拥有、制造和分销,并将存在药物滥用问题的罪犯转向适当的社区矫治项目中,以打破药物成瘾者实施“街头犯罪”的恶性循环。[①] 如今,TASC 计划代表着一系列基于客户人群和周围社区需求的多样化和定制化服务项目,但每个项目都保持着相同的总体目标,其中比较著名的项目例如迈向更安全社区的治疗责任项目(Treatment Accountability for Safer Communities)和安全社区替代治疗项目(Treatment Alternatives for Safe Communities)。TASC 计划并非直接的治疗提供者,而是联结刑事司法系统和社区矫治项目的纽带。通过这种方式,隔离了机构矫正和社区矫正的直接接触,维护了参与项目的客户的保密性,也是提升客户诚实度、信任度和恢复度的关键要素。TASC 计划的共同目标是评估罪犯对药物滥用治疗的需求(无论何种罪行),指导符合条件的罪犯匹配相应的矫治项目和辅助服务,并于整个方案实施过程中监测罪犯的矫治进展。除了药物滥用治疗外,TASC 计划中的罪犯还能被介绍到那些提供精神健康治疗、医疗、住房援助、教育和职业技能培训等相关帮助服务的其他项目中去,同时接受其他帮助服务。[②] 20 世纪 80 年代,由于可卡因等成瘾药物的日益流行和矫治无用论的流行,美国联邦政府对 TASC 计划的资助大幅减少,致使当时几乎没有什么矫治项目。目前,美国大多数 TASC 计划的运作有赖于地方资金、补助金、费用和捐赠等资金支持。

对 TASC 计划的相关评估表明,这是一种低成本高效益的(cost – effective)监禁替代方案,在有效识别需要药物滥用治疗的罪犯和对其进行妥适转介方面取得了很大成效。[③] 与那些没有合法参与的人相比,参加 TASC 计划的罪犯更有可能完成药物滥用治疗。[④] 与退出计划的罪犯相比,完成 TASC 计划的罪犯到再次被逮捕平均间隔周期更长。[⑤] 除了药物滥用治疗外,成功完成 TASC 计划可能还需要完成针对每个罪犯特定规划的辅助服务项目(如 GED 考试、职业

---

① Mecca, A. (1978). TASC (Treatment Alternatives to Street Crime): Historical Perspective and Future Implications. *Journal of Offender Rehabilitation*, 2(3), 279 – 294.

② Ventura, L. A., & Lambert, E. G. (2004). Recidivism 12 Months After TASC. *Journal of Offender Rehabilitation*, 39(1), 63 – 82.

③ Anglin, M. D., Longshore, D., & Turner, S. (1999). Treatment Alternatives to Street Crime: An Evaluation of Five Programs. *Criminal Justice and Behavior*, 26(2), 168 – 195.

④ Anglin, M. D., Longshore, D., & Turner, S. (1999). Treatment Alternatives to Street Crime: An Evaluation of Five Programs. *Criminal Justice and Behavior*, 26(2), 168 – 195.

⑤ Ventura, L. A., & Lambert, E. G. (2004). Recidivism 12 Months After TASC. *Journal of Offender Rehabilitation*, 39(1), 63 – 82.

康复、心理健康治疗等)。TASC 计划在为美国各地的罪犯制定这些类似的计划方面一直都很有影响力,有诸多经过适应性改造的计划以及提供可对比性的差异化计划,如"打破循环项目"(Breaking the Cycle,BTC)、"药物治疗替代监狱项目"(Drug Treatment Alternatives to Prison,DTAP)和加州的"36 号提案"(Proposition 36)等。

表 9-1 美国常见 TASC 计划

Treatment Accountability for Safer Communities	TASC
Breaking the Cycle	BTC
Drug Treatment Alternatives to Prison	DTAP
Proposition 36	/
Treatment Access Center	TASC

尽管 TASC 计划将罪犯与妥当的干预措施成功联结,并总体上减少了累犯,但 TASC 计划仍对某些存在药物滥用问题的罪犯成功率较低。生活和工作更加不稳定的人,以及参与治疗初期婚姻不稳定的人,往往在 TASC 计划中失败地更快。对于那些非因毒品相关犯罪而被捕的人而言,亦是如此。滥用不同药物种类也是有影响的,在 TASC 计划中,那些滥用更易成瘾性药物(即快克/可卡因和类阿片药物等)的罪犯往往更快治疗失败,而这部分人就算完成该计划也会更快被重新逮捕。[①] 尽管 TASC 计划可面向因各种犯罪而被捕的罪犯,但对因毒品犯罪而被捕的罪犯可能价值最大。此外,考虑到不稳定性和首选物质都会影响治疗成功率,TASC 计划会考虑实施善后护理,而这项措施已有实践证明可以降低治疗后的药物使用率、复发率和再逮捕率。[②]

(二)药物法庭(Drug Court)

药物法庭是一个专门术语,通常用来指专门为非暴力毒品犯罪者提供司法监督下的强制性药物治疗、测试和服务的法庭。美国第一个药物法庭于 1989 年

---

① Maume, M. O., Lanier, C., & DeVall, K. (2018). The Effect of Treatment Completion on Recidivism Among TASC Program Clients. International *Journal of Offender Therapy and Comparative Criminology*, 62(15), 4776-4795.

② Drake, R. E., O'Neal, E. L., & Wallach, M. A. (2008). A Systematic Review of Psychosocial Research on Psychosocial Interventions for People With Co-Occurring Severe Mental and Substance Use Disorders. *Journal of Substance Abuse Treatment*, 34(1), 123-138.

在佛罗里达州迈阿密市成立,以解决当时戴德郡法官观察到的那些与药物滥用有关的高再犯率问题。到 1997 年,美国大约有 275 个地方设有药物法庭。到 1990 年年末,关于药物法庭模式有效性的研究开始大量发表。Belenko 博士曾在一篇文献综述中对该模式的研究总结如下:"研究发现,与其他形式的社区监管相比,药物法庭在项目执行期间提供更紧密、更全面的监督,以及更频繁的毒品检测和监测。更重要的是,罪犯参加毒品法庭项目期间,吸毒和犯罪行为都明显减少。"①

检察官根据其资格能力(即其罪行的严重程度和性质等)选择毒品相关犯罪者参加药物法庭项目,参与时间通常为 12 ~ 18 个月之间。药物法庭模式强调刑事司法系统不同组成部分(即法官、检察官、辩护律师、缓刑官等)与药物滥用治疗系统(即精神保健服务提供者、医疗提供者、社会服务机构等)之间的通力合作,以促进亲社会的和寻求治疗的行为并减少再犯。第一个药物法庭项目的成功导致了美国药物法庭的激增。1999 年,美国药物法庭数量超过 425 家。② 2020 年,美国司法部相关统计中将美国药物法庭的数量大约确定为 3000 多家。③ 2021 年,根据美国国家药物法庭资源中心(National Drug Court Resource Center)统计,美国药物法庭数量已经达到 3848 家,种类多样(见表 9 – 2),遍布美国各州和华盛顿特区。

表 9 – 2　美国药物法庭主要类型

1	Adult drug court
2	Juvenile drug treatment court
3	DUI/DWI cour
4	Family treatment court
5	Co – occuring court
6	Veterans treatment court
7	Tribal healing to wellness court
8	Hybrid drug court

---

① Kaba, F., Diamond, P., Haque, A., MacDonald, R., & Venters, H. (2014). Traumatic Brain Injury Among Newly Admitted Adolescents in the New York City Jail System. *Journal of Adolescent Health*, 54(5), 615 – 617.

② Goldkamp, J. S. (1999 – 2000). The Drug Court Response: Issues and Implications for Justice. *Albany Law Review*, 63, 923 – 962.

③ U. S. Department of Justice. Drug Courts. Retrieved From Office of Justice Programs, https://www.ojp.gov/pdffiles1/nij/238527.pdf.

与现代 TASC 计划一样，药物法庭项目具体形式多样，但它们共同的关键目标昭示着其类型化的本质。虽然药物法庭存在一些共通的构成要素（见表9－3），但具体构成和实践做法存在高度异质性，因为它们的运作不仅受到各州法律和各州支持资金的制约，而且还受到主持药物法庭的法官的个人偏好的影响。1997 年，美国审计署（U. S. General Accounting Office）编制的一份关于药物法庭的报告指出，药物法庭之间存在巨大差异，还有一些项目徒有药物法庭之名，这些名义上的药物法庭并不像典型药物法庭那样注重对罪犯治疗的司法监督。受制于药物法庭模式的这种差异化，当前对药物法庭的研究也有相当大的局限性。①

表 9－3　美国药物法庭共通构成要素

1	基于犯罪者风险、需求和相应的筛选和评估
2	司法干预与介入
3	监测（如定期和随机的药物测试）和监督
4	分级惩罚与激励
5	治疗和矫治服务

1997 年，隶属于全国药物法庭专业人员协会（National Association of Drug Court Professionals）的药物法庭标准委员会发布了一份文件，详细介绍了药物法庭的十个关键组成部分。这些关键组成部分关涉及早确定适格参与者、转介接受治疗和社区服务、持续参与药物法庭的状态评估听证、要求完成药物滥用治疗、定期随机药物筛查、积极强化持续遵守规定、及时制裁违规行为及完成计划后的免除指控等方面。由于法院结构、社区背景和当地资源的可用性不同，药物法庭在这些关键组成部分的坚持程度也不尽相同。②

相关研究表明，药物法庭在打破药物滥用人群的再犯循环路径方面比传统

① Marlowe, D. B., Festinger, D. S., Lee, P. A., Dugosh, K. L., & Benasutti, K. M. (2006). Matching Judicial Supervision to Clients' risk Status in Drug Court. *Crime & Delinquency*, 52 (1), 52－76.

② Zweig, J. M., Rossman, S. B., & Roman, J. K. (2011). The Multi－Site Adult Drug Court Evaluation Volume 2: What's Happening With Drug Courts? A Portrait of Adult Drug Courts in 2004. Washington DC, United States: Urban Institute Justice Policy Center.

法庭更有效,减少再犯的平均效果为38% ~50%之间。[①] 但是,相关研究文献结果也显示并非所有药物法庭都表现出同样的效率水平。针对DWI法庭和少年法庭有效性的研究结果喜忧参半,药物法庭的程序结构部分,如参与者被允许进入法庭的方式,也显示出存在一定影响。还有证据表明,药物法庭模式对具有某些个体特征的参与者更有效,如年龄更大、受教育程度更高等。[②] 目前针对药物法庭有效性的研究主要侧重于利用不同具体模式服务不同人群来分析药物法庭的效果,以确定药物法庭模式中哪些组成部分更有效,以及个体特征如何在其参与过程中产生影响。

(三)精神卫生法庭(Mental Health Court)

除了TASC计划和药物法庭之外,社区矫正中有药物滥用问题的罪犯还可以通过精神卫生法庭接受矫治服务。精神卫生法庭在20世纪90年代开始普及,它属于问题解决型法庭系统的一部分,旨在通过与惩罚导向模式(punishment oriented)相反的问题解决导向模式(problem - solving oriented)将精神病罪犯从监狱和拘留所转移出去。从20世纪60年代开始,公立医院因院内治疗不善而开始关闭。政府财政削减以社区为基础的精神卫生保健预算,导致大量精神病罪犯无法接受必要的治疗,反而长期被关押在监狱和拘留所。精神卫生法庭在一定程度上是对矫正机构中精神病罪犯所占比例过高的回应。在社区矫正对象人群中,外化疾病(如药物滥用成瘾)、内化疾病(如双相障碍)和犯罪行为之间存在显著的共病现象(comorbidity)。同时,患有药物滥用成瘾和内化疾病的罪犯如果继续得不到治疗,他们再次犯罪的风险也会升高,这进一步表明了社区矫正路径下的治疗与矫治需求。在过去几十年里,美国精神卫生法庭的数量增长迅速。目前,美国全国有500多个针对少年犯和成年犯的精神卫生法庭,这些法庭有不同规模层次和不同的目标参与对象(如患有严重的精神病、轻罪),其中州层面的精神卫生法庭有119个(见表9-4)。精神卫生法庭基于个体需要,将患有精神疾病的罪犯转移到不同的行为康复服务项目之中,这些项目包括个人治疗、团体治疗、精神药理学治疗和精神评估等。

---

① Mitchell, O., Wilson, D. B., Eggers, A., MacKenzie, D. L. (2012). Assessing the Effectiveness of Drug Courts on Recidivism: A Meta - analytic Review of Traditional and Non - traditional Drug courts. *Journal of Criminal Justice*, 40(1), 60 - 71.

② Fulkerson, A., Keena, L. D., & O'Brien, E. (2012). Understanding Success and Nonsuccess in the Drug Court. *International Journal of Offender Therapy and Comparative Criminology*, 57(10), 1297 - 1316.

表 9－4　美国精神卫生法庭数量（州层面）

州	数量	州	数量	州	数量
Alabama	2	Kansas	1	North Carolina	3
Alaska	3	Kentucky	3	Ohio	4
Arizona	5	Louisiana	1	Oklahoma	4
California	15	Maine	1	Oregon	4
Colorado	2	Maryland	4	Pennsylvania	4
Connecticut	1	Massachusetts	1	South Carolina	3
Florida	2	Michigan	2	Tennessee	2
Georgia	5	Minnesota	3	Texas	4
Hawaii	4	Missouri	2	Utah	5
Idaho	2	Nevada	3	Virginia	3
Illinois	2	New Hampshire	2	Washington	7
Indiana	1	New Mexico	2	West Virginia	2
Iowa	1	New York	4		

数据来源：National Center for State Courts，2021。

虽然因为没有国家层面的标准化规程，精神卫生法庭的构造与流程各不相同，但罪犯通常可以自愿选择是否参与。精神卫生法庭通常由一个协作小组构成，这个协作小组通常由一名法官、数名检察官和辩护律师以及一名心理健康专家组成。这些精神卫生法庭可能会有一些激励参与者的措施，如遵守规定可得减刑（如坚持心理健康治疗和成瘾戒治，不复吸）。不仅遵守规定者会得到奖励，不遵守规定者也会受到延长羁押期限、法庭训斥或其他制裁等惩罚。精神卫生法庭的参与者在社区内通常受缓刑官和心理健康专业人员的监督，由他们确认参与者是否按时参加计划约定的内容，并对心理咨询过程中讨论的内容保密。精神卫生法庭规程虽然因地而异，但都允许法庭和心理健康专业人员合作制定罪犯矫治计划。①

精神卫生法庭在降低再犯率和罪犯刑期方面相当有成效。有证据表明，通

① Redlich, A. D., Steadman, H. J., Monahan, J., Robbins, P. C., & Petrila, J. (2006). Patterns of Practice in Mental Health Courts: A National Survey. *Law and Human Behavior*, 30(3), 347－362.

过精神卫生法庭接受的心理健康治疗能够有效减轻病症和提高生活质量。[①] 与中途退出的人相比,从精神卫生法庭“毕业”(即接受全部干预治疗)会带来更明显的有益效果,即更低的再犯率。[②] 可以说,精神卫生法庭已经比较成功地减少了相关参与者的病症,降低了他们的再犯率。

精神卫生法庭有时也会因罪犯的各种个体特征和选择的影响而无甚效果。未能减轻病症,参与者放弃参加相关项目,项目被迫终止以及制裁的存在等,都表明精神卫生法庭的目标其实未能达成。具有过往毒品犯罪史或少数民族(种族)身份的人,经常选择不参加精神卫生法庭项目。[③] 因未完成治疗而导致的被迫终止往往与多重诊断(multiple diagnoses)和盗窃犯罪有关联,而实施毒品犯罪的罪犯主动选择参与及增加定期出庭次数则不会导致被迫终止;但是,另有证据表明,有近期吸毒史或毒品犯罪史的罪犯则更易受到精神卫生法庭的制裁惩罚。[④] 还有人认为,缺乏成功的治疗结果也可能是与将精神卫生法庭视为强制性质有关。[⑤] 也就是说,仍旧存在各种影响精神卫生法庭成效的因素,主要包括人口因素、罪行种类以及罪犯对法庭的看法等。

四、美国社区矫正中药物成瘾矫治的具体技术措施

在实践中,有多种循证矫治方法用于治疗无论是处于监禁还是处于社区矫正中的涉罪人群。但由于各个 TASC 计划、药物法庭和精神卫生法庭之间的高度差异性,并没有能够施用于所有矫治模式的单一矫治方法。此外,对社区矫正人群的准确评估也存在很多困难,如控制组缺乏、数据收集不易、治疗效果准确性存疑等影响因素广泛存在,这些因素的存在限制了很多循证矫治方法在社

---

① Honegger, L. N. (2015). Does the Evidence Support the Case for Mental Health Courts? A Review of the Literature. *Law and Human Behavior*, 39(5), 478 –488.

② Sarteschi, C. M., Vaughn, M. G., & Kim, K. (2011). Assessing the Effectiveness of Mental Health Courts: A Quantitative Review. *Journal of Criminal Justice*, 39(1), 12 –20.

③ Dirks –Linhorst, P. A., Kondrat, D., Linhorst, D. M., & Morani, N. (2013). Factors Associated With Mental Health Court Nonparticipation and Negative Termination. *Justice Quarterly*, 30(4), 681 –710.

④ Callahan, L., Steadman, H. J., Tillman, S., & Vesselinov, R. (2013). A Multi –site Study of the Use of Sanctions and Incentives in Mental Health Courts. *Law and Human Behavior*, 37(1), 1 –9.

⑤ Pratt, C., Koerner, J., Alexander, M. J., Yanos, P. T., & Kopelovich, S. L. (2013). Predictors of Criminal Justice Outcomes Among Mental Health Courts Participants: The Role of Perceived Coercion and Subjective Mental Healthrecovery. *International journal of forensic mental health*, 12(2), 116 –125.

区矫正中使用的有效证据支撑。基于这些原因,本文重点分析那些已被普遍施用的循证矫治方法,这些方法也被认为能够解决药物成瘾社区矫正人群的一些共有问题,主要包括认知行为疗法、正念疗法、社会技能训练、药物辅助治疗和戒烟治疗五种。

(一)认知行为疗法(Cognitive Behavioral Therapy,CBT)

认知行为疗法其实是一个概括性术语,用以概括具有类似要素的系列心理治疗方法。根据相关研究,CBT 对一系列心理障碍及其表征问题的治疗有效。涵括在 CBT 下的这些治疗方法,其运作机理通常是或基于注重外在行为的行为主义理论(behaviorism),或基于侧重内部行为或思想的认知理论(cognitive theory),或兼及于二者。许多 CBT 疗法承认思维和行为之间是相互关联的,二者都对心理问题的产生起着作用。尽管针对不同表征问题有多种治疗方法,但基于 CBT 疗法的治疗方案着力点通常针对反常行为习得模式和无益或扭曲的思维。接受 CBT 疗法的患者通常会学习更多行为与思维方面的适应方式,从而提高他们的应对技能和适应能力,这有助于病症减轻并提高其行为的有效性。

在犯罪学和心理学结果都是 CBT 疗法目标的情况下,CBT 疗法会进行适当调整,以便于刑事司法能够有效介入。根据相关研究,社区矫正领域中的 CBT 疗法在多种情况下都显示疗效显著。Barnes、Hyatt 和 Sherman 对一项名为"选择思考,思考选择"(Choosing to Think,Thinking to Choose)为期十四周的 CBT 干预项目进行了评估,这是专门为社区矫正中高复发风险人群设计的矫治项目,他们的评估结果表明,该项目显著降低了有非暴力犯罪史的参与者的再犯风险。① T. Quinn 和 E. Quinn 对一项治疗有反复酒后驾车史(DWI)社区矫正罪犯为期十六周的 CBT 计划,在其三年随访评估参与者再犯情况时发现,该计划明显比常规治疗显著有效,因此,这也表明 CBT 针对那些治疗难度很具挑战性的罪犯也能有效降低再犯。②

Milkman 和 Wanberg 撰写的一篇矫正人群 CBT 应用状况的综述指出,在

---

① Barnes, G., Hyatt, J., & Sherman, L. (2017). Even a little bit Helps. An Implementation and Experimental Evaluation of Cognitive - Behavioral Therapy for High Risk Probationers. *Criminal Justice and Behavior*, 44, 611 - 630.

② Quinn, T. & Quinn, E. (2015). The Effect of Cognitive - Behavioral Therapy on Driving While Intoxicated Recidivism. *Journal of Drug Issue*, 45(4), 431 - 446.

“机构矫正、社区矫正及为缓刑和假释客户服务的门诊项目”中,六种矫治方法最适合个人使用(见表9-5):攻击性替代疗法(Aggression Replacement Therapy,ART)、犯罪行为和药物滥用治疗:自我提升与改变策略(Criminal Conduct and Substance Abuse Treatment:Strategies for Self-Improvement and Change,SSC)、道德重建疗法(Moral Reconation Therapy,MRT)、理性矫治项目(Reasoning and Rehabilitation,R&R)、复发预防疗法(Relapse Prevention Therapy,RPT)和转换思考(Thinking for a Change,T4C)。Milkman和Wanberg认为所有这些疗法在帮助参与者方面有四个共同的主要目标:(1)确定导致他们与国家管理机构冲突的问题所在;(2)确定生活目标;(3)确定与生活目标相冲突的问题的亲社会解决方案(prosocial solutions);(4)将该解决方案付诸实践。①

表9-5 社区矫正中常见认知行为疗法

排序	干预措施	说明
1	攻击性替代疗法(Aggression Replacement Therapy,ART)	ART最初设计是用于少年司法,但后来被扩展于成人司法领域。ART通过每周提供三次课程对参与者进行培训,每次课程持续一小时,整个培训周期持续十周,课程侧重点是减少参与者的愤怒和暴力。ART在内容上有社交技能训练、愤怒控制训练和道德推理三个组成部分,三个部分每周交替进行。ART旨在教授参与者人际交往技能,促进其自我控制能力,以及提高参与者的道德理性和共感能力。
2	犯罪行为和药物滥用治疗:自我提升与改变策略(Criminal Conduct and Substance Abuse Treatment:Strategies for Self-Improvement and Change,SSC)	SSC是一种面向有药物滥用史的成年罪犯的长期治疗,治疗周期持续九个月至十二个月。参与者通过平均分布到三个阶段的十二个模块参与治疗:挑战改变阶段、承诺改变阶段和拥有改变阶段。该计划旨在帮助罪犯找到改变的动机,提高他们在生活中进行必要改变所需的基本技能,并在清醒状态的稳定和保持过程中提供强化支持。

① Milkman, H. & Wanberg, K., (2007) Cognitive Behavioral Treatment: A Review and Discussion for Corrections Professionals. https://s3.amazonaws.com/static.nicic.gov/Library/021657.pdf.

续表

排序	干预措施	说明
3	道德重建疗法（Moral Reconation Therapy, MRT）	MRT 是一种灵活度非常高的疗法，疗程从每月一次到二十次都有。MRT 最初为刑事司法领域的药物治疗而开发的，后来扩展到参与者抗拒可能干扰矫治的各种问题领域（如醉酒驾驶、家庭暴力、性犯罪、反社会行为等）。MRT 试图帮助患者逐渐将自身所具有的自私、不诚实和迫害他人的反社会模式转变为以社会考量（social consideration）、伦理原则（ethical principles）和个人成就感（personal fulfillment）为特征的亲社会模式。
4	理性矫治项目（Reasoning and Rehabilitation，R& R）	R& R 包括三十五个疗程，六至八人一组，为期八周至十二周。该方案是为多种环境下使用而制定的，包括机构内矫正和社区矫正均可使用。R& R 聚焦于促进参与者的亲社会思维能力和社会观点采择能力，以及帮助参与者发展其人际问题解决技能和自我规管技能。
5	复发预防疗法（Relapse Prevention Therapy，RPT）	RPT 产生于为成功治疗成瘾行为的患者而设计的维持追踪项目，后来逐渐成为一种独立的治疗方法。在整个治疗过程中，RPT 最为强调自我管理的提升。RPT 侧重于通过传统认知疗法（traditional cognitive therapy）、认知行为应对技能训练（cognitivebehavioral coping skills training）以及授受生活方式调整策略（teaching lifestyle modification strategies）来提高参与者的整体应对能力。
6	转换思考（Thinking for a Change，T4C）	T4C 是一种共二十二节课的团体干预措施，每次一小时至二小时不等，通常每周两节课。这种治疗通过提供不间断的连续课程，强调保持治疗的完整性以及照护者和病患（罪犯）之间的照护连续性。T4C 旨在将社会技能和问题解决培训与认知重构相结合，从而提高罪犯对自己以及他人思想和情感的认识。

CBT 于刑事司法领域的有效性已有大量的相关实证经验支撑，且对青少年罪犯和成年罪犯都适用。Pearson 和 Lipton 对 1968 年至 1996 年间 69 项关于 CBT 在监狱、拘留所、缓刑和假释等各种刑事司法领域中影响的相关研究的荟萃分析发现，CBT 疗法在减少再犯方面比单纯的行为矫治更有效。[①] Lipsey、

① Pearson, F. S., Lipton, D. S., Cleland, C. M., & Yee, D. S. (2002). The Effects of Behavioral/Cognitivebehavioral Programs on Recidivism. *Crime & Delinquency*, 48(3), 476–496.

Landenberger 和 Wilson 对 1980 年至 2004 年间进行的 58 项研究的荟萃分析发现,平均而言,接受 CBT 治疗的参与者在完成治疗后的 12 个月随访中保持无再逮捕和再监禁的比例是对照组的 1.5 倍以上。[①] Wilson、Bouffard 和 MacKenzie 分析了 1988 年至 1999 年间的 20 项研究,发现 CBT 治疗组的复发率(再犯率)明显低于对照组,复发率(再犯率)总体上低 8% 至 16%。[②] 除了广泛支持 CBT 治疗有效性外,相关文献的分析还支持如下主张:(1)在减少再监禁和再逮捕方面,CBT 疗法似乎针对中高风险罪犯比针对低风险罪犯更有效;[③](2)强调认知技能/认知重建的 CBT 疗法和强调道德教化和理性思考的方法都能显著降低再犯;[④](3) CBT 疗法的实施质量和"剂量"(以实际提供治疗的精确小时数而不是以第一次和最后一次疗程之间的时间间隔来计量)影响着治疗效果。[⑤]

关于 CBT 的多项研究都指出了针对刑事司法人群施用 CBT 时增加治疗"剂量"的重要性。学者 Lipsey 对 1950 年至 1995 年期间 200 项刑事司法领域的样本研究进行的荟萃分析发现,减少少年犯的再犯至少需要 100 小时的治疗时长,并表明许多方案可能利用了有效的治疗方法和技术但却未能有效减少再犯,其原因就是缺乏足够必要的治疗时长。[⑥] 基于这项研究,Sperber 等人对 689 名完成社区矫正的成年男性罪犯进行了一项研究,以研究"剂量"(治疗时长)对再犯率的影响。该项研究结果进一步支持了向高风险罪犯提供更高治疗"剂

---

① Lipsey, M. W., Landenberger, N. L., & Wilson, S. J. (2007). Effects of Cognitive Behavioral Programs for Criminal Offenders. *Campbell Systematic Reviews*, 3(1), 1 – 27.

② Wilson, D. B., Bouffard, L. A., & MacKenzie, D. L. (2005). A Quantitative Review of Structured, Group – Oriented, Cognitive – Behavioral Programs for Offenders. *Criminal Justice and Behavior*, 32(2), 172 – 204.

③ Lipsey, M. W., Landenberger, N. L., & Wilson, S. J. (2007). Effects of Cognitive Behavioral Programs for Criminal Offenders. *Campbell Systematic Reviews*, 3(1), 1 – 27; Lowenkamp, C. T., Latessa, E. J., & Holsinger, A. M. (2006). The Risk Principle in Action: What Have we Learned From 13,676 Offenders and 97 Correctional Programs? *Crime & Delinquency*, 52 (1), 77 – 93.

④ Wilson, D. B., Bouffard, L. A., & MacKenzie, D. L. (2005). A Quantitative Review of Structured, Group – Oriented, Cognitive – Behavioral Programs for Offenders. *Criminal Justice and Behavior*, 32(2), 172 – 204.

⑤ Lipsey, M. W., Landenberger, N. L., & Wilson, S. J. (2007). Effects of Cognitive Behavioral Programs for Criminal Offenders. *Campbell Systematic Reviews*, 3(1), 1 – 27; Kroner, D. G., & Takahashi, M. (2012). Every Session Counts: The Differential Impact of Previous Programmes and Current Programme Dosage on Offender Recidivism. *Legal and Criminological Psychology*, 17, 136 – 150.

⑥ Lipsey, M. W. (1999). Can Intervention Rehabilitate Serious Delinquents? *The ANNALS of the American Academy of Political and Social Science*, 564(1), 142 – 166.

量”的重要性:在中“剂量”(100 ~ 199 小时治疗时长)和高“剂量”(200 + 小时治疗时长)之间高风险罪犯的再犯率差异为24% 。[①] 在对 Sperber 等人成果的再现研究中,Makarios 等人发现,“剂量”和再犯之间的关系受到风险的影响。其研究成果再次强调向高风险罪犯提供高“剂量”治疗的重要性,但也首次提出高“剂量”治疗可能会增加低风险罪犯的再犯率。[②] 这项结果也表明,有限的治疗资源或许要根据个人风险水平进行差异化分配,这对高风险罪犯和低风险罪犯的矫治效果可能都更有裨益。

（二）正念疗法(Mindfulness)

尽管正念在早于心理学研究的宗教和精神传统中就已存在,但直到近几年来正念实践才被纳入临床心理学实践并接受实证检验。自 Jon Kabat Zinn 在 20 世纪 80 年代末 90 年代初开发了正念减压疗法(Mindfulness Based Stress Reduction,MBSR)以来,植根于为患者提供与冥想实践(属于广义的正念实践范畴)有关的心理教育和技能培训的认知行为疗法在临床心理学中的影响力和流行度不断提高。1990 年,Kabat Zinn 出版了《全灾难人生》(*Full Catastrophe Living*),在这本书里他介绍了正念疗法的里程碑式方法,他将正念界定为“以这样一种特别方式关注:有意识地觉察,专注于当下,不加主观评判”。在此后的三十多年里,人们对正念疗法的兴趣与日俱增,以之为基础开拓发展了多种疗法,包括正念认知疗法(Mindfulness – Based Cognitive Therapy,MBCT)、正念复发预防疗法(Mindfulness – Based Relapse Prevention,MBRP)和元认知疗法(Metacognitive Therapy,MCT)。许多综合性的循证治疗虽不完全是基于正念,但已将正念整合到更广泛的认知行为疗法模式之中,以积极促进正向行为改变。其中最著名的两种综合疗法是辩证行为疗法(Dialectical Behavior Therapy,DBT)和接受承诺疗法(Acceptance and Commitment Therapy,ACT)。

在正念疗法和综合疗法中,正念作为一种可教化的技能被用来提高人们对当下的意识。这种对当下意识的提升,旨在进一步提高人们辨识自身当下环境的显著特征及如何对该环境进行反应的能力。正念作为治疗方案的一个组成部分,已被证明可以改善行为管理,减少情绪反应和心理症状,进而达致主观幸

---

① Sperber, K., Latessa, E., & Makarios, M. (2013). Examining the Interaction Between Level of Risk and Dosage of Treatment. *Criminal Justice and Behavior*, 40 (3), 338 – 348.

② Makarios, M., Sperber, K., & Latessa, E. (2014). Treatment Dosage and the Risk Principle: A Refinement and Extension. *Journal of Offender Rehabilitation*, 53(5), 334 – 350.

福感的提升。[①] 在复发预防或情绪管理的背景下,正念技能意在使人们能够注意和关注到内部刺激因素(思想、情绪、渴望、身体感觉)和外部刺激因素(引发或恶化症状的外部条件),这些刺激因素意味着需要及时部署行为调节和应对策略。这对于社区矫正对象来说是一项特别重要的技能,因为促进参与者自律也是矫正治疗非常重要的组成环节。

不少以正念为基础的治疗方法对社区矫正人群典型问题的治疗有直接的效果,很多证据支持正念疗法用于治疗情绪障碍、慢性疼痛和药物滥用成瘾。MBRP 在治疗药物滥用成瘾方面尤其有希望。Bowen、Witkiewitz、Clifasefi 等人所做的一项比较 RPT 和 MBRP 效果的 12 个月随访研究显示,在减少药物使用和酗酒方面 MBRP 在长期内可能更有效。[②] MBRP 是 2010 年美国心理学家鲍恩等人结合正念冥想练习与预防复发技能培训开发出的一套标准行为干预方法,其结合了正念减压疗法和正念认知疗法,是专门针对药物成瘾行为复发治疗的一种团体干预方法。MBRP 由包括瑜伽、呼吸、体育锻炼、技巧训练以及针对药物滥用者特别设计的家庭作业等一系列的训练组成。

Marsha Linehan 在其《边缘型人格障碍的认知行为治疗》(*Cognitive Behavioral Treatment of Borderline Personality Disorder*)一书中创立了 DBT,最初用于边缘人格障碍(Borderline Personality Disorder)的治疗。自 DBT 创立以来,已经为边缘人格障碍的治疗积累了强大的研究支持,并被用于在多种情形中提供心理教育和技能培训,以解决许多类似 CBT 治疗面临的问题。DBT 核心课程包括正念、人际效能提升训练、痛苦容忍和情绪调节。在回顾 DBT 疗法的跨诊断应用(transdiagnostic applications)时,Ritschel 等人将基于 DBT 的药物滥用治疗方案总体目标总结为以下三个:(1)授受减少需要实施功能失调情绪调节策略的情绪调节技能;(2)减少严重影响生活质量和保持觅药行为(drug – seeking behavior)的行为和障碍;(3)促进使个人适应能力更强并创造有价值生活的更具技巧之行为方式。[③] 目前似乎专门研究将 DBT 使用于社区矫正人群的文献

---

① Keng, S – L. , Smoski, M. J. , & Robins, C. J. (2011). Effects of Mindfulness on Psychological Health: A Review of Empirical Studies. *Clinical Psychology Review*, 31(6), 1041 – 1056.

② Bowen, S. , Witkiewitz, K. , Clifasefi, S. L. , Grow, J. , Chawla, N. , Hsu, S. H. , & Larimer, M. E. (2014). Relative Efficacy of Mindfulness – Based Relapse Prevention, Standard Relapse Prevention, and Treatment as Usual for Substance use Disorders. *JAMA Psychiatry*, 71(5), 547 – 556.

③ Ritschel, L. A. , Lim, L. E. , & Stewart, L. M. (2015). Transdiagnostic Applications of DBT for Adolescents and Adults. *American Journal of Psychotherapy*, 69(2), 111 – 128.

较少,但 DBT 有效性已被证明可适用于社区矫正对象相关的心理健康问题矫治,如抑郁症、药物滥用成瘾、攻击性和暴力等。

尽管 ACT① 最初是以“全面距离”(Comprehensive Distancing)这个名号发展起来的,但在 20 世纪 90 年代末就已成为现在的内涵形式。ACT 强调不仅要识别客户的价值观(即是什么赋予了他们生命的意义、目的和动力),还要识别其行为如何使他们更接近或偏离其自身价值观。作为一种综合疗法,ACT 与 CBT 有明显的相似之处,不过其重点在于帮助患者注意和识别自己的想法和情绪,并提高整体应对技能和所选行为之操作性。自创立以来,ACT 已经通过大量的实证证据证明其可用于治疗各种矫正场景中的疾病或障碍。相关研究指出,使用 ACT 可以用来提高药物和酒精咨询师学习和应用循证药物治疗患者的意愿;这是一项重要的干预措施,尽管药物治疗在矫正场景中被污名化,但药物治疗在矫治药物滥用、压力、戒烟、慢性疼痛和抑郁等问题方面的确卓然有效。② 与研究使用 DBT 的文献类似,目前关于 ACT 针对社区矫正人群使用的文献仍旧较少,但该方法在监禁人群中的应用概述在 Tafrate 和 D. Mitchell 在 2014 年主编出版的《法医 CBT:临床实践手册》(*Forensic CBT: A Handbook for Clinical Practice*)一书中有专章介绍,可为社区矫正群体的 ACT 运用提供参考。

(三)社会技能训练(Social Skills Training)

社会技能训练是一种行为训练形式,是通过习得口头和非口头人际交往技能来改善社会关系。社会技能训练最初创建于 20 世纪 70 年代,旨在提高社会认同技能,改善人际交往技能(如合作、同理心等),减少社会排斥行为和有害行为(如攻击、剥削等)。社会技能训练已被广泛应用于普通人群的各种心理障碍矫治,如儿童、精神分裂症患者、社交焦虑症患者和孤独症患者等。简言之,社会技能训练已被广泛用于提高许多人群的社会能力。这种疗法在矫正人口中的表现与普通人群并没实质差异,但社区矫正中这种疗法的主要目标集中于自

---

① 需要说明的是,目前 ACT 其实有三种含义:第一种含义,acceptance and commitment therapy,这称为接纳承诺疗法。它是认知行为疗法的第三浪潮的其中一个代表;第二种含义,acceptance and commitment training,它是一种训练,是提高心理能力,是提高心理灵活性的一种训练的方法;第三种含义,A 就是 acceptance,C 就是 choose 选择,T 就是 take action 行动,包含接纳、选择、采取行动。本文只在第一种含义上使用 ACT 这一概念。

② Ruiz, F. J., (2010). A review of Acceptance and Commitment Therapy (ACT) Empirical Evidence: Correlational, Experimental Psychopathology, Component and Outcome Studies. *International Journal of Psychology and Psychological Therapy*, 10(1), 125 - 162.

信训练、积极性倾听和学习阅读非言语交流讯息(non - verbal communication cues),这是因为这些方面的缺陷是该类群体产生攻击行为和冲突行为的前兆。

由于社区矫正领域的高共病率,社会技能训练经常被用作认知行为疗法等其他治疗方法的补充,很少单独使用。社会技能训练首先要确定参与者的社会技能缺陷,并与参与者共同确定其个人目标和需求。在目标设定之后,人们会接受有关社会技能的心理教育,包括学习这些技能的重要性等。然后,治疗师会模拟这些社会技能场景,并在治疗过程中让参与者通过角色扮演反复进行练习。① 然后,行为使用和练习也不断加强,治疗师也会给予纠正反馈。此外,也会通过家庭作业的方式来帮助参与者将其学习到的社会技能推广到其他关系之中。总之,社会技能训练是一个多步骤过程,可以基于个人需求创设有效的社会技能训练,并根据个人的社会技能提升效果及时进行调整。

社会技能训练已作为治疗方案的一部分成功应用于矫正人群的矫治。相关研究表明,罪犯之所以会犯罪与其社交技能和能力存在缺陷有很大关联,包括对他人的同理心缺乏、对社交信息的解释能力差以及亲密人际关系缺失(尤其与性罪犯关联更大),②而这些社会技能缺陷增加了其参与反社会行为的可能性。罪犯群体的社会技能训练通常侧重于如何给予积极反馈和消极反馈,以及对消极反馈的接受,但不仅止于这些,还会包括社会问题的解决,避免错误归因敌对意图的非语言讯息的识别,以及提高拒绝同侪使用非法药物或实施犯罪压力的能力。③ 也就是说,针对罪犯的社会技能训练可以有多个学习目标,这取决于罪犯的具体需求。

在性犯罪者、青少年犯罪者和患有严重精神疾病或共病精神疾病的犯罪者中,社会技能缺陷尤其显著。由于同理心能力的缺陷和从监狱重返社会后的社交功能降低,这些人群一直是社会技能训练的热门目标。针对这些低社交功能

---

① Spence, S. H. (2003). Social Skills Training With Children and Young People: Theory, Evidence and Practice. *Child and adolescent mental health*, 8(2), 84 - 96.

② Larson, J. J., Whitton, S. W., Hauser, S. T., & Allen, J. P. (2007). Being Close and Being Social: Peer Ratings of Distinct Aspects of Young Adult Social Competence. *Journal of Personality Assessment*, 89(2), 136 - 148.

③ Steadman, J. H., Peters, R. H., Carpenter, C., Mueser, K. T., Jaeger, N. D., Gordon, R. B., Fisler, C., Goss, S., Olson, E., Osher, F. C., Noether, C. D., & Hardin, C. (2013). Six Steps to Improve Your Drug Court Outcomes for Adults With Co - Occurring Disorders. http://citeseerx.ist.psu.edu/viewdoc/download; jsessionid = C15A84F45A1B5B4ACFAFB993C8ECEB51? doi = 10.1.1.364.9643&rep = rep1&type = pdf.

罪犯进行训练的重要意义，在于可以让其在重返社区时获得足够的社会支持。①相关研究如果以这些人群为研究目标，可以让治疗师了解哪些群体最有必要补充社会技能训练。但针对矫正人群社会技能训练有效性的研究，并没有比较一致的结果。有一些研究认为单独进行社会技能训练并不会对再犯水平及其他犯罪结果产生显著影响，但大多数研究认为社会技能训练对再犯的影响与普通治疗或对照组相似。② 还一些研究结果表明，社会技能训练成功提高了性犯罪者和一般犯罪者的自尊和社交能力。③ 另有一些研究表明，从社会技能训练参与者角度而言，其自我报告存在的社会问题有所减少，角色扮演也能改善其社交反应能力。④ 总的来说，单独的社会技能训练似乎对犯罪结果影响并不大，但可能创造犯罪者个别化的成功。

（四）药物辅助治疗（Pharmacotherapy）

当药物滥用干预措施辅以药物治疗时，文献中通常称为药物辅助治疗（Medication Assisted Treatment, MAT）。鉴于阿片类药物和酒精滥用成瘾在美国机构矫正和社区矫正中的高发病率，许多关于 MAT 在刑事司法领域有效性和使用情况的研究都集中在阿片类药物和酒精滥用成瘾的治疗上。酒精滥用成瘾药物辅助治疗常使用的药物包括二硫仑（disulfiram）和纳曲酮（naltrexone），阿片类药物滥用成瘾药物辅助治疗常使用的药物包括美沙酮（methadone）、丁丙诺啡（buprenorphine）和纳曲酮（naltrexone）。

对于酒精滥用成瘾的药物辅助治疗，尽管临床试验表明二硫仑疗效存在差异，但美国食品药品监督管理局（FDA）批准二硫仑用于酒精滥用成瘾治疗已有近 70 年历史。服用二硫仑后，患者通常会对饮酒、延长缓解期等产生强烈的负

---

① Steadman, J. H., Peters, R. H., Carpenter, C., Mueser, K. T., Jaeger, N. D., Gordon, R. B., Fisler, C., Goss, S., Olson, E., Osher, F. C., Noether, C. D., & Hardin, C. (2013). Six Steps to Improve Your Drug Court Outcomes for Adults With Co-Occurring Disorders. http://citeseerx.ist.psu.edu/viewdoc/download; jsessionid = C15A84F45A1B5B4ACFAFB993C8ECEB51? doi = 10.1.1.364.9643&rep = rep1&type = pdf.

② Hollin, C. R. (1999). Treatment Programs for Offenders: Metaanalysis, "What Works," and Beyond. *International Journal of Law and Psychiatry*, 22(2), 361–372.

③ Valliant, P. M., & Antonowicz, D. H. (1991). Cognitive Behaviour Therapy and Social Skills Training Improves Personality and Cognition in Incarcerated Offenders. *Psychological Reports*, 68(1), 27–33.

④ Rice, M. E. (1983). Improving the Social Skills of Males in a Maximum Security Psychiatric Setting. *Canadian Journal of Behavioural Science / Revue canadienne des sciences du comportement*, 15(1), 1–13.

面生理反应,但该药物很容易停药且难以保持用药依从性(medication adherence),这一特点向来限制着其有效性。阿片拮抗剂纳曲酮是1994年被FDA批准用于酒精滥用成瘾治疗的。Rösner、Hackl - Herrwerth、Leucht、Vecchi、Srisurapanont和Soyka等人2010年对50项随机临床试验的研究回顾发现,纳曲酮对酒精滥用成瘾的治疗效果属于中等,治疗组继续酗酒的风险平均降低到对照组的83%。① 总体上,纳曲酮是一种较为安全有效的治疗方法,可改善饮酒行为控制和降低酗酒风险,但其有效性同样受制于低治疗依从性(treatment adherence)。不过,尽管这两种药物的治疗依从性都很低,但通过将患者监护策略(patient monitoring strategies)和依从性测量(compliance measurements)整合到治疗过程中,尤其是和CBT结合,似乎可以显著提高其疗效。②

阿片类药物滥用成瘾的药物治疗是一种有效的辅助治疗方法,无论在监禁领域还是社区矫正领域,都能降低药物持续使用、过量用药和再犯。用于阿片类药物成瘾矫治的纳曲酮通常以注射方式注射入体内后延迟释放,Lee、Friedmann、Boney等人实施的一项6个月的持续随访研究结果显示,纳曲酮的施用可以显著减少阿片类药物的使用、复发和过量。③ 美沙酮和丁丙诺啡维持治疗也都是治疗阿片类药物戒断的方法,常作为MAT的用药选择。相关研究显示,在监禁期间引入美沙酮并在后续社区矫正中继续门诊治疗时,在MAT中使用美沙酮似乎更有效。④ 这两种药物在降低阿片类药物持续使用、复发、再逮捕或再监禁风险方面的效果大致相同,都较为显著;但是丁丙诺啡患者自愿退出治疗

---

① Rösner, S., Hackl - Herrwerth, A., Leucht, S., Vecchi, S., Srisurapanont, M., & Soyka, M. (2010). Opioid Antagonists for Alcohol Dependence. *https://www.cochranelibrary.com/cdsr/doi/*10.1002/14651858.*CD*001867.*pub3/full.*

② Baros, A. M., Latham, P. K., Moak, D. H., Voronin, K., & Anton, R. F. (2007). What Role Does Measuring Medication Compliance Play in Evaluating the Efficacy of Naltrexone? *Alcoholism: Clinical and Experimental Research*, 31(4), 596 - 603.

③ Lee, J. D., Friedmann, P. D., Boney, T. Y., Hoskinson, R. A., McDonald, R., Gordon, M., Fishman, M., ... O'Brien, C. P. (2015). Extended - Release Naltrexone for Opioid Relapse Prevention Among Opioid - Dependent, Criminal Justice - Involved Adults. *Contemporary Clinical Trials*, 41(2), 110 - 117.

④ Larney, S., Toson, B., Burns, L., & Dolan, K. (2012). Effect of Prison - Based Opioid Substitution Treatment and Post - Release Retention in Treatment on Risk of re - incarceration. *Addiction*, 107(2),372 - 380.

比例明显低于美沙酮患者。①

尽管有不少研究证据表明 MAT 于药物滥用成瘾罪犯矫治中是有效的,但从美国全国范围内看,MAT 似乎并没有得到充分利用。Robinson 和 Adinoff 指出,患者和治疗者都对药物辅助治疗对药物滥用成瘾矫治的疗效和有效性存疑(confusion)。无论针对成人还是儿童人群,似乎是对药物治疗的信息误解和污名化,限制了矫治服务提供者为药物滥用成瘾患者开具药物辅助治疗处方的可能性,从而导致药物辅助治疗方法未被充分利用。② 一项针对 170 名在不同环境下工作的矫治服务提供者的调查发现,大约 20% 的人从未开过这些辅助治疗药物。③ 一项回顾横跨美国 14 个州 50 个刑事司法机构的政策和做法的研究发现,83% 的受访监狱和拘留所仅在有限的基础上提供 MAT(如仅在戒毒期间脱毒时,或为怀孕妇女提供戒断服务时),但不适用于更广泛的罪犯。④ 另一项对 103 个毒品法庭的全国调查发现,在所有回应调查的毒品法庭中,约有一半制定了明确禁止 MAT 的政策和程序。⑤ 由于污名化和普遍缺乏理解,反对使用 MAT 治疗药物滥用成瘾罪犯的观点(政治的、司法的和行政的),似乎对造成目前机构矫正和社区矫正中 MAT 使用参差不齐这一现状有着重要作用。有学者认为,传统训练在改变惩戒人员和治疗提供者反对 MAT 的态度方面的效果微

---

① Magura, S., Lee, J. D., Hershberger, J., Herman, J., Marsch, L., Shropshire, & Rosenblum, A. (2009). Buprenorphine and Methadone Maintenance in Jail and Post - Release: A randomized clinical trial. *Drug and Alcohol Dependence*, 99(1 - 3), 222 - 230.

② Robinson, S. M., & Adinoff, B. (2018). The Mixed Message Behind "Medication - Assisted Treatment" for Substance use Disorder. *The American Journal of Drug and Alcohol Abuse*, 44(2), 147 - 150.

③ Stanciu, C. N., Penders, T. M., Wuensch, K. L., Davis, J., & Elnagar, K. (2017). Underutilization of Pharmacotherapy for Treatment of Alcohol use Disorders Part II - Results From a Survey of Practices Among North Carolina Mental Health Providers and Brief Review of Efficacy of Available Pharmacotherapies. Journal of *Alcoholism & Drug Dependence*, 5(5), 285 - 293.

④ Friedmann, P. D., Hoskinson, R., Gordon, M., Schwartz, R., Kinlock, T., Knight, K., Flynn, P. M., Frisman, L. K. (2012). Medication - Assisted Treatment in Criminal Justice Agencies Affiliated With the Criminal Justice - Drug Abuse Treatment Studies (CJ - DATS): Availability, Barriers, and Intentions. *Substance Abuse*, 33(1), 9 - 18.

⑤ Matusow, H., Dickman, S., Rish, J., Fong, C., Dumont, D., Hardin, C., Marlowe, J. D., Rosenblum, A. (2013). Medication - Assisted Treatment in US Drug Courts: Results From a Nationwide Survey of Availability, Barriers, and Attitudes. *Journal of Substance Abuse Treatment*, 44(5), 473 - 480.

乎其微,针对这一问题采取有针对性的干预措施是社区矫正研究最近的重点。①

(五)戒烟治疗(Smoking Cessation)

尽管烟草不是非法药物,其使用也通常不会伴随实施严重或暴力犯罪,但有大量证据表明,戒烟治疗可通过减少总体药物使用和增加清醒保持的可能性,从而对其他药物成瘾的治疗结果产生积极影响。例如,戒烟者说其对其他兴奋剂的渴求减少了,②以后出现药物滥用成瘾的可能性也降低了。③ 此外,戒烟治疗与其他药物成瘾治疗相结合,可使长期戒除非法药物的可能性增加25%。④ 据推测,成功戒烟可能有助于改变其他药物成瘾习惯。不过现实却是,尽管存在关于其积极影响的广泛证据,也几乎不存在其负面影响的确凿证据,但药物成瘾患者的戒烟治疗基本处于被忽视的状态。

过去几十年里,美国烟民比例已稳步下降至16%以下⑤,但罪犯的吸烟率一直居高不下(高达70%~80%),约占美国全部烟民的12%。⑥ 甚至少年司法系统人口群体中的吸烟率也比同龄普通人群高40%。⑦ 目前,吸烟仍然是美国国内可预防的造成死亡和残疾的主要原因,刑事司法系统中的人口群体遭受吸烟导致的相关严重疾病的风险更大,这些疾病包括心血管病、癌症、循环和呼吸系统疾病、肾脏和肝脏疾病以及糖尿病等,所有这些疾病都可能导致过早死亡。虽然刑事司法系统中人口群体平均年龄35岁左右,但许多人已罹患与吸烟有关

---

① Bonta, J., Bourgon, G., Rugge, T., Scott, T., Yessine, A. K., Gutierrez, L., & Li, J. (2011). An Experimental Demonstration of Training Probation Officers in Evidence - Based Community Supervision. *Criminal Justice and Behavior*, 38(11), 1127 - 1148.

② Magee, J. C., & Winhusen, T. (2016). The Coupling of Nicotine and Stimulant Craving During Treatment for Stimulant Dependence. *Journal of Consulting and Clinical Psychology*, 84(3), 230.

③ Thurgood, S. L., McNeill, A., Clark - Carter, D., & Brose, L. S. (2016). A Systematic Review of Smoking Cessation Interventions for Adults in Substance Abuse Treatment or Recovery. *Nicotine & Tobacco Research*, 18(5), 993 - 1001.

④ Prochaska, J. J., Delucchi, K., & Hall, S. M. (2004). A Meta - Analysis of Smoking Cessation Interventions With Individuals in Substance Abuse Treatment or Recovery. *Journal of Consulting and Clinical Psychology*, 72(6), 1144 - 1156.

⑤ Jamal, A., Phillips, E., Gentzke, A. S., Homa, D. M., Babb, S. D., King, B. A., & Neff, L. J. (2018). Current Cigarette Smoking Among Adults - United States, 2016. MMWR. *Morbidity and mortality weekly report*, 67(2), 53 - 59.

⑥ Cropsey, K. L., Jones - Whaley, S., Jackson, D. O., & Hale, G. J. (2010). Smoking Characteristicsof Community Corrections Clients. *Nicotine & Tobacco Research*, 12(1), 53 - 58.

⑦ Cropsey, K. L., Linker, J. A., & Waite, D. E. (2008). An Analysis of racial and sex differences for smoking among adolescents in a juvenile correctional center. *Drug and Alcohol Dependence*, 92(1 - 3), 156 - 163.

的疾病。此外，由于获释后往往存在贫困及医疗服务获取机会有限等问题，社区矫正人员不太可能通过自己的努力获得稳定的医疗照护资源来解决此类疾病。

虽然美国全国大多数监狱和拘留所都禁止吸烟，但几乎所有从这些所谓无烟设施被释放到社区矫正的罪犯都恢复了吸烟。① 其实，监狱和拘留所普遍禁烟也限制了戒烟治疗的机构内展开，即使有一些戒烟治疗方法，如尼古丁替代品等，它们的价格也往往很高，以至于许多罪犯无法获取。尽管在矫正机构内禁烟可能是在合法边界内帮助罪犯戒烟，但被迫不能吸烟（being forced to stop smoking）并非真的戒烟（quitting smoking），这或许可以解释为什么会有大量从监狱被释放进入社区矫正的人会复归吸烟旧习。因此，努力减少刑事司法人口吸烟率的工作主要成为社区矫正的任务，尽管这方面的工作还远远不够。尽管刑事司法人口群体中吸烟率很高且其伴随的健康问题会对个人及其社区带来巨大负担，但戒烟治疗疗法并没有针对刑事司法人员有所专门设计。为数不多的关于刑事司法人口群体戒烟的研究表明，需要进行更深入的研究来了解针对这一群体及其亚群体制定戒烟治疗方案时与普通人群之间的样态差异。② 同时，刑事司法人口群体也更可能同时罹患药物滥用疾病、心理健康疾病和贫困问题，因此，在确定治疗方案适当性和易得性时必须也要考虑到所有这些关联问题。

在该人群中施用的干预措施在某些情况下是从传统戒烟治疗方法修改而来的，这些传统治疗方法本身就差异很大。一些此类干预措施可能在普通人群的某亚群体中效果良好，但在其他人群中却效果不佳，这种状况可能会导致为社区矫正人口量身定制这些治疗方案的过程进一步复杂化。有一种常见的戒烟药物疗法是尼古丁替代疗法（Nicotine Replacement Therapy，NRT），旨在替代烟草制品来缓解戒断症状和尼古丁渴求。根据 2014 年的一项研究，当这种疗法用于刑事司法人口时，即使对于最初没有戒烟动机的人，NRT 也已经成功地开

① Lincoln, T. , Tuthill, R. W. , Roberts, C. A. , Kennedy, S. , Hammett, T. M. , Langmore - Avila, E. , & Conklin, T. J. (2009). Resumption of Smoking After Release From a Tobacco - Free Correctional Facility. *Journal of Correctional Health Care*, 15(3), 190 - 196.

② Cropsey, K. L. , Jones - Whaley, S. , Jackson, D. O. , & Hale, G. J. (2010). Smoking Characteristicsof Community Corrections Clients. *Nicotine & Tobacco Research*,12(1),53 - 58.

始帮助其减少吸烟。① 酒石酸伐尼克兰片(Varenicline)是另一种主要的治疗药物,它可以干扰尼古丁受体刺激并降低对尼古丁的渴求。但是,这种治疗费用很高,而且目前还没有一种通用的方式,因此对于社区矫正人口来说,这可能是一个不易获取的选择。抗抑郁药,如去甲替林(nortriptyline)和安非他酮(bupropion)也被用作戒烟治疗药物,对刑事司法人口群体可能很有价值,因为这类人群罹患包括情绪障碍在内的精神疾病风险更高。Cropsey、Clark 等人 2017 年的相关研究证据已经显示安非他酮可以提高按要求服药的社区矫正人口的戒烟率。②

一些戒烟治疗中使用的行为干预措施来自认知行为疗法(CBT)等涵括范围更广的其他疗法。通过这种疗法,参与者学习识别触发吸烟的特定诱因并学习有效应对这些诱因的认知和行为策略。相关证据证实,专门针对即将出狱的囚犯利用 CBT 和其他疗法治疗的 WISE 干预(Working Inside for Smoking Elimination,WISE),可减少无烟监狱释放后的吸烟复发问题。③ 情绪管理训练(Mood Management Training,MMT)也是一种旨在防止吸烟复发的疗法,与 CBT 一样,它旨在识别与吸烟相关的诱因并制定应对策略。Cropsey、Eldridge 等人针对矫正人群的 MMT 疗法研究发现,MMT 可与 NRT 联合使用形成有效的戒烟治疗。④ 目前有一项专门针对社区矫正人群戒烟的干预措施"DIMENSIONS:Tobacco Free Program",该项目由阿肯色社区矫正局(ACC)和科罗拉多大学行为健康项目(Behavioral Health & Wellness Program)联合开发。DIMENSIONS计划源自针对心理健康人群的戒烟计划的技术和理念,旨在为社区矫正人群提供基于社区的全面支持。该计划的结果非常好,大多数人在完成

---

① Jardin, B. F., Cropsey, K. L., Wahlquist, A. E., Gray, K. M., Silvestri, G. A., Cummings, K. M., & Carpenter, M. J. (2014). Evaluating the Effect of Access to Free Medication to Quit Smoking: A Clinical Trial Testing the Role of Motivation. *Nicotine & Tobacco Research*, 16(7), 992 - 999.

② Cropsey, K. L., Clark, C. B., Stevens, E. N., Schiavon, S., Lahti, A. C., & Hendricks, P. S (2017). Predictors of Medication Adherence and Smoking Cessation Among Smokers Under Community Corrections Supervision. *Addictive behaviors*, 65, 111 - 117.

③ Clarke, J. G., Stein, L., Martin, R. A., Martin, S. A., Parker, D., Lopes, C. E., Bock, B. (2013). Forced Smoking Abstinence: Not Enough for Smoking Cessation. *Journal of the American Medical Association*, 173, 789 - 794.

④ Cropsey, K., Eldridge, G., Weaver, M., Villalobos, G., Stitzer, M., & Best, A. (2008). Smoking Cessation Intervention for Female Prisoners: Addressing an Urgent Public Health Need. *American journal of public health*, 98(10), 1894 - 1901.

一半计划后烟草使用量有所减少，而那些完成整个计划的人烟草使用量至少减少了 50%。[①]

除了缺乏有针对性的行为干预措施之外，贫困问题和普遍缺乏医疗保健，使社区矫正中的许多人甚至无法获得基本的药物治疗。不幸的是，缺乏医疗保健和对医疗保健的消极态度可能会导致药物依从性差，从而给其治疗带来更大挑战。药物依从性是成功戒烟最有力的支撑因素，但也是社区矫正人群存在的常见问题。不过，过去使用过药物治疗的人在随后的戒烟尝试中更可能成功，[②]即使是短期接触戒烟药物也可能有助于在未来增加药物依从性。研究发现，在治疗提供者在场的情况下使用戒烟药物的个人也更有可能坚持治疗，即便只是一些接受了最低限度培训的治疗人员。[③] 这对于社区矫正群体来说是一条有益的信息，因为他们可能比较难以经常接触到高素质的专业人员。

总体而言，社区矫正群体戒烟治疗前路漫漫，尽管这一群体吸烟率很高且戒烟意愿也很高，但可利用的干预措施却很少。未来应当从三个方面强化研究及其实践转化：一是有必要进一步研究社区矫正中某些干预措施的有效性并提高相关干预措施的利用可及性；二是未来应当探索改善药物依从性的方法，从而增加戒烟成功率；三是考量治疗方法在不同亚群体之间的适用差异，如果不考虑亚群体之间治疗效果的差异，只是单纯增加药物依从性来提高整体治疗效果并没有什么证据支撑。

五、结语

从历史发展上看，美国矫正人群中药物滥用成瘾的治疗总体上进展缓慢。传统监禁模式的重点完全集中于对罪犯的惩罚上，很少真正考虑罪犯的矫治与复归问题，因此，传统规制罪犯的方法也无助于减少再犯。以"风险—需求—响应模式"（RNR）为代表的转向矫治模式将罪犯从机构监禁中转移至社区，并在

---

① Garver - Apgar, C. , Young, S. , Howard, B. , Udochi, B. , & Morris, C. (2017). Effects of a Statewide Tobacco Cessation Program Among Individuals Involved With Arkansas Community Correction. *Journal of Correctional Health Care*, 23(3), 259 - 270.

② Cropsey, K. L. , Clark, C. B. , Stevens, E. N. , Schiavon, S. , Lahti, A. C. , & Hendricks, P. S (2017). Predictors of Medication Adherence and Smoking Cessation Among Smokers Under Community Corrections Supervision. *Addictive behaviors*, 65, 111 - 117.

③ Cropsey, K. L. , Hendricks, P. S. , Schiavon, S. , Sellers, A. , Froelich, M. , Shelton, R. C. , & Carpenter, M. J. (2017). A Pilot Trial of In vivo NRT Sampling to Increase Medication Adherence in Community Corrections Smokers. *Addictive behaviors*, 67, 92 - 99.

社区进行有针对性的治疗,已被相关研究和实践证明可以降低再犯率。RNR 在社区矫正领域常见的应用模式包括 TASC 计划、药物法庭和精神卫生法庭等。由于社区矫正人群的药物滥用率很高,大多数项目都提供某些形式的药物滥用治疗资源,在这其中,各种各样的认知行为疗法(即 ART、SSC、MRT、R& R、RPT 和 T4C 等)最常用,也可能有最多的实证支撑。此外,社区矫正中的药物滥用治疗通常因高共病率以及贫困、失业和无固定住所等其他伴生因素而变得更加复杂。因此,这些版本的治疗方法通常比传统形式的 CBT 疗法时间更长,强度也更高,与传统治疗方法已经有着较大的差异。尽管考虑到机构矫正和社区矫正的特殊环境特点,对罪犯的药物滥用矫治不可能像普通医院环境那样易受管控,但是美国目前社区矫正中药物滥用成瘾的矫治也仍旧有不少问题亟待推进,以便于提高矫治的效率和精准性。一是要识别治疗的额外目标和主要目标,并进一步在此基础上更好地将治疗重心放在主要目标上。社区矫正领域的药物滥用成瘾矫治比较特殊,参与者往往都同时伴随着很多其他疾病,因此在治疗的时候往往也会采取比较综合性的治疗方法,例如,以正念等其他疗法辅助 CBT 疗法进行治疗,但这样会导致治疗的重心不突出,难以发现治疗方法与治疗效果之间的特定作用机制,因此,未来在治疗时需要确定哪些是主要目标,哪些是额外目标,进而主要针对主要目标来相对简化治疗方法,并进一步厘清特定治疗方法与效果之间的作用机制,让治疗更有针对性。二是纳入一些近几年才出现的但已被证明有效的疗法,如药物辅助治疗和戒烟治疗等,这些方法虽然仍在发展中,但已有相关研究证明对药物滥用成瘾矫治有效。三是要保持从机构矫正到社区矫正之间对药物滥用成瘾实施的矫治方案的连续性。从监禁机构复归社区的初期是一个极其敏感的时期,往往伴随着凶杀率、复发率、自杀率等问题,对于偶然的轻微药物滥用相关罪犯来说也比较容易再次回到监狱,因此,在其从监狱复归社会这段时间就是非常好的干预治疗窗口期。这需要医学系统与法律系统的通力合作,在国家层面或地区层面在机构矫正和社区矫正之间建立标准化的治疗和交流机制,以保持二者之间矫治方案的衔接性和连续性,但其成本可能也比较高。不过,正如美国学者所言,"一个对罪犯矫治效果提升有益的制度,本身也有益于罪犯和更具长效成本效益"。①

---

① Jacob D. Armstrong, Amy Bauman, Krystal J. Moroney, C. Brendan Clark (2021). *Addictions – Diagnosis and Treatment*. London: Intech Open. p. 16.

大规模缓刑在美国刑事司法网络扩大中的作用与修正

韦　佳

摘　要：在经历了40年的稳步增长后，美国各州的监狱人口从2009年开始呈现逐渐下降趋势。以司法再投资为代表的一系列量刑与政策改革中，最广泛的建议之一是扩大缓刑适用以替代监禁。经过10年的刑事司法改革，饱受批判的大规模监禁在国家层面有了式微迹象，而缓刑扩大适用引发的诸多问题却被忽略。本文通过对1990—2018年监禁、缓刑数据在国家和州层面进行实证检验，运用已有模型评价缓刑制度在扩大刑事司法网络中的作用，以探究扩大适用缓刑是否会扩大刑事司法系统的控制网络，导致更高的监禁率。结果表明，缓刑在全国层面与监禁以固定比率同步增长，扩大了矫正控制网络，并通过繁重的社区监督限制，以缓刑撤销的方式从系统的末端增加了监禁人口。更确切地说，缓刑既能够作为监禁的替代，也可以作为一种刑罚网络的扩张工具。基于此结论，本文对大规模缓刑在刑事司法网络扩张中的作用进行了剖析和反思，并提出了缩小缓刑规模、构建更公正和可持续缓刑系统的改革路径。

关键词：缓刑　监禁　刑事司法　社区矫正

大规模监禁的迅速扩张是过去半个世纪以来美国最重要的社会变革之一。

作为社会控制的组成部分,[①]监禁长期以来主导着刑事司法话语权,导致监狱人口激增。2008 年美国监狱在押人数较 1980 年增长了 500%,达到 230 万人。[②]但其刑事司法系统的特殊性不仅在于数量极高的监狱人口,还在于更为庞大的社区矫正人群。美国的缓刑监督率与监禁率一样突出:在犯罪率连续走低的情况下,缓刑犯数量呈指数级增长,由 20 世纪 80 年代的 100 万人飙升至 2008 年的 427 万人,是被监禁人数的两倍。[③] 2018 年,美国的缓刑率达到欧洲国家平均值的近 9 倍,[④]是加拿大、英格兰和威尔士的 6 倍,[⑤]澳大利亚的近 5 倍,[⑥]足以被称为"大规模缓刑"。由于长期以来缓刑被视为监禁的替代措施,导致这种比监禁更大规模的增长现象被相对忽略了。

一、缓刑与大规模监禁的关系验证:替代或补充

(一)问题提出

自 20 世纪 90 年代以来,大规模监禁的原因和后果已成为法学和犯罪学界关注的核心问题。通常,监禁被默认为最极端的监督方式,大规模监禁即代表着刑事司法网络的扩张。但自 2008 年第一批州开启司法再投资改革的 10 年

---

① See Michelle Alexander, *The New Jim Crow: Mass Imprisonment in the Age of Colorblindness*. The New Press, 2020.

② The Sentencing Project, *Fact Sheet: Trends in U. S. Corrections* (August, 2020), https://pioneerhumanservices. org/sites/default/files/trends - in - us - corrections_5. pdf.

③ *Probation and Parole* 1985, Bureau of Justice Statistics (January, 1987), https://bjs. ojp. gov/content/pub/pdf/pp85. pdf; Lauren E. Glaze & Thomas P. Bonczar, *Probation and Parole in the United States*, 2008, Bureau of Justice Statistics (2009, December), https://bjs. ojp. gov/content/pub/pdf/ppus08. pdf.

④ Marcelo F. Aebi & Yuji Z. Hashimoto, *Space II: Persons under the supervision of probation agencies*. Council of Europe Annual Penal Statistics (2019), https://wp. unil. ch/space/files/2021/05/SPACE - II_Final_report_2019_210503. pdf.

⑤ Jamil Malakieh, *Adult and youth correctional statistics in Canada*, 2018/2019. Statistics Canada (December 21, 2020), https://www150. statcan. gc. ca/n1/pub/85 - 002 - x/2020001/article/00016 - eng. htm; *Scotland has highest proportion of probationers under supervision for "offences against persons" in all Europe*, Scotish Legal News (May 21, 2019), https://www. scottishlegal. com/article/scotland - has - highest - proportion - of - probationers - under - supervision - for - offences - against - persons - in - all - europe.

⑥ *Corrective Services*, *Australia*, *December quarter* 2018, Australian Bureau of Statistics (March 14, 2019), https://www. abs. gov. au/AUSSTATS/abs @ . nsf/Lookup/4512. 0Main + Features 1December% 20quarter% 202018? OpenDocument.

中，新的研究开始将目光投向比大规模监禁更广泛的大规模社会控制问题。① 其中社区刑罚的扩张引发了激烈争论。② 作为最主要的社区监督（社区矫正）形式，缓刑是该研究方向的核心。在全国范围内接受刑事司法控制的囚犯中，州和联邦监狱中的囚犯只是少数，大多数矫正对象被置于缓刑监督之下，在社区服刑。早在20世纪70年代，就有研究者质疑社区矫正是否真正是替代监禁的方案。部分研究认为，社区刑罚导致刑事司法网络扩大，其实质上是扩大了刑事司法系统对较低级别案件的控制范围，而非为监狱案件提供真正的分流。③ 在这种认识中，社区矫正代表了一种福柯式的社会控制愿景，将国家纪律控制散布到社区这一基本单位中。④ 但由于时间上的局限性，这些研究并没有涵盖2010年以后的情况，而这正是在司法再投资改革给联邦和许多州的缓刑和监禁带来了结构性改变之后。以此为背景，本研究提出的问题是：大规模缓刑是否能减少监禁？即大规模监禁是否有必要性？

（二）数据来源与研究方法

数据来源为司法部司法统计局1990—2020年发布的《美国缓刑与假释》（*Probation and Parole in the United States*）、《矫正人口》（*Correctional Populations in the United States*）、《犯人》（*Prisoners*）年度报告、联邦调查局（FBI）的《统一犯罪报告》及其在线数据工具、州政府理事会司法中心、皮尤研究所（Pew Chritable Trusts）专题报告，以及“量刑计划”（Sentencing Project）和“监狱政策”（Prison Policy）网站数据。其中最新数据于2020年发布，涵盖截至2018年年底

---

① John Muncie, *Net Widening*, in E. McLaughlin & J. Muncie eds., The SAGE Dictionary of Criminology, SAGE, 2001, p.262－263.

② Matthew DeMichele, *Studying the Community Corrections Field: Applying Neo－institutional Theories to a Hidden Element of Mass Social Control*, Theoretical Criminology, Vol. 18:4, p.546－564 (2014); Robinson, Gwen Fergus McNeill & Shadd Maruna, *Punishment in Society: The Improbable Persistence of Probation and Other Community Sanctions and Measures*, In J. Simon & R. Sparks eds., The SAGE Handbook of Punishment and Society, Sage, 2013, p.321－340.

③ Thomas G. Blomberg, *Diversion and accelerated social control*, Journal of Criminal Law & Criminology, Vol. 68:2, p.274－281 (1977); Malcolm W. Klein, *Deinstitutionalization and diversion of juvenile offenders: A litany of impediments*, Crime and Justice, Vol. 1: 145－201 (1979); See David Garland & Peter Young, *The Power to Punish: Contemporary Penality and Social Analysis*, Humanities Press, 1983; See John Lowman, Robert J. Menzies & T. S. Palys, *Transcarceration: Essays in the Sociology of Social Control*, Gower, 1987.

④ See Stanley Cohen, *Visions of Social Control: Crime, Punishment, and Classification*, Polity Press, 1985.

的调查情况。研究时间跨度为 1990—2018 年,研究方法为运用散点图、折线图等形式将数据可视化,并将结果投影至菲尔普斯的刑事司法控制模型,对结果进行分类和对比分析。三个分析的具体分析思路为:(1)犯罪率对缓刑和监禁的影响,即更多的缓刑适用是否能减少监禁;(2)缓刑与监禁在国家层面的关联性检验,即在全国层面,缓刑率与监禁率是否存在相关关系;(3)刑罚控制模型中缓刑与监禁在州一级的组合适用模式,即各州的情况是否与国家层面的结论有类似之处。

(三)分析

1. 犯罪率对缓刑规模的影响:更多的缓刑适用是否能减少监禁

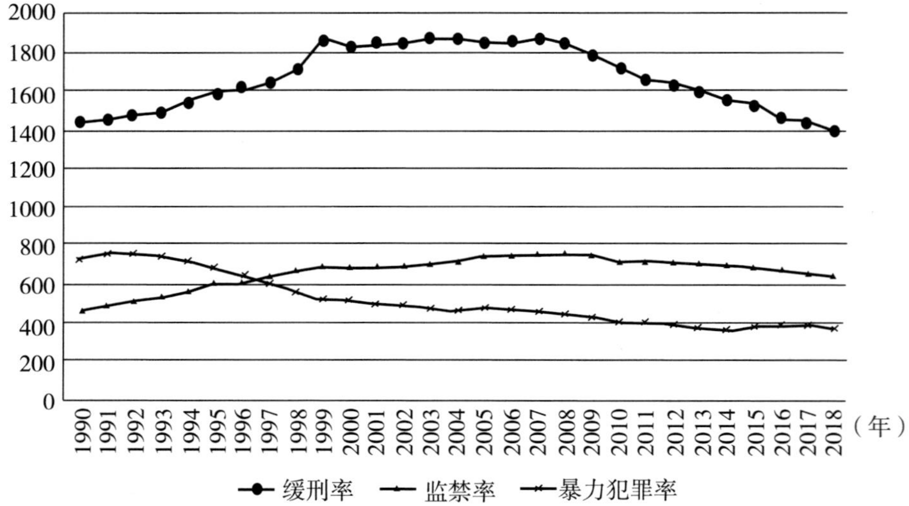

图 10-1　1990—2018 年美国犯罪、监禁和缓刑率(每 10 万人)①

监禁率、缓刑率二者和犯罪率②的脱钩,意味着这两种刑罚手段都正在成为

① *Crime in the United States, by Volume and Rate per* 100,000 *Inhabitants*, 2000 - 2019, FBI (2020), https://ucr.fbi.gov/crime-in-the-u.s/2019/crime-in-the-u.s.-2019/topic-pages/tables/table-1; Danielle Kaeble & Mariel Alper, *Probation and Parole in the United States*, 2017-2018, U.S. Bureau of Justice Statistics (August, 2020), https://bjs.ojp.gov/content/pub/pdf/ppus1718.pdf; Lauren E. Glaze & Thomas P. Bonczar, *Probation and Parole in the United States*, 2008, Bureau of Justice Statistics (2009, December), https://bjs.ojp.gov/content/pub/pdf/ppus08.pdf.

② 鉴于联邦调查局对犯罪率的统计习惯和与本研究主题的关联度,文中犯罪率数据均为暴力犯罪率(violent crime rate),而未使用普通法意义上的犯罪率(offence rate)。

刑事司法网络扩张的工具。[①] 在 1990—2018 年的大部分时间里，犯罪率在波动中稳步下降，但缓刑率和监禁率始终保持着高位，监狱和缓刑人口都显著增加（见图 10－1）。监禁和缓刑人数在 1990—2007 年期间同步迅速增长，到 2007 年双双达到峰值，缓刑犯 430 万人，[②]监狱为 230 万人，[③]随后二者从 2008 年起同时下降。2007—2018 年缓刑人数下降 17.5%，同时暴力犯罪率下降了 21%。这说明随着缓刑总人数下降，犯罪率有可能大幅下降（虽然二者的关系很复杂），反驳了必须有更多人接受缓刑控制才能减少犯罪的观点。此外，由于犯罪率比缓刑人数下降得更快，这意味着每次定罪的缓刑率实际上正在上升，数据也支持了这点：1999—2016 年间，缓刑人口相对于犯罪和逮捕数量有所增加，每次犯罪被判缓刑的人数增加了 24%。[④] 在缓刑人数总体下降的同时，被监禁的总人数和比率也在下降。2007—2018 年，监狱总人口下降了 8%，而整体监禁率则下降了 14%。总体监禁趋势也否定了必须让更多人接受缓刑才能减少监狱人口的假设。此外，这些数据从侧面表明，相对于犯罪率，量刑和矫正政策对缓刑人口规模也有显著影响。[⑤] 这一假设已有一个强有力的先例：犯罪率对监禁人口的影响十分有限，[⑥]监禁增长大部分也被归因于政策选择。[⑦] 总之，更多的缓刑适用不能减少监禁人口，二者的规模可以同时缩小。

2. 缓刑与监禁在国家层面的关联检验：缓刑率与监禁率是否存在相关关系

图 10－2 以每 10 年为间隔分段，通过分析 1990—2018 年间全美监禁率与

---

① Michelle S. Phelps, *The Paradox of Probation: Community Supervision in the Age of Mass Incarceration*, Law & Policy 35:1－2, p. 51－80(2013).

② *Correctional Populations in the United States*, Bureau of Justice Statistics (April, 1995), https://www.ojp.gov/pdffiles1/Digitization/153849NCJRS.pdf; Danielle Kaeble & Thomas P. Bonczar, *Probation and Parole in the United States*, 2015. Bureau of Justice Statistics(2016), www.bjs.gov/content/pub/pdf/ppus15.pdf.

③ Danielle Kaeble & Lauren Glaze, *Correctional Populations in the United States*, 2015. Bureau of Justice Statistics(2016), www.bjs.gov/content/pub/pdf/cpus15.pdf.

④ *Probation and Parole Systems Marked by High Stakes, Missed Opportunities*, The Pew Trusts (September 25, 2018), https://www.pewtrusts.org/en/research－and－analysis/issue－briefs/2018/09/probation－and－parole－systems－marked－by－high－stakes－missed－opportunities.

⑤ Michelle S. Phelps, *Mass Probation: Toward a More Robust Theory of State Variation in Punishment*, Punishment & Society, Vol. 19:1, p. 53－73 (2017).

⑥ 韦佳：《美国司法再投资改革实践检视》，载《河南师范大学学报（哲学社会科学版）》2020 年第 1 期。

⑦ National Research Council, *The Growth of Incarceration in the United States: Exploring Causes and Consequences*, The National Academies Press, 2014, p. 3－4.

缓刑率的比值关系,得出缓刑检验规模如何随监禁增长扩大。总体上看,20世纪90年代是大规模监禁的急剧上升期,监禁率每年以10万分之50左右的速度大幅增长,到1999年,每10万人中被监禁人数达近700人。其间缓刑率基本保持在监禁率的3倍左右,规模随着监禁率成比例地放大。① 由于此时暴力犯罪率已开始大幅下降,推测监禁人数暴增的原因是毒品战争背景下霹雳可卡因在底层黑人社区的泛滥,导致大量非暴力毒品罪犯入狱,许多犯人还被同时判处了其他罪名的缓刑。2000—2009年的缓刑率与监禁率呈回旋式曲线,较缺乏规律。除2001年的监禁率较1999年略有降低,其余9年的监禁率和缓刑率都保持着高位。此前定罪量刑法律和政策的强大惯性使监禁率停留在680~760人之间,而倡导恢复性司法实践则倡导缓刑的大量应用,以及新型合成阿片类毒品开始在底层白人社区流行,但因缓刑一向不成比例地对白人适用,大量白人因非暴力毒品犯罪被置于社区接受矫正监督。该时间范围内最不规则的散点为2009年,监禁率和缓刑率首次双双下降,主要原因是2008年部分州开启的司法再投资和保释制度等一系列改革效果开始显现,开始减少首次卷入刑事司法系统的人员:司法再投资改革推行将部分人员由问题解决法庭转处(diversion),以治疗等项目替代定罪;新泽西州等地开启了保释制度改革,废除了长期主导的保释金制度,改用人工智能算法,根据行为人过往出席听证会的记录,初次犯罪的年龄、是否有暴力犯罪前科等非人身歧视性要素,评估行为人弃保潜逃的概率,从而减少其因拘留而丢掉工作、失去房屋或子女抚养权,继而被卷入监禁、缓刑和假释循环的可能。2010—2018年,随着司法再投资改革在全国范围内铺开,缓刑与监禁率逐年稳步下降。到2018年,监禁率和缓刑率已均低于1998年的水平。经过10年改革,此时的缓刑与监禁率的比例保持在2∶1左右②,二者在全国层面似乎再次形成了与20世纪80年代和20世纪90年代类似的动态平衡。对于缓刑与监禁长期以来成比例规律适用的原因,推测其主要可能是由上述刑事定罪程序驱动的,因为只有刑事法律和政策可能在系统上以程序性的形式造成对重罪和轻罪更高的缓刑适用率。

---

① 通常来说,缓刑率不与监禁率呈极具规律的相关关系,此前部分研究已确认了缓刑率更多受到逮捕率、犯罪率甚至当地主导政党等因素的影响,但这种影响一般仅局限在州层面,故与上图结果并不矛盾。参见 Amy E. Lerman & Vesla M. Weaver, *Arresting Citizenship: The Democratic Consequences of American Crime Control*, University of Chicago Press, 2014。

② 对1980~1989年的数据分析也呈现近似规律,缓刑率维持在监禁率的4倍左右。为更清晰精确地展示1990~2018年的数据趋势,故仅将1980~1989年数据纳入图10-2右下方的缩略图中。

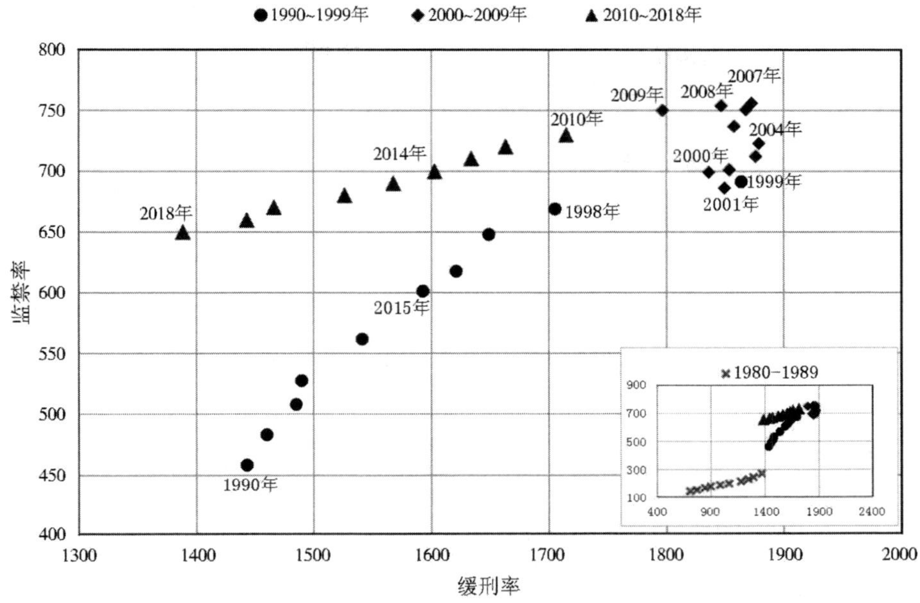

图 10－2　1990—2018 年美国缓刑率与监禁率(每 10 万人)①

观察 3 个时间阶段的数据可以发现,缓刑与监禁率在多数时期中保持着稳定比值。这意味着在全国层面,存在一种可能性:当监禁率上升时,缓刑可能作为刑事司法网络的扩大工具,将大规模监禁影响等比例放大;而在监禁率下降时,缓刑也会作为消化监禁人口压力的稳定容器,将刑事司法控制网络等比例缩小。

3. 缓刑与监禁在州一级的组合模式:各州实践对比

以缓刑率和监禁率为参照系构建模型的意义在于:监禁和缓刑虽然并没有囊括所有形式的矫正控制手段,但二者分别处在刑事司法监督手段的两端,对人身自由的限制从最大到最小,控制着规模最广泛的受刑人。它们可以说是刑罚体系的两大支柱,但既不彼此平行,也不相互排斥。缓刑犯经常在刑事司法控制开始时在监狱或拘留所中关押等待判决,也可能在缓刑撤销之后回到监狱,很大一部分重罪犯都会经历监禁和缓刑的重叠控制。图 10－3 以全国平均值进行分割,展示了不同州监禁缓刑的构成比例形态。

① 本研究中缓刑率数据均为每 10 万成年美国人中成年缓刑犯数量,监禁率(incareration rate)均为每 10 万美国人中被关押(含联邦、州监狱和地方拘留所)一年以上的成年人数量。散点的分布曲线越平滑连贯,表示二者相关度越强。

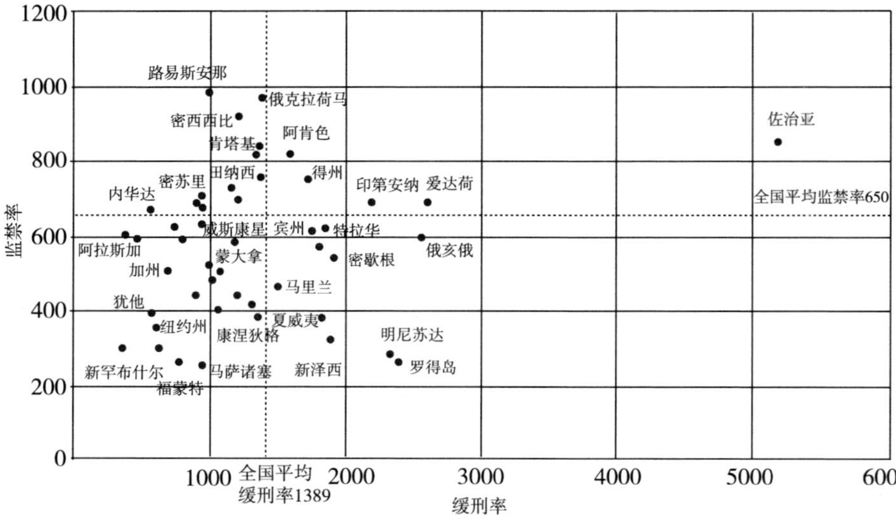

图 10－3　2018 年美国 50 个州缓刑率与监禁率(每 10 万人)①

缓刑与恢复性司法、矫治、监禁替代措施、报应和隔离等概念是相互兼容的,这意味着不同理念下的量刑法律和政策会使其呈现不同样貌。在一些州,缓刑被视为法院指定监控条件的执行;在另一些州,其又被视为一种由矫正工作者提供的社会工作服务,而在其他地方,则两者兼而有之。② 菲尔普斯把由监禁与缓刑构成的刑事司法控制体系分为四个“理想”模型,每个象限代表了一种监督类型。③ 图 10－4 基于图 10－3 中的已有数据,以全国平均缓刑率与监禁率为横纵坐标轴,将各州 2018 年监管率与缓刑率的比值映射到该模型中,得出各州在四个控制类别象限中的归属。④

① 数据均不含华盛顿特区。

② Faye S. Taxman, Matthew L. Perdoni & Lana D. Harrison, *Drug treatment services for adult offenders: The state of the state*, Journal of Substance Abuse Treatment, Vol. 32:3, p. 239－254(2007).

③ Michelle S. Phelps, *Mass Probation: Toward a More Robust Theory of State Variation in Punishment*, Punishment & Society, Vol. 19:1, p. 53－73 (2017).

④ 严格来说,各州的情况与全国是不可比的。因为虽然量刑政策是在州一级做出,但受到监禁政策最大影响的其实是县一级,大多数州的矫正人口不成比例地来自县和农村地区,这造成了州与州之间、各州内部之间都存在显著差异。但鉴于美国大规模监禁和大规模缓刑在世界上的特殊性,无法用欧洲国家或其他地区的普遍标准进行衡量,故使用背景更为贴近的全美平均值作为标尺。

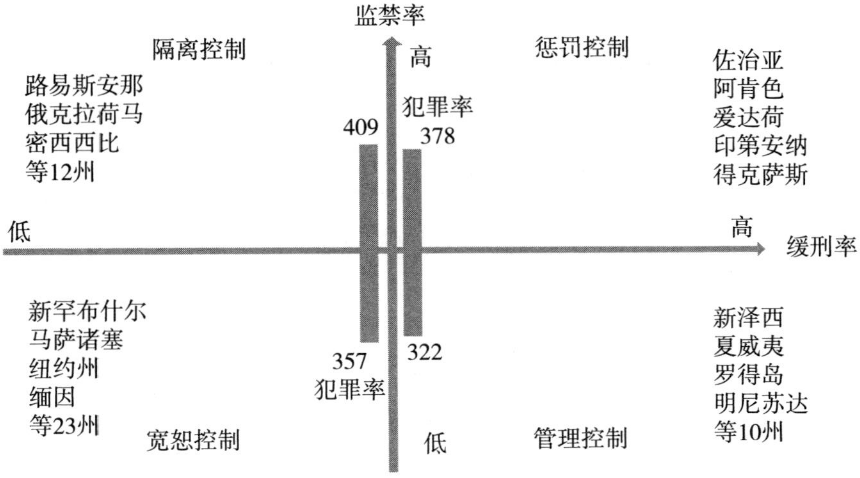

图 10－4　刑事司法控制体系的四种模型与各州映射

从宏观上看，惩罚控制与宽恕控制两种类型相对，前者是理想的刑事监督型国家状态，高缓刑率配合高监禁率，以佐治亚、得克萨斯、印第安纳等州为代表，尤其是佐治亚州，其缓刑率为全国平均水平的4倍；后者则有着较低监禁率和低缓刑率，新罕布什尔、缅因和纽约等部分东北州情况与之较为接近。[①] 管理控制模式虽然将监禁率控制在较低水平，却有着更高的缓刑率，如夏威夷、新泽西和罗得岛等州，其状态与当今美国大规模监禁式微、大规模缓刑适用开始凸显的趋势近似。

从各州的微观层面来看，在一些监禁率低的州，如明尼苏达州和罗得岛，其缓刑适用正在激增，已达到监禁率的9～10倍的比例。它们被认为在过去10年的改革中扭转了大规模监禁趋势。但超过美国历史时期平均水平的不寻常比例暗示，这些州新增的刑事定罪被大量转化为缓刑，以达到抑制监禁增长的目的。而在以大规模监禁闻名的路易斯安那、俄克拉荷马和得克萨斯等州，虽然监禁率仍在全国靠前，但经过10年的刑事司法改革，监禁率已在整体上有所降低，这些处于惩罚控制和隔离控制模式的州在未来也极有可能依靠缓刑吸收监禁人口压力，逐渐向管理控制模式过渡。但大部分低监禁率的州并没有使用缓

① 理想的宽恕控制类型应以挪威、芬兰和瑞士等西、北欧国家为典型。美国缓刑率与监禁率的平均值形成的坐标轴原点实际并不与菲尔普斯理想模型中的坐标轴重合，其大规模监禁和大规模缓刑的状态应处在“惩罚控制”象限内。故文中对于州的归类只是相对的，仅用于讨论美国国内的情况。

刑作为监禁人口压力的吸收器,如“宽恕控制”象限内的马萨诸塞州、康涅狄格和福蒙特州(均在平均受教育程度最高的州之列),缓刑率基本控制在监禁率的2倍以内。这些州大量运用了转处,如同样处于该象限内的加州和犹他州广泛创制了替代定罪程序,由毒品法庭要求行为人完成特定的治疗处遇项目,以换取不起诉或不被定罪的结果。观察两种低监禁率模式下的州在过去十年中的数据,可以发现监禁和缓刑率的关联度较低,这很可能是由刑事定罪的差异所造成,因而从刑事司法系统的前端影响了被判缓刑的案件数量。这意味着在监禁率低的州,相比于考虑监禁率对其的影响,各州的不同法律和刑事政策才是影响州缓刑率和缓刑人数的主要因素,刑事定罪程序驱动可以使缓刑以一种极高的比例在判决中适用。

缓刑规模可能影响犯罪率,但大规模缓刑无法成比例地降低犯罪率。从犯罪率①角度观察,高监禁率、低缓刑率的隔离控制模式下的,犯罪率最高,达到每10万人中有409人。尽管其重罪犯都必然处于监禁中,缓刑仅应对轻罪犯,但通过将重罪犯与社会隔离、使其失去犯罪能力以压制犯罪率的方法显然是无效的。因为高监禁率不仅无法降低犯罪率,反而可能成为犯罪率上升的众多动力因素之一。这点同样在高监禁率的惩罚控制模式中得到印证,在该模式下,高缓刑率可能仅在很小的程度上降低了犯罪率。宽恕控制和管理控制模式的州监禁率最低,犯罪率也最低,这也与此前研究的长期观察结论相符。进一步将宽恕控制和管理控制模式进行对比,最显著的变量是缓刑率,管理控制模式的缓刑率是宽恕控制的2.3倍,而犯罪率比宽恕控制模式低10%,再次说明缓刑规模可能影响犯罪率,二者似乎呈现微弱的负相关关系,具体数值还需要通过回归计算缓刑重罪犯比率和再犯率等更多方面的数据加以确定,但很可能未达到统计上的相关性。这也暗示了大规模缓刑政策可能无法成比例地对降低犯罪率产生显著影响。

缓刑在惩罚控制模式下,还会通过高撤销率从末端增加监禁人口,从而成为作为刑事制裁的放大器。从缓刑撤销率②看,宽恕控制模式的缓刑撤销率是

---

① *Crime in the United States, by Region, Geographic Division, and State*, 2017 - 2018, FBI(n. d.), https://ucr.fbi.gov/crime-in-the-u.s/2018/crime-in-the-u.s.-2018/topic-pages/tables/table-4.

② 缓刑撤销入狱率统计包含犯新罪、技术违反撤销缓刑、接受治疗和其他/未知原因而被关押的缓刑犯数量,时间为2018年。缅因、明尼苏达、马萨诸塞、新泽西、新墨西哥和纽约州等部分州因未报告数据,在计算时被排除。

四种模式中最高的，达 15.5%，但由于其缓刑人数较少，重新入狱的人数并不多（见表 10－1）。其次是惩罚控制模式，以佐治亚、爱达荷、印第安纳和得克萨斯等州为代表，10.75% 的缓刑犯因犯下新罪、违反缓刑技术性规定或接受治疗考验期等原因撤销缓刑入狱，但因其缓刑犯数量最高，约为宽恕模式下的 2～5 倍，缓刑实质上在后端源源不断地补充监狱人口，原本可以疏解监狱人口的缓刑间接成为监禁恶性循环的一部分。隔离控制模式的数值与惩罚模式接近，但其缓刑适用率不高，多数重罪犯人都处于监禁；而在管理控制模式中，尽管缓刑人口众多，但撤销率仅为 6.3%。这似乎表明高缓刑率、低监禁率的制裁组合对社区矫正质量的提高更友好，原因可能是低监禁率可以将司法资源集中配置到社区中。

缓刑期方面，惩罚控制模式的各州平均缓刑期为 27.7 个月，隔离控制和管理控制模式的州缓刑期均为 30 个月，而宽恕控制模式州的犯人平均缓刑期最低，为 20 个月。隔离控制象限中的夏威夷州平均缓刑期最高，长达 58.9 个月，新泽西其次，为 52.4 个月；最短的是宽恕控制象限中的堪萨斯和马萨诸塞州，缓刑平均刑期分别为 9.3 个月和 9.9 个月。此处虽然显示了缓刑期与撤销率之间一定的负相关性，但不应将平均缓刑期与撤销入狱率直接对比，因为缓刑期的主要影响因素是重罪缓刑率。

表 10－1　2018 年全美 50 个州平均缓刑期（月）与撤销入狱率①

控制类型	惩罚控制	隔离控制	宽恕控制	管理控制
平均缓刑期	27.7	30.09	20.8	30.18
缓刑撤销入狱率	10.75%	10.10%	15.50%	6.30%

（四）结果：大规模缓刑并非减少监禁的必然选择

上述三个研究的分析结果表明，大规模缓刑与大规模监禁相互重叠但又有不同之处。在国家层面，更多的缓刑适用不能减少监禁人口，二者的规模几乎等比例放大或缩小：在监禁率上升时缓刑率亦上升，形成刑事司法网络的扩大效应；在监禁率下降时缓刑率亦同步下降，作为监禁人口的引流器。在州层面，处于惩罚控制和宽恕控制模式下，即缓刑和监禁率均过度增长或均得到控制的

① 数据来源：Amanda Essex, *New Report Examines Length of Probation Terms by State*. National Conference of State Legislatures（January 13, 2021）, https://www.ncsl.org/research/civil-and-criminal-justice/new-report-looks-at-length-of-probation-terms-by-state-magazine2021.aspx。

州,其缓刑规模的扩大可能与大规模监禁的扩大因素类似,并可能产生与国家层面相近的宏观后果:低监禁或监禁人口呈现下降趋势的州(如宽恕控制模式),缓刑可能在刑事法律和政策驱使下以替代监禁的方式吸收监狱人口压力;而高监禁率或监禁人口激增的州(如惩罚控制模式)则通过大规模缓刑监督和缓刑撤销入狱来扩张刑事司法网络的影响范围,外观表现为大规模监禁的影响被放大。在发挥这两种截然不同的作用时,全国与州一级暴力和财产犯罪率持续下降的趋势从未改变①。这至少表明,犯罪率不是影响缓刑人口规模的主要因素,后者与监禁规模的关系更密切,二者似乎是彼此挂钩的,由各州的量刑和监督实践调节,并且均不与犯罪率呈正相关。至少在国家层面上,缓刑与监禁的这种相似之处带来的有用推论是,在减少监禁人口的同时,大规模缓刑并非控制犯罪率、保障公共安全的必然选择。

二、大规模缓刑与刑事司法网络的扩张

美国的成人矫正系统分为两个分支:一个是由监狱和拘留所组成的监禁设施,另一个则是缓刑、假释和释放后监督②构成的社区矫正即社区监督体系。缓刑最初被认为是刑事福利主义模式的“示范性惩罚形式”。在过去的数十年中,其与假释和其他中间刑罚(intermediate punishments)经常作为监禁的替代方案被推广。立法者和多数学者也支持以缓刑为代表的社区监督,相信其能够使前犯罪人远离监狱、回归社会。在大多数刑事案件中,缓刑亦是现代量刑系统目标所依赖的机制。作为“刑罚现代主义”的关键部分,这种刑罚制度反映了国家改造受刑对象的责任。③ 但随着矫治理想的放弃和隔离(lock up)政策的兴起,缓刑快速扩张。其并没有代替监禁,而是与后者同步发展:自 20 世纪 80 年代以来,社区监督系统与监狱一起以类似的速度螺旋式增长,并在一种“反馈循环”中相互支持。如今,平均每 72 名成年人中就有 1 人受到缓刑社区监督。④ 过于

---

① John Gramlich, *What the data says (and doesn't say) about crime in the United States*, The Pew Trusts(November 20, 2020), https://www.pewresearch.org/fact-tank/2020/11/20/facts-about-crime-in-the-u-s/.

② 自《量刑改革法》于 1987 年 11 月 1 日生效以来,在联邦监狱服刑的罪犯不再有假释资格,而是被要求接受释放后监督。

③ See David Garland, *Punishment and Welfare: A History of Penal Strategies*. Gower, 1985.

④ Danielle Kaeble & Mariel Alper, *Probation and Parole in the United States*, 2017-2018, U.S. Bureau of Justice Statistics(August, 2020), https://bjs.ojp.gov/content/pub/pdf/ppus1718.pdf.

强调惩罚性以及对减少再犯关注不足，已导致其逐渐成为过度犯罪化的一个方面。[①] 在大多数州，缓刑已然成为一种惩罚性制度，主要通过对受刑人施加许多无法遵守的规定、罚款和费用来实施制裁。2019 年，美国矫正系统中有超过 350 万缓刑犯人，而州监狱中因缓刑技术违规而关押的人数比例占 1/4。[②] 目前甚至无法确定，非监禁制裁是否比监禁制裁更有效地预防再犯。[③] 极高的缓刑撤销率不仅是对本已紧张的社区矫正资源的不当占用，还形成了一个旋转门，使无法履行这些义务的个人在缓刑和监禁之间来回循环，改善公共安全的工作则被排除在外。这种循环还可能成为被卷入其中的受刑人重新融入社会结构的障碍，从而对其产生长期有害的后果，如失业、与家庭脱节和居无定所。[④] 因而，大规模缓刑与其说是美国"过度监禁问题的潜在解决方案"，不如说是其"过度刑事控制的一部分"。[⑤]

（一）缓刑技术违规助长大规模监禁

缓刑制度的执行方式决定了其是否会充当监狱人口的供给源。尽管缓刑通常被视为"宽大处理"，但其对行为人施加的影响可能是惩罚性的，并且可能会增加犯罪的可能，而不是更好地促进公共安全。[⑥] 在过去的几十年里，任意和过于严厉的社区监管制度将行为人带入美国监狱，助长了大规模监禁。许多缓刑人员由于无法满足社区监督的繁冗条件，被撤销缓刑的概率尤其高，因而监管失败的人占监狱和入狱人数的很大比例。从现有的数据来看，目前社区矫正正在为大规模监禁提供支持（见图 10－5），尽管监狱人口总体在下降，但许多州

---

① Fiona Doherty, *Obey all Laws and be Good: Probation and the Meaning of Recidivism*, Georgetown Law Journal, Vol. 104:2, p. 291 – 354 (2016); Cecelia Klingele, *Rethinking the use of Community Supervision*, Journal of Criminal Law & Criminology, Vol. 103:4, p. 1015 – 1070 (2013).

② Jacob Kang – Brown, Chase Montagnet & Jasmine Heiss, *People in Jail and Prison in* 2020, Vera Institute of Justice (January, 2021), https://www.vera.org/downloads/publications/people – in – jail – and – prison – in – 2020.pdf.

③ Martin Killias, Patrice Villettaz & Isabel Zoder, *The Effects of Custodial vs. Non – Custodial Sentences on Re – Offending: A Systematic Review of the State of Knowledge*, Institute of Criminology and Criminal Law, University of Lausanne (2006), https://pdfs.semanticscholar.org/d5d8/e790251fc0927e28c5b998103525aaa99d7a.pdf?_ga=2.65925990.917128493.1626030193 – 86533747.1625472441.

④ Ioan Durnescu, *Pains of Probation: Effective Practice and Human Rights*, International Journal of Offender Therapy and Comparative Criminology, Vol. 55:4, p. 530 – 545 (2010).

⑤ Fiona Doherty, *Obey all Laws and be Good: Probation and the Meaning of Recidivism*, Georgetown Law Journal, Vol. 104:2, p. 291 – 354 (2016).

⑥ Ronald P. Corbett, Jr., *The Burdens of Leniency: The Changing Face of Probation*, Minnesota Law Review, Vol. 99, p. 1697 – 1732 (2015).

因违反社区监管规定而入狱的人数却在增加,因违反社区监督条件而入狱者几乎和新犯罪的人数一样多。司法统计局统计显示,在 20 世纪 70 年代后期,联邦和各州监狱仅有 16% 的入狱人口源于假释和缓刑的撤销,这一数字一度在 2008 年攀升至 36% 的高位,而在 2018 年,这一数字仍高达 28%。[①] 州政府理事会 2018 年的调查表明,各州监狱的入狱人数中有 45% 即 28 万人源于缓刑和假释违规行为,[②]如未遵守宵禁、错过报告时间或毒品测试呈阳性,为此每年给各州共计造成超过 93 亿美元的损失。[③] 2018 年被判处缓刑的人员中,仅有 58% 成功度过考验期,近 16% 被撤销缓刑重新监禁,[④]因技术违规而入狱的缓刑犯占缓刑撤销入狱人数的 66%。[⑤] 缓刑撤销对几个州的监禁人口影响尤其大,缓刑撤销占佐治亚州 2015 年监狱入狱人口的 55%,罗得岛州为 61%。[⑥] 2017 年,多达 20 个州入狱人数的一半以上源于技术违规,而在犹他、蒙大拿、威斯康星、爱达荷、堪萨斯和南达科他这 6 个州,2/3 州监狱的入狱人口都归因于对缓刑假释规则的违反。[⑦] 这种广泛通过缓刑来展开社会控制的程度是独一无二的,在欧洲等发达国家地区,缓刑和假释撤销并不是监狱人口的主要输入源。[⑧] 在此种情况下,缓刑已不再纯粹是监禁的替代方案,反而更像是通往监禁的入口,已成为监

---

① Sally Deng, *Revoked: How Probation and Parole Feed Mass Incarceration in the United States*, Human Rights Watch(2020), https://www.hrw.org/report/2020/07/31/revoked/how - probation - and - parole - feed - mass - incarceration - united - states#.

② Justice Center, *Confined and Costly: How Supervision Violations Are Filling Prisons and Burdening Budgets*, The Council of State Governments(June, 2019), https://csgjusticecenter.org/wp - content/uploads/2020/01/confined - and - costly.pdf.

③ Justice Center, *Confined and Costly: How Supervision Violations Are Filling Prisons and Burdening Budgets*, The Council of State Governments(June, 2019), https://csgjusticecenter.org/wp - content/uploads/2020/01/confined - and - costly.pdf.

④ 其余未能完成的情况是潜逃、死亡、因违反监督规定被撤销缓刑但未被监禁等原因。Danielle Kaeble, & Mariel Alper, *Probation and Parole in the United States*, 2017 - 2018. Bureau of Justice Statistics(August, 2020), https://bjs.ojp.gov/content/pub/pdf/ppus1718.pdf.

⑤ Danielle Kaeble & Mariel Alper. *Probation and Parole in the United States*, 2017 - 2018, U.S. Bureau of Justice Statistics(August, 2020), https://bjs.ojp.gov/content/pub/pdf/ppus1718.pdf.

⑥ Justice Center, 50 - *State Report on Public Safety*. Council of State Governments(2018), https://50statespublicsafety.us/workbooks.

⑦ Sally Deng, *Revoked: How Probation and Parole Feed Mass Incarceration in the United States*, Human Rights Watch(2020), https://www.hrw.org/report/2020/07/31/revoked/how - probation - and - parole - feed - mass - incarceration - united - states#.

⑧ Dirk Van Zyl Smit & Alessandro Corda, *American Exceptionalism in Parole Release and Supervision: A European Perspective*, in K. R. Reitz eds., American Exceptionalism in Crime and Punishment, Oxford University Press, 2018, p.410 - 486.

禁增长的主要推动因素。[①]

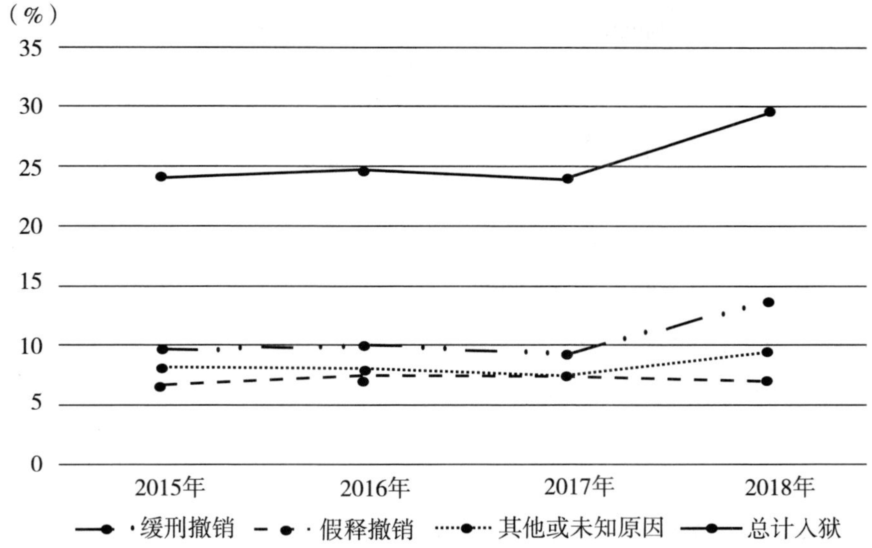

图 10－5　2015—2018 年间缓刑和假释技术违反入狱人数(万人)[②]

1. 监督规则繁琐,失败率高

过于繁冗的监督规则可能会阻碍复归。在强硬对待犯罪政策的修辞下,监禁的爆炸性增长、强制量刑和三振出局法的通过都使缓刑和假释监督的条件越来越繁琐,现今每名社区服刑人员平均须遵守 10～20 条监督规定。[③] 除了频繁向缓刑官报告、遵守宵禁,缓刑人员还须支付罚款、费用,赔偿被害人,戒酒,不得迁居或与其他被定罪者交往,并完成工作和社区服务要求。[④] 随着技术的发展,从佩戴电子监控装置到随时接受尿液毒品测试,再到因未能支付罚款和费

---

① Michael P. Jacobson, et al., *Less Is More: How Reducing Probation Populations Can Improve Outcomes*. Harvard Kennedy School Program in Criminal Justice Policy and Management(2017), https://www.hks.harvard.edu/sites/default/files/centers/wiener/programs/pcj/files/less_is_more_final.pdf.

② 此处统计的年限仅限于 2015—2018 年,此前没有具体的分类数据。从各州的统计情况来看,通常很难确定监禁是出于新犯罪还是对社区监督的技术违规。大多数州不将对社区监管的违反视为新的犯罪行为,而在没有规定技术违规的州,所有违规行为都被视为新的犯罪;部分州仅对新的重罪定罪,这意味着这些州的技术违规数据还包括轻罪的定罪或逮捕;在另一些州,违反监督行为入狱的统计还包括个人在监狱中被监禁一段时间的短期制裁,但维持缓刑或假释决定。

③ Ronald P. Corbett, Jr., The Burdens of Leniency: The Changing Face of Probation, Minnesota Law Review, Vol. 99, p. 1697－1732(2015).

④ Fiona Doherty, *Obey all laws and be good: Probation and the meaning of recidivism*, Georgetown Law Journal, Vol. 104:2, p. 291－354(2016).

用而对信用评级产生影响,[①]缓刑要求逐步升级,而数量越多,受刑人违规的可能性就越大。且这些规定为其正常从事工作、维持稳定的住房或履行子女抚养等经济义务设置了诸多障碍。矫正和处遇项目的费用也可能构成缓刑人员或其家庭的经济负担。此时,缓刑监督便会使复归社会变得更加困难。

与漫长的监管期限和繁琐的规定相对应的,是一旦有轻微的违规行为发生,处罚将会不成比例的严厉,即动辄数年或者数十年的监禁风险。这种违反规范的轻微性与惩罚的严厉性显然不成比例,后者既破坏了既定的矫正目标,还同时危及个人建立稳定生活的能力。这也正是社区考验被频繁撤销、社区矫正失败率极高的主要原因之一。2018 年,至少有 20 万余人仅因缓刑或假释的技术违规而被监禁。[②] 而且实际因技术违规而被监禁的人数可能要高得多,在一些州没有报告数据的情况下,还有逾 9 万人因其他或未知原因从缓刑和假释中退出而被重新监禁。[③] 也就是说,即使没有任何新的犯罪,缓刑仍会导致不必要的监禁。这也解释了尽管社区监督系统规模庞大,但其有效性参差不齐的原因。应当承认,过高的监管要求往往会扼杀受刑人重新进入社会的努力,极易使其陷入监禁的恶性循环。

2. 缓刑期过长,过度干预

在庞大的监狱系统之外,刑事司法系统的两端还配置了大量的长期社区监督活动。许多州允许长达 5 年的缓刑期。而在威斯康星、宾夕法尼亚和佐治亚等州,缓刑期还可能等同于受刑人潜在犯罪的最长刑期,在某些情况下长达10 ~ 20 年,甚至是终身缓刑。如此长期的持续监督下,一旦违规后果是十分严重的。如上所述,受刑人往往必须遵守一系列范围广泛、有时模糊且难以遵守的规则,包括支付高额罚款和费用、经常参加咨询会议、戒毒戒酒以及在更换住处时报告。实际操作中也存在诸多困难,与缓刑官必要的会面可能会导致难以保证正常工作时间,尤其是在缓刑官的工作地点距离很远、当地缺乏公共交通设施等情况下,如果受刑人员没有固定的收入、可负担的交通方式、稳定的住房和获得

---

① Ronald P. Corbett, Jr., The Burdens of Leniency: The Changing Face of Probation, Minnesota Law Review, Vol. 99, p. 1697 – 1732(2015); Cecelia Klingele, *Rethinking the use of community supervision*, Journal of Criminal Law & Criminology, Vol. 103:4, p. 1015 – 1070(2013).

② Danielle Kaeble & Mariel Alper, *Probation and Parole in the United States*, 2017 – 2018, U. S. Bureau of Justice Statistics(August, 2020), https://bjs.ojp.gov/content/pub/pdf/ppus1718.pdf.

③ Danielle Kaeble & Mariel Alper, *Probation and Parole in the United States*, 2017 – 2018, U. S. Bureau of Justice Statistics(August, 2020), https://bjs.ojp.gov/content/pub/pdf/ppus1718.pdf.

医疗服务的途径,加之考验期长达10年甚至终身,上述看似合理的规定就不可能完全得到遵守,入狱就成了一种必然。并且长期执行此类监管需要大量资源,而这往往也是社区矫正机构所缺乏的。

矫正机构经常对当地低风险行为人实施干预。与监禁类似,缓刑的本质是一种严肃的国家控制活动,在对公民施加监督矫正的同时,也不免对其复归存在一定负面影响。研究表明,让低风险个体接受社区强化监督或治疗会导致比不干预更恶劣的结果,而对这类人群使用较温和的轻接触干预反而不会导致逮捕率增加或公共安全下降。[①] 尽管如此,许多再犯风险低或被判犯有轻微罪行的人仍持续受到不成比例的加强监督。这不仅增加矫正成本,还与循证的矫正理念相悖。缓刑监督期过长也是过度监督的一个表现。平均化的监督会使低风险受刑者受到过度干预,阻碍其复归的进程,同时使缓刑官员无法将时间和精力专注于高风险、高需求者,从而难以达到预防再犯、保障公共安全的目的。

3. 缓刑撤销缺乏程序监督

由于通常由缓刑机构径行决定而无须经过完整的法律或审判程序,撤销缓刑决定往往比新的刑事定罪更容易做出。[②] 当缓刑或假释人员因违反监督规定入狱,无论是新犯罪还是"技术违规",只要社区矫正官员怀疑其违反了监管规定,就可以提出拘留令(detainer),而该人没有资格获得保释。对于在定罪或监禁后努力重建生活的人来说,因轻微违规而重返监狱可能会严重破坏复归的路径。此外,刑事诉讼中的基本权利,例如,排除非法获得的证据和排除合理怀疑的举证责任,一般不适用于确定某人是否违反缓刑监督条件以及处罚是否合乎比例的撤销听证会。许多州还会限制当事人在撤销程序中接触律师。在宾夕法尼亚、威斯康星和佐治亚州的部分地区,对撤销缓刑决定进行申诉的犯人往往在听证会获批之前被拘留数月。地方拘留设施普遍存在过度拥挤、不卫生、缺乏足够的心理健康服务且无法获得有效药物治疗的情况,工作人员管理也较为缺乏专业性。总之,社区服刑人员往往面临三种独特的处罚模式:行为受到

---

① *Policy Reforms Can Strengthen Community Supervision: A framework to improve probation and parole*, The Pew Trusts (April 23, 2020), https://www.pewtrusts.org/en/research-and-analysis/reports/2020/04/policy-reforms-can-strengthen-community-supervision.

② Theodore Caplow & Jonathan Simon, *Understanding prison policy and population trends*, Crime and Justice, Vol. 26: Prisons, p. 63-129 (1999).

长期特殊限制;缓刑被撤销回到监狱;或因为新罪行被定罪、面临更重的刑罚。[①]

(二)大规模缓刑造成矫正系统和受刑人的双重负担

1. 大规模缓刑造成社区矫正资源紧张

随着大规模缓刑带来的案件数量累积,许多矫正机构都在优先考虑对再犯罪风险高的个人以及有毒品滥用、住房不稳定或经济困难等情况的个人提供监督和服务。但尽管有如此多的人受到社区监督,缓刑机构一直是刑事司法系统所有机构中资金最短缺的,缓刑官一直缺乏足够的资源来帮助存在最大困难的受刑人复归成功。监狱由于实体设施的建造和维护和执行全天候监视控制,运行成本极高:在过去十年中,尽管犯罪率与监禁率已逐步下降,但监禁每名犯人的平均花费仍在上升,平均每日达到 91 美元。[②] 自 1980 年以来,社区矫正对象几乎增长了 4 倍,[③]但 88% 的社区矫正预算仍然用于监狱,监管着数量三倍于监狱人口的社区矫正费用仅为监狱的约 1/10,[④]社区矫正机构的每人每日缓刑预算为 9 美元。[⑤] 而且大部分钱都花在缓刑官的工资上,几乎没有资金可以直接用于处理受刑人的贫困、毒品滥用和失业问题,导致更多缓刑撤销。以戒毒项目为例,研究表明,近一半的社区矫正人员有毒品滥用障碍,缓刑和假释期间的

---

① Fiona Doherty, *Obey all Laws and be Good*: *Probation and the Meaning of Recidivism*, Georgetown Law Journal, Vol. 104:2, p. 291 – 354(2016).

② *Prison spending in* 2015, Vera Institute (n. d.), https://www.vera.org/publications/price – of – prisons – 2015 – state – spending – trends/price – of – prisons – 2015 – state – spending – trends/price – of – prisons – 2015 – state – spending – trends – prison – spending; *Local Spending on Jails Tops $25 Billion in Latest Nationwide Data*, The Pew Trusts(January 29, 2021), https://www.pewtrusts.org/en/research – and – analysis/issue – briefs/2021/01/local – spending – on – jails – tops – $25 – billion – in – latest – nationwide – data.

③ *Correctional Populations in the United States*, Bureau of Justice Statistics(April, 1995), https://www.ojp.gov/pdffiles1/Digitization/153849NCJRS.pdf; Danielle Kaeble, & Thomas P. Bonczar, *Probation and Parole in the United States*, 2015. Bureau of Justice Statistics(2016), www.bjs.gov/content/pub/pdf/ppus15.pdf; *One in* 31: *The Long Reach of America Corrections*, Pew Center on the States (2009), www.pewtrusts.org/~/media/assets/2009/03/02/pspp_1in31_report_final_web_32609.pdf; Fiona Doherty, *Obey all laws and be good*: *Probation and the meaning of recidivism*, Georgetown Law Journal, Vol. 104:2, p. 291 – 354(2016).

④ *One in* 31: *The Long Reach of America Corrections*, Pew Center on the States(2009), www.pewtrusts.org/~/media/assets/2009/03/02/pspp_1in31_report_final_web_32609.pdf.

⑤ *Supervision Costs Significantly Less than Incarceration in Federal System*, U. S. Courts(July 18, 2013), https://www.uscourts.gov/news/2013/07/18/supervision – costs – significantly – less – incarceration – federal – system.

毒品滥用和依赖率是一般人群的两到三倍。[①] 尽管在过去 10 年中，多个州实施了刑事司法改革，以限制社区服刑人员因违反监督规定而被监禁的趋势，但问题仍然存在。大部分的入狱者并没有被定罪，其违规行为包括涉及毒品尿检阳性、酗酒、未报告地址变更以及不遵循社区矫正的程序规则等。在因犯下新罪入狱者中，许多是由于持有毒品、扰乱秩序或拒捕等公共秩序犯罪，还有轻罪的攻击行为和商店盗窃。在威斯康星州，引发缓刑假释撤销入狱的最常见违规行为是吸毒、饮酒或进入酒吧；在宾夕法尼亚和佐治亚州，违反州假释规定的主要原因是未报告地址变更和吸毒。[②] 相关研究显示，这些违规行为通常源于社区矫正资源和服务的缺乏，如某些地区经济、交通和其他资源的限制，或矫正机构预算紧张，难以履行其基本职责，导致许多本可以从治疗中受益的缓刑和假释的人无法获得所需的服务。[③] 对于矫正官员来说，有时要同时负责 100 名受刑人的监督工作，帮助他们改善无家可归、滥用毒品、精神病或失业等健康和经济状况。[④] 许多监督项目将无法实施，在风险容忍度低的环境下，同时负责管理风险和大量处遇工作的缓刑官员会更倾向于将不遵守监管规定的情况诉诸缓刑撤销，最终在没有改善公共安全的情况下不必要地剥夺受刑人的自由。

2. 受刑人面临高额刑事债务

大规模轻罪制度（massive misdemeanor system）也是导致过度刑事化和大规模监禁的另一个被忽视因素。每年有约 1300 万人因类似乱穿马路这类行为受到轻罪指控，因而卷入刑事司法系统，[⑤]这些低级的罪犯占监狱人口的 25% 以

---

① *Probation and Parole Systems Marked by High Stakes*, *Missed Opportunities*, The Pew Trusts (September 25, 2018), https://www.pewtrusts.org/en/research – and – analysis/issue – briefs/2018/09/probation – and – parole – systems – marked – by – high – stakes – missed – opportunities.

② Sally Deng, *Revoked: How Probation and Parole Feed Mass Incarceration in the United States*, Human Rights Watch (2020), https://www.hrw.org/report/2020/07/31/revoked/how – probation – and – parole – feed – mass – incarceration – united – states#.

③ Sally Deng, *Revoked: How Probation and Parole Feed Mass Incarceration in the United States*, Human Rights Watch (2020), https://www.hrw.org/report/2020/07/31/revoked/how – probation – and – parole – feed – mass – incarceration – united – states#.

④ Michelle S. Phelps & Caitlin Curry, *Supervision in the Community: Probation and Parole*, Oxford Research Encyclopedia of Criminology Oxford (2017), https://oxfordre.com/criminology/view/10.1093/acrefore/9780190264079.001.0001/acrefore – 9780190264079 – e – 239.

⑤ Sandra G. Mayson, & Megan T. Stevenson, *Misdemeanors by the Numbers*, Boston College Law Review, Vol. 61:3, p. 971 – 1044 (2020).

上,在某些地方的比例甚至更高。[①] 许多缓刑人员面临的高额刑事债务正是由于轻罪或交通刑事犯罪的经济制裁不断叠加的后果。由受刑人付费的缓刑服务是美国刑事司法系统中一个较少被关注的要素,目前,48 个州的法律允许向缓刑人员收取监督费用,每月费用从 10 ~ 150 美元不等。[②] 对大量案件积压,社区公共资金配给不足,在某些情况下社区矫正机构还需依靠贫困的受刑人员支付每月的毒品检测化验费、醉驾教育课程费、愤怒管理课程费、心理咨询费和诉讼费用。[③] 一项 2015 年的调查发现,在缓刑率极高的路易斯安那州,受刑人平均需支付 1740 美元缓刑费用,到缓刑期结束时,受刑人平均仅能支付近一半费用。[④] 不仅如此,除了因犯罪而被征收的罚金外,一些法庭还向被告人收取其他附加费用,如检察官、公设辩护人的交通费、拘留费,甚至一些不相关的费用,如警察的退休基金和脑损伤信托基金。[⑤] 拖欠这些罚款、赔偿金和矫正费的缓刑犯可能会成为生活中的逃犯,逃避工作、逃避家园和家庭、医疗以及婚礼和葬礼等重要事件,难以融入社会。[⑥] 对此,白宫经济顾问委员会曾发出警告:"罚款和收费会造成巨大的财务和人力成本,而所有这些成本都将由穷人承担。高额罚款和费用支付可能迫使以前被监禁的贫困者难以支付法庭债务。而监禁的威胁甚至可能会鼓励受刑人重返犯罪活动以偿还债务,从而反常地增加累犯。"[⑦]

---

① Zhen Zeng, *Jail Inmates in* 2018. Bureau of Justice Statistics(2020), https://bjs.ojp.gov/content/pub/pdf/ji18.pdf.

② Sharon Brett, Neda Khoshkhoo & Mitali Nagrecha, *Paying on Probation: How Financial Sanctions Intersect with Probation to Target, Trap, and Punish People Who Cannot Pay*, Criminal Justice Policy Program at Harvard Law School(2020), https://mcusercontent.com/f65678cd73457d0cbde864d05/files/f05e951e-60a9-404e-b5cc-13c065b2a630/Paying_on_Probation_report_FINAL.pdf.

③ Dave Lieber, *Watchdog: Pay-or-go-to-jail policy makes probation officers bill collectors*, The Dallas Morning News(2016, April 2), https://www.dallasnews.com/news/watchdog/2016/04/01/watchdog-pay-or-go-to-jail-policy-makes-probation-officers-bill-collectors/.

④ Louisiana Justice Reinvestment Task Force, *Report and Recommendations*, 2017, p.28, https://gov.louisiana.gov/assets/docs/Issues/Criminal-Justice/Justice-Reinvestment-Task-Force-Report_2017.pdf.

⑤ *"Set up to Fail": The Impact of Offender-Funded Private Probation on the Poor*, Human Rights *Watch(February 20, 2018), https://www.hrw.org/report/2018/02/21/set-fail/impact-offender-funded-private-probation-poor.*

⑥ See Alice Goffman, *On the Run: Fugitive Life in An American City*, University of Chicago Press, 2013.

⑦ *Fines, Fees, and Bail: Payments in the Criminal Justice System That Disproportionately Impact the Poor*, Council of Economic Advisers(2015), https://obamawhitehouse.archives.gov/sites/default/files/page/files/1215_cea_fine_fee_bail_issue_brief.pdf.

当然，如果受刑人的经济状况良好，很可能不会从事犯罪活动，但越来越高额的经济处罚正在成为多数受刑人缓刑考验失败入狱的原因。因此，对已经基本处于贫困状态的受刑人征收缓刑费用，既不公正，也完全无效。无论是缓刑监督规定数量的增加，还是强制要求缓刑人员支付越来越高的监督费用，都反映了美国刑罚的惩罚性转变。不切实际的经济制裁的负担会阻碍犯罪者走上稳定的人生道路。

3. 缓刑公司依赖缓刑犯付费牟利

与资金短缺的公共社区矫正机构形成对比的，是私营缓刑产业的兴盛，后者的主要功能是执行和收取缓刑费。① 迫于经济压力，许多司法管辖区的刑事司法系统与缓刑公司合作，后者免费为轻罪案件提供缓刑服务，而交换条件是法庭允许缓刑公司向受刑人收取费用作为利润。每年，法院都会判处数十万轻罪罪犯缓刑，将其置于营利性缓刑公司的监督之下。至 2018 年，美国约有 440 万人处于监狱和拘留所之外的缓刑、假释监督控制中。② 在这个巨大的"替代矫正"产业中，私人矫正公司通过缓刑、假释、释放后监督、治疗和转处获利。而缓刑犯越少或其缓刑期越短，缓刑公司赚取的利润就越少，这使其缺乏帮助受刑人完成考验的动力。

不仅如此，许多地方的法庭由于预算有限，还依靠缓刑公司代收罚金和诉讼费用，此时缓刑还成了一种变相的催债方式。行为人往往由于无法全额支付罚款和诉讼费用，被判处长达数年的缓刑，而每月缓刑公司不仅替法庭催债，还借此会向他们收取额外的监督费，因此整个缓刑矫正工作的核心即监督受刑人是否按时付款。如在缓刑率最高的佐治亚等五个州，缓刑都由私营监狱公司负责管理。这些公司开设门店，收取缓刑犯的法庭罚款，然后转交给县，同时收取额外的费用作为其收入，这些费用有时可能是向法庭支付罚款的两倍以上，但基本不会受到政府监督。低收入的犯人清偿债务所需的时间越长，其缓刑期也会相应延长，向缓刑公司支付的监管费也就越多。据估计，仅在佐治亚州，缓刑

---

① Christopher Albin – Lackey, *Profiting from probation: America's "offender – funded" probation industry*. Human Rights Watch(2014), https://www.hrw.org/sites/default/files/reports/us0214_ForUpload_0.pdf.

② Wendy Sawyer & Peter Wager, *Mass Incarceration: The Whole Pie* 2020. Prison Policy Initiative (March 24, 2020), https://www.prisonpolicy.org/reports/pie2020.html.

公司从向缓刑人员收取的费用中至少获利 4000 万美元。[①] 这些未经审查的营利性矫正监督形式,已经将所谓的监禁替代方案变成了一个司法收银系统。[②] 不仅是缓刑,在许多州由私营矫正公司所运行的劳动营(work camp)、电子监控、康复、转处和治疗等监禁替代方案,都是以将监管成本转嫁给受刑者及其家人为盈利模式。这种以罚款、收费等为条件的监禁替代方案正在导致贫困、负债、社区监督和监禁的恶性循环。[③]

三、修正路径:构建更小、更公正的缓刑系统

正如本文第一部分所述,一味扩大缓刑监督以减少监禁是一种误区。尽管过去 10 年中改革取得的成果显著,但各州和机构还需要时间并进行更大范围的改革,以确保缓刑为代表的社区矫正工作更有效地发挥作用。除了减少缓刑人数外,目前还没有任何方案可以为缓刑的工作提供足够资金,因而为缓刑提供更好资源的方法就是缩小规模。只有缩减缓刑规模,将风险最低的人群从缓刑中移除,转移到其他更合适的轻接触替代方案中,减少因违规入狱的人数,才能帮助矫正完成者更快地回归社会,并使缓刑部门能够集中资源为高风险人群提供矫正服务,从而消除不公正的罚款和缓刑费用。社区矫正工作更要从根本上改变监督的目的,由惩罚失败到促进成功,帮助受刑人修复其所造成的伤害,使其成为自给自足、守法的公民,而不是简单地执行法院和假释委员会制定的规则、收取矫正费用维持执行机构运营,查处违规行为并实施监禁等惩罚。因此,当前大规模、孤立和偏重执法的矫正模式应转变为一种更灵活的个人化方式,使社区监督大幅精简,减少惩罚性,更加注重公平性和恢复性,为未来提供希望,而非通往监禁的途径。

---

① Christopher Albin - Lackey, *Profiting from probation: America's "offender - funded" probation industry*. Human Rights Watch(2014), https://www.hrw.org/sites/default/files/reports/us0214_ForUpload_0.pdf.

② Laura I. Appleman, *The Treatment - Industrial Complex: Alternative Corrections, Private Prison Companies, and Criminal Justice Debt*, Harvard Civil Rights - Civil Liberties Law Review, Vol. 55:1, p. 1 - 61(2020).

③ Alex Kornya, et al., *Crimsumerism, Combating Consumer Abuses in the Criminal Legal System*, Harvard Civil Rights - Civil Liberties Law Review, Vol. 54:3, p. 108 - 154(2019).

(一)精简缓刑规模,优化矫正内核

目前在许多州,缓刑作为一种刑事司法网络的扩张手段,不必要地将矫正系统的覆盖范围扩大到低风险且不需要受到严格监督的犯罪者。由于刑事司法系统的资金对缓刑机构的投入极其有限,在更多资金注入缓刑系统前,应大幅缩小缓刑的规模,以循证为指导,使矫正资源更集中地发挥干预作用,减少惩罚,重视尊严,增加希望、公平和恢复性。精简缓刑规模,一方面要缩短缓刑期,减少对低风险级别犯罪者的严厉矫正措施;另一方面应将资源优先配置于重犯风险高且需要更多支持和监督的人。通过缩减规模而节省的有限资源可用于投资以矫正项目,为最高公共安全风险的人群提供就业、毒品滥用和心理健康治疗,以此减少其在刑事司法系统中循环的风险。缓刑还应在程序正义的前提下,重在激励而非惩罚,并允许受刑人减免缓刑费用,使其与社会服务联系起来,而不是监禁。只有减少矫正人数,鼓励转处和其他缓刑替代方式,提升处遇质量,缓刑才能真正发挥替代监禁的作用,而不是推动监禁或扩大刑事司法系统的惩戒控制范围。

1. 实施以风险和需求为中心的循证政策

风险评估是有效矫正干预的基石。20 世纪后期,在社区控制人数扩大的同时,社区矫正从评估和治疗的临床模式转变为"管理"模式,关注主要是对风险进行分类和管理,而不是改变个人。① 缓刑一直被认为是一种具有成本效益的风险管理解决方案,因而得到大规模适用。现今,面临着庞大的矫正系统带来的复归失败压力,决策者开始转向以循证为指导的"新矫治"(neorehabilitation)路径。这种方法将风险与责任区分开来,以风险管理和犯罪预防为重点,使用风险、需求和响应(RNR)原则对受刑人进行评估。风险原则强调,再犯风险高者在接受更多矫正项目和社区服务时会表现更好,但强化监督可能会伤害那些再犯风险较低的人。② 满足风险原则的第一步是确定适当的目标,即以高风险罪犯为优先。为实现这一目标,法庭和矫正机构必须使用标准化的客观风险评估工具评估犯罪者,根据个人再犯风险和治疗需求对个人进行分类,确定矫正

---

① See John Simon, *Poor Discipline: Parole and the Social Control of the Underclass*, 1890 – 1990 University of Chicago Press, 1993.

② D. A. Andrews & Craig Dowden, *Risk Principle of Case Classification in Correctional Treatment: A Meta – Analytic Investigation*, International Journal of Offender Therapy and Comparative Criminology, Vol. 50:1, p. 88 – 100(2006).

接触的强度,然后将监督和干预资源集中用于最有可能受益的人:对于具有较高再犯风险和对缓刑服务有特别需求者,优先进行监督和治疗;被评估为低风险者,则无须接受严格监督以及不必要的治疗。研究表明,这种对社区矫正资源的分配和有效使用可以最大限度地减少再犯。① 需求原则要求监管应针对驱动个人犯罪行为的特定因素进行回应;②而响应原则用于确定阻碍复归成功的因素,如心理健康问题、交通、发育障碍或语言障碍。③ 这种为受刑人设定安全范围内最低限度干预的矫正方案已被证明可以减少再犯并提升公共安全。④ 此外,循证方法还强调社区矫正机构与提供复归服务的当地组织之间更密切的配合,以将社区监督从"追踪、锁定到监禁"的模式转变为帮助受刑人复归成功。⑤

2. 制定适度且实际的监督规定

根据每个受刑人的需要和目标定制缓刑计划,避免不必要的监督,是优化缓刑内核的最重要措施。现有的社区监督措施过于具有惩罚性,侧重对受刑人员的压制、监视和控制,而较少关注后者的福祉和个人成长。缓刑人员往往须遵守数量繁多的一系列标准条件,不遵守这些规则则可能面临监禁的后果。适度和个性化的监督规定旨在将干预措施限制在公共安全和个人特定需求的范围内,除非与受刑人潜在的犯罪行为有关,否则不得随意加大监督强度。尽管矫正干预能有效地减少高风险者的再犯可能性,但高度结构化、限制性的监督

---

① Christopher T. Lowenkamp & Edward J. Latessa, *Understanding the Risk Principle: How and Why Correctional Interventions Can Harm Low - Risk Offenders*, Topics In Community Corrections (2004), http://caparc.org/uploads/3/5/2/7/35276822/high_low_risk_article.pdf.

② D. A. Andrews & James Bonta, *Rehabilitating Criminal Justice Policy and Practice*, Psychology, Public Policy, and Law, Vol. 16:1, p. 39 - 55(2010).

③ James Bonta & D. A. Andrews, *Risk - Need - Responsivity Model for Offender Assessment and Rehabilitation*, Rehabilitation, Vol. 6, p. 1 - 22(2007).

④ D. A. Andrews, James Bonta & Robert D. Hoge, *Classification for Effective Rehabilitation: Rediscovering Psychology*, Criminal Justice and Behavior, Vol. 17:1, p. 19 - 52(1990); Christopher T. Lowenkamp et al., *Intensive Supervision Programs: Does Program Philosophy and the Principles of Effective Intervention Matter?* Journal of Criminal Justice, Vol. 38:4, p. 368 - 75(2010).

⑤ Morris L. Thigpen, Thomas J. Beauclair & Christopher Innes, *Context and impact of organizational changes in state corrections agencies: A study of local discourses and practices in Kansas and Michigan*, National Institute of Corrections (2010), https://s3.amazonaws.com/static.nicic.gov/Library/025241.pdf.

计划会对低风险者造成伤害，打乱其家庭、教育和就业在内的亲社会支持要素，[①]并将其与高风险人群混在一起，增加再犯概率。[②] 对于风险较低的受刑人，缓刑部门应允许其使用电子信息亭或计算机定期报告等轻触（light – touch）手段配合社区监督。适当、克制的监督还可以为庞大的缓刑系统节约有限费用，减轻缓刑官员不必要的工作量，保障对高风险人员的矫正干预质量。

社区矫正干预应避免监管措施变成与犯罪人的经济、健康和社会关系作斗争的系统，并且为其提供解决潜在问题的实际方案。如为有毒品使用障碍的个人设置毒品测试，规定其参加脱瘾治疗项目。这些矫正计划应该符合受刑人的实际情况，如治疗服务机构须位于假释人员的居住地附近，或者用可负担的交通方式到达。社区监督工作内容应以问题解决为主，以限制为辅，为犯罪人增加获得和改善工作、住房、社会服务的渠道，使受刑人在结束与司法系统的互动后，不需要监督就可以为自己建立安全和健康的生活，这才是预防再犯和维护公共安全目标的基石。

3. 缩短缓刑监督期，专注激励措施

社区矫正人数的增长主要由两个因素决定：被判缓刑和假释的人数，以及考验期的时长。目前，缓刑期限尚没有国家标准，[③]各州可允许的最长缓刑刑期差别很大，很少有州制定提前结束缓刑的法规，通常是由法官来决定是否以及何时提前终止监督。因此，缓刑期的长短往往取决于不同司法管辖区的理念和文化等因素。研究发现，较长的缓刑期限与较低的再犯罪率无关，反而更有可能导致技术违规。[④] 因为强调受刑人遵守规则而不是解决其风险和需求的社区矫正，往往最终会导致失败。而这正是监禁率和矫正成本上升的关键驱动因素。2000 年至 2018 年间，有 14 个州的平均缓刑期限增加了 1/3 以上，平均增长

---

① *Risk/Needs Assessment* 101: *Science Reveals New Tools to Manage Offenders*, The Pew Trusts (2011), http://www.pewtrusts.org/~/media/legacy/uploadedfiles/pcs_assets/2011/pewriskassessment-briefpdf.pdf.

② Justice Lab, *Statement on the Future of Community Corrections*, Columbia University (May 17, 2018), https://justicelab.columbia.edu/statement – future – community – corrections.

③ 2018 年全美平均缓刑期为 22.4 个月。各州之间也存在显著差异，堪萨斯州的平均缓刑长度为 9 ~ 59 个月，夏威夷州则接近 5 年。

④ David E. Olson & Arthur J. Lurigio, *Predicting Probation Outcomes: Factors Associated With Probation Rearrest, Revocations, and Technical Violations During Supervision*, Justice Research and Policy, Vol. 2:1, p. 73 – 86 (2000); Justice Center, *Confined and Costly: How Supervision Violations Are Filling Prisons and Burdening Budgets*, The Council of State Governments (June, 2019), https://csgjustice-center.org/wp – content/uploads/2020/01/confined – and – costly.pdf.

了 14 个月。[①] 大量研究表明,绝大多数社区矫正的撤销都发生在考验期的第一年。[②] 长期的监督刑期并不能阻止犯罪,监管带来的效果也会因缓刑期过长递减。[③] 因而,缓刑矫正资源也应优先分配至受刑人最有可能再次犯罪的高发期(通常是缓刑期开始的 12 个月至 18 个月)[④],而在缓刑期的前 18 个月至 24 个月内,矫正资源保障公共安全的效果最佳。[⑤] 对于某些低风险的个人,应支持非正式、无监督的缓刑,只有对于某些群体如高风险的性犯罪者,更长的期限才是有意义的。[⑥]

缓刑的长短应反映满足其基本目标的所需时长。在与潜在刑事犯罪成比例的问责原则下,缓刑官应在公共安全和个人目标之间找到平衡,为受刑人制定合理的实际缓刑期限,并采取明确的积极行为激励措施。有效的矫正计划应从一开始就向个人传达明确的期望和条件,使受刑人知晓其越早完成实体和程序的既定目标,社区矫正就越早结束,以鼓励积极的行为改变,减少社区矫正的人员工作量。这意味着缓刑考验期变得更灵活,而不是僵化于一定的年限。应允许受刑人在缓刑期内通过良好的表现和高中毕业、课程项目完成、大学录取和维持稳定工作等个人成就来缩减缓刑期。在缓刑不会带来进一步的公共安全利益时,应提前终止监督。这种方法既可以使机构能够促进社区安全,又能提高有限矫正资源的使用效率,保证改善受刑人的长期效果。

4. 增设缓刑撤销前置程序和分级制裁

缓刑撤销,尤其是技术违规行为,是导致监狱人口增长的主要驱动因素之

---

① *States Can Shorten Probation and Protect Public Safety*, The Pew Trusts(December 3, 2020), https://www.pewtrusts.org/en/research-and-analysis/reports/2020/12/states-can-shorten-probation-and-protect-public-safety.

② James Austin, Reducing America's correctional populations: A strategic plan. Justice Research and Policy, Vol. 12:1, p. 9-40(2010); Cecelia Klingele, *Rethinking the use of community supervision*, Journal of Criminal Law & Criminology, Vol. 103:4, p. 1015-1070(2013).

③ Justice Lab, *Statement on the Future of Community Corrections*, Columbia University(May 17, 2018), https://justicelab.columbia.edu/statement-future-community-corrections.

④ *States Can Shorten Probation and Protect Public Safety*, The Pew Trusts(December 3, 2020), https://www.pewtrusts.org/en/research-and-analysis/reports/2020/12/states-can-shorten-probation-and-protect-public-safety.

⑤ Christopher T. Lowenkamp & Kristin Bechtel, *The predictive validity of the LSI-R on a sample of offenders drawn from the records of the iowa department of corrections data management system*, Federal Probation, Vol. 71:3, p. 25-29(2007).

⑥ Joan Petersilia, *Employ behavioral contracting for "earned discharge" parole*, Criminology & Public Policy, Vol. 6:4, p. 807-814(2007).

一,并且即使是短暂的监禁也会给个人带来严重的复归困难,如失业、收入减少、居无定所和家庭关系不稳定等。不同于美国,在许多欧洲国家,监禁往往被描述为违反缓刑监督条件的最后手段,而不是一种默认制裁。[①] 因此可以考虑改变政策来限制因技术违规而被监禁的情况,如重新定义技术违规,设置撤销缓刑前置程序,实施诸如初次违规后处以短期禁闭或延长缓刑期的分级制裁,以限制对技术违规的逮捕。这种策略在一些州已经取得了实效:南卡罗来纳州在采用分级制裁后,违规撤销减少了 46%,受监管人员被监禁或再监禁的可能性比改革前降低了 33%。[②] 路易斯安那州将首次技术违规后的监禁期上限设为 90 天,因新犯罪导致的撤销减少了 22%。[③] 此外,在缓刑撤销听证会之前应限制使用监禁,并保障听证会中受刑人聘请律师的权利。还应当引入强制性的缓刑定期审查,由法官定期评估受刑人行为改变的进展,并衡量其是否已为缓刑期的提前结束做好准备,受刑人一旦符合一定标准,即可决定提前终止监督。

(二)扩大适用缓刑替代方案

对于许多犯有轻微罪行的人来说,缓刑可能是一种过于具有惩罚性的回应,甚至可能增加再犯风险。[④] 为减少缓刑人数,法院应通过更适当的制裁来处理低级别犯罪或低风险人员,对无须监督即可实现刑罚目的者实行转处。例如,要求个人接受药物治疗以代替起诉,限制进入法庭审判的人数,进而减少社区矫正尤其是缓刑的人数。如对交通违章和轻微毒品犯罪等低级别犯罪者使用替代性的、基于社区的制裁,并推广延期起诉以作为缓刑的替代方案。转处选项包括处以警告、罚款、社区服务和转移到适当的项目中,如将有心理健康或毒品滥用问题的个人引导至治疗服务,或将需要住房、就业、教育或医疗保健的

---

① Fergus McNeill, *Community Sanctions and European Penology*, in T. Daems, S. Snacken, & D. Van Zyl Smit eds., European Penology? Hart Publishing, 2013, p. 171 - 191.

② Elizabeth Pelletier, Bryce Peterson & Ryan King, *Assessing the Impact of South Carolina's Parole and Probation Reforms*, Urban Institute (April 2017), https://www.urban.org/sites/default/files/publication/89871/south_carolina_jri_policy_assessment_final_1.pdf.

③ *Missouri Policy Shortens Probation and Parole Terms, Protects Public Safety: Individuals on Community Supervision Can Earn Credits to Reduce Their Sentences*, The Pew Trusts (2016), http://www.pewtrusts.org/~/media/assets/2016/08/missouri_policy_shortens_probation_and_parole_terms_protects_public_safety.pdf.

④ *Policy Reforms Can Strengthen Community Supervision: A framework to improve probation and parole*, The Pew Trusts (April 23, 2020), https://www.pewtrusts.org/en/research-and-analysis/reports/2020/04/policy-reforms-can-strengthen-community-supervision.

人与社区主导的计划联系起来。为增加转处的适用,刑事司法系统还需为个人提供足够的治疗选择和可行的计划,确保行为人不需要为此过度付费,以避免无法支付刑事司法账单而受到处罚的风险。

1. 以社区服务替代缓刑监督

在许多司法管辖区,社区服务已经成为量刑的一个特征,60%以上的地方法院都将社区服务作为量刑选择,尽管它最常与罚款、缓刑甚至监禁一起实施。① 但在恢复性司法视角下,通常作为社区矫正内容的社区服务也可以成为监禁和缓刑的单独替代方案。对于非暴力的低级别犯罪者,在对公共安全没有影响的前提下,使用社区服务作为替代刑罚能够使其远离更密集的监督控制,可能是对所犯罪行的更恰当回应。与监督相比,社区服务对个人工作、求学和履行家庭义务的干扰也较小。且社区服务仍然能够实现刑罚的目的,只需确保服务的内容和时长与所犯罪行造成的损害相称。相应地,替代缓刑的社区服务应由缓刑部门以外的机构管理,如社区法庭或执行恢复性司法项目的组织。被强制社区服务的个人不占用缓刑资源,反而提供劳动,因而不应被收取参与费用,这也能改善缓刑矫正系统长期依赖受刑人付费的顽疾。

2. 使用转处替代逮捕

在刑事司法系统的前端使用替代逮捕和转处政策,可以从整体上减少矫正人口的规模和矫正干预的痕迹,并促进对特定问题的早期干预,鼓励守法行为,而不是以将个人引入刑事司法系统为默认方向。逮捕前转处发生在行为人与执法部门的初步互动期间,由警方预测其与犯罪相关的潜在行为,并将个人与相应治疗或其他服务相连,如毒品滥用障碍治疗或心理健康咨询等。转处的其他选项还包括处以警告、罚款、社区服务和延期起诉等,这些替代性制裁不仅会减少缓刑人口,还能减少刑事司法系统中的总矫正人数。

目前,越来越多的州开始为行为人制定逮捕前(或者逮捕后)的转处计划。例如,西雅图的执法协助转处(LEAD)允许警方将涉嫌某些毒品和卖淫犯罪的个人转介到住房、就业和其他社会服务部门,而不作出逮捕命令,收到了积极的

---

① Sarah Picard, Samiha A. Meah & Matt Watkins, *A Better Alternative to Fines and Fees? Community Service Mandates in the United States*, Center for Court Innovation(2019), https://www.courtinnovation.org/sites/default/files/media/document/2019/community_service_summary_10232019.pdf.

公共安全、住房、就业和收入改善效果。[①] 马萨诸塞州的一些警察局将毒品犯罪者分流至毒品滥用治疗项目而不逮捕，成功使一部分人员戒除毒瘾从而脱离犯罪生涯。[②] “传票释放”（cite and release）或“传票代替逮捕”（citation in lieu of arrest）也是一种逮捕前转处方式，其允许行为人在低级别犯罪后不被逮捕而是收到传票，指示其在之后某一日期去拘留所，从而推迟逮捕与审前拘留。许多州至少允许对一些轻罪或轻微犯罪（通常是交通违规）使用这种替代方法，如路易斯安那州允许对重罪盗窃、非法占有价值1000美元以上的被盗物品、签发空头支票和无证驾驶使用传票代替逮捕；[③]纽约和阿拉斯加等八个州则允许对持有大麻、严重的机动车辆违规等某些重罪进行传票转处。作为逮捕和入狱的替代方案，这类转处允许不构成公共安全风险的犯罪者继续工作、上学、履行生活义务，在确保问责的同时，减少了对犯罪者的负面影响，也节约了司法系统资源。

延期起诉则是在传讯和判刑阶段之间发生的转处。检察官通过与被告之间签订协议，将案件从标准的法庭程序中转处出来。延期起诉的被告通常在协议中承诺其在规定的期间内不会犯罪，并接受治疗、支付赔偿金或遵守其他规定的要求。如果被告成功履行协议义务，则案件驳回，在一些州甚至可以删除其犯罪记录。如印第安纳州允许对被指控犯有轻罪或第5、6级重罪者不予起诉；[④]俄克拉何马州规定对任何犯罪行为都可以推迟起诉。[⑤]

（三）改善缓刑付费体系与资源配置

缓刑的广泛边缘化和资金不足在许多州都是难以忽视的问题。私人缓刑公司将监管成本从国家转移到系统的“用户”，即受刑人身上，从而导致缓刑成

---

① Seema L. Clifasefi, Heather S. Lonczak & Susan E. Collins, *Seattle's Law Enforcement Assisted Diversion (LEAD) Program: Within - Subjects Changes on Housing, Employment, and Income/Benefits Outcomes and Associations With Recidivism*, Crime & Delinquency, Vol. 63:4, p. 429 - 445(2017).

② Davida M. Schiff, et al., *A Police - Led Addiction Treatment Referral Program in Gloucester, MA: Implementation and Participants' Experiences*, Journal of Substance Abuse Treatment, Vol. 82, 41 - 47(2017).

③ *Louisiana Code Crim. Pro.* 211 (2011), https://law.justia.com/codes/louisiana/2011/ccrp/ccrp211.

④ *Indiana Code* § 33 - 39 - 1 - 8 (2017), https://law.justia.com/codes/indiana/2017/title-33/article-39/chapter-1/section-33-39-1-8.

⑤ *Oklahoma Stat.* 22 § 22 - 305.1 (2014), https://law.justia.com/codes/oklahoma/2014/title-22/section-22-305.1.

为了滥用权力的收债工具。目前,司法再投资改革为各地的缓刑机构注入了一定比例的资金,但资金数量是有限的,各地的资金情况也不相同,改变目前缓刑惩罚性措施与经济制裁的普遍挂钩,需要改变州法律、内部缓刑政策以及法院对缓刑的监督,以促进公正和维护公共安全的方式降低刑事司法系统成本,确保缓刑不被用作缓刑公司和刑事司法系统的债务征收机制。

1. 切断经济制裁与惩罚性措施的联系

缓刑不应导致受刑人刑事债务的增加,使经济上多处于弱势的受刑人遭受进一步惩罚。只要缓刑判决包括不合理的费用和对未能支付的严厉惩罚,其就将继续惩罚贫困者。因而经济制裁与缓刑监督之间的联系必须被切断,州和地方应主动干预缓刑和经济制裁之间现有的互动状态。无论是否支付缓刑监督费还是其他课程或项目的额外费用,缓刑官员均无权威胁、搜查、拘留或监禁受刑人,其与经济制裁后果相关的自由裁量权都应受到严格限制。从本质上说,切断经济制裁与缓刑监督之间的联系意味着将经济制裁从缓刑机构的权限中移除。

缓刑机构还应保障正当程序贯穿于罚款、法庭费用和矫正费用等经济制裁的执行,而不是单一、粗暴地以入狱为结果惩罚无力支付者。尤其在密苏里、肯塔基等情况较为严重的司法管辖区,在审查法规和政策时,应确保缓刑的撤销监禁后果与经济制裁脱钩:一方面,法院费用收取完成率不可被用作衡量司法工作人员表现的考核标准;另一方面,成功支付法庭费用和电子监控设备、课程、治疗等项目费用也不得作为成功完成缓刑的条件;同时还应废除因受刑人无力支付而导致缓刑撤销、考验期延长和暂停驾驶执照等惩罚性措施。

2. 制定法定支付义务的个性化履行方案

除了向法庭支付罚款、赔偿金外,受刑人通常还须向社区矫正机构缴纳一系列所需项目费用来资助其运营,这些收费给最无力负担的个人施加了经济负担,无疑为复归成功设置了重大障碍。在理想状态下,各州应逐步取消上述费用,尤其是会对个人或其家庭造成经济困难的监督、项目或毒品筛查费用。但现实情况是,许多缓刑机构的基本运作在很大程度上都依赖于这些费用,①在预算状况不能得到大幅改善的短期内,仍需要受刑人负担至少一定比例的费用,

---

① *Model Penal Code: Sentencing*, *Tentative Draft*, No. 3, p. 90, American Law Institute(May 24, 2014), https://robinainstitute. umn. edu/sites/robinainstitute. umn. edu/files/mpc - tentative - draft - no. - 3 - final. pdf.

以维持矫正项目的进行。此时,个性化的法定支付义务履行方案就成为必然的过渡性选择。

如果缺乏一个集中的决策程序来衡量对犯罪人施加的经济制裁,那么刑罚的相称性就会受挫,罪犯恢复生产生活的活动也会受到阻碍。因此需要联邦发挥统筹作用,确保刑事司法成本、费用和罚款支付根据个人的经济能力进行调整,并设置明确的流程以使其得以申请支付豁免、折抵和替代。联邦应扩大司法部调查法庭行为的权力,并授权量刑法院审查个案中缓刑监督和其他项目的费用,以确定个人刑事司法债务总额的准确性、受刑人在合理时间内支付的能力、对个人及其家庭的长期影响,审查公职人员或缓刑公司的催收方法和个人在无法支付时所面临的后果。以此为基础,建立刑事司法债务的国家标准:对受刑人支付能力的财务评估应基于费用和罚款占其收入的比例,将收费控制在其支付能力范围内,并将良好的缓刑表现与支付豁免结合;提供社区服务劳动、修复犯罪所造成的损害等支付替代选项;当缓刑的课程、治疗项目或监控设备对公共安全和个人需求至关重要时,则按浮动收费标准提供这些服务;坚持始终免费为贫困的被告提供缓刑矫正服务。最后,还应为征收方法制定指导规定,促使缓刑公司积极与州政府合作建立标准流程,以识别和解决其在征收缓刑费用时的滥用权力行为,提高透明度以改善问责制。

3. 重整优化矫正资源配置

取消或大幅减少缓刑费用是一种必然趋势,但控制监禁人数、缩减缓刑规模才是减轻对缓刑犯的收费依赖、形成矫正资金和其他资源良性使用循环的最主要途径。各州应积极参与司法援助局发起的“智慧缓刑”(Smart Probation)创新改革项目,接受技术与资金援助,将所节约的缓刑和监禁成本重新投入以循证为指导的社区服务实践中;对矫正和项目费用重新评估,如果一些项目没有参与者付费就无法运转,那么这些项目也应该被重新评估替代方案。以缓刑为代表的社区监督,不仅要在不断改善矫正工作质量的基础上控制规模,确保个人复归与公共安全,还必须找到资金和其他资源使用配置的平衡。只有重塑一个更小、更公正且可持续的缓刑制度,才有可能给予最需要社区支持的人帮助,使其回归社会。

四、结论

大规模缓刑是一种独特的刑罚发展状态,其是“新自由主义”主导下更具惩罚性的刑事司法系统的产物。这种理念直接导致了监狱和社区受刑人员数量的激增。基于1990—2018年的数据,本文检验了缓刑、监禁规模与犯罪率的关系,发现犯罪率的变化不是缓刑大规模增长的主要因素,且更多的缓刑适用无益于监禁率的降低。在全国层面,缓刑长期以来作为大规模监禁的放大器,而非替代监禁的量刑转移,扩张了刑事司法系统网络的控制面;在州一级,缓刑的高度适用对降低犯罪率能够产生一定作用,但在高监禁率的州,缓刑以较高的撤销率,从刑事司法系统的末端为监禁人口提供了增长动力,进一步推高了矫正成本。在过去的10年里,随着司法再投资改革效果逐渐显现,监禁人口增长趋势得到控制,似乎形成了刑事制裁网络即将缩小的表象。但国家对公民的刑事监督控制仍在通过大规模缓刑持续扩张,缓刑不是将人们从监狱中转移出来,而是通过扩大对低级犯罪的监督来拓宽网络,以保证这些犯罪受到问责。缓刑使个人受到更严格的审查,限制了他们的行为,并简化了通往监禁的道路。越来越多的证据表明,现有的缓刑更侧重于对受刑人的监视和惩罚,而非促进其成功复归。随着缓刑适用比例的激增,过度干预、撤销率高、依赖贫困受刑人支付矫正支出等问题日益突出,缓刑已转变为监禁的主要推动因素,给矫正机构和被矫正者都带来了沉重负担。刑事司法系统需要明确的是,缓刑既不是监禁的简单替代方案,也不是监禁的补充,而是一种独特的国家控制形式。文中对各州的矫正实践检验已表明,在减少监禁和提高公共安全的同时缩小缓刑规模是可能的。这意味着缓刑既是刑罚过度控制的一个方面,也可以作为缩小监狱规模举措的一部分。但只有增加缓刑的转处管道,缩小缓刑规模,同时限制导致监禁的缓刑撤销,才能将缓刑重塑为监禁的替代方式。具体可以通过循证风险评估、分级管理、缩短缓刑期、简化监督规定和制定技术违规的分级制裁等途径实现。缓刑与监禁的悖论关系意味着,控制缓刑的适用规模将控制监禁增长,如果与转处等上述关键举措结合,缓刑改革将成为扭转大规模监禁进程中至关重要的一环。